스위프트로 시작하는
아이폰 앱 개발 교과서

스위프트로 시작하는
아이폰 앱 개발 교과서

지은이 **모리 요시나오**

옮긴이 **윤인성**

펴낸이 **박찬규**　엮은이 **윤가희**　디자인 **북누리**　표지디자인 **Arowa & Arowana**

펴낸곳 **위키북스**　전화 **031-955-3658, 3659**　팩스 **031-955-3660**

주소 **경기도 파주시 문발로 115, 311호(파주출판도시, 세종출판벤처타운)**

가격 **28,000**　페이지 **480**　책규격 **188 x 240mm**

초판 발행 **2016년 09월 29일**

ISBN **979-11-5839-044-0 (93000)**

등록번호 **제406-2006-000036호**　등록일자 **2006년 05월 19일**

홈페이지 **wikibook.co.kr**　전자우편 **wikibook@wikibook.co.kr**

Swift de Hajimeru iPhone APURI KAIHATSU NO KYOKASHO [Swift 2 &Xcode 7 TAIO]

by Yoshinao Mori

Copyright ©2015 Yoshinao Mori, Makio Matsumura

All rights reserved.

Original Japanese edition published by Mynavi Publishing Corporation

This Korean edition is published by arrangement with Mynavi Publishing Corporation, Tokyo
in care of Tuttle-Mori Agency, Inc., Tokyo through Botong Agency, Seoul.

이 책의 내용에 대한 추가 지원과 문의는 위키북스 출판사 홈페이지 wikibook.co.kr이나

이메일 wikibook@wikibook.co.kr을 이용해 주세요.

이 도서의 국립중앙도서관 출판시도서목록 CIP는

서지정보유통지원시스템 홈페이지(http://seoji.nl.go.kr)와

국가자료공동목록시스템(http://www.nl.go.kr/kolisnet)에서 이용하실 수 있습니다.

CIP제어번호 CIP2016022385

스위프트로 시작하는
아이폰 앱 개발 교과서

모리 요시나오 지음 / 윤인성 옮김

위키북스

이전보다 사용하기 쉬워진

스위프트 3과 Xcode 8 그리고 초보자를 위해 더 쉽게 쓰인 이 책으로

아이폰 애플리케이션 만들기를 시작해 보세요!

이 책의 사용 방법과 주의 사항

- 이 책은 iOS, Xcode 8 환경을 기준으로 설명합니다. iOS 또는 Xcode의 버전이 변경되면 조작 방법이나 기능이 변경될 수 있습니다.

- 이 책에서 [튜토리얼]로 되어있는 항목은 실제로 조작해보면서 설명하는 부분입니다. 이 부분에서 완성하는 예제 파일은 다음 링크에서 내려받을 수 있습니다.

    https://github.com/wikibook/swift3-textbook

- 이 책에는 사각형으로 감싸서 다음과 같은 내용을 추가로 설명하는 부분이 있습니다.

    TIPS 애플리케이션 제작에 참고할 만한 설명

    참고 의문이 들 수 있는 부분에 관한 답변

- 마지막에 TIPS도 부록으로 준비돼 있으니 잘 활용해주세요.

저자&역자 소개

저자: 모리 요시나오

웹 게임 크리에이터로 활동하고 있으며, 플래시와 아이폰 애플리케이션 등의 오리지 널 콘텐츠 게임 제작, 집필 활동, 간세이 가쿠인 대학에서 시간 강사 등의 일을 하고 있다.

일러스트: 마츠무라 마키오

만화가, 일러스트레이터로 활동하고 있다.

1984년부터 일러스트레이터/만화가로 다양한 매체에서 활동하고 있다. 95년에 플래 시의 전신이라 할 수 있는 "스마트 스케치"를 접했다. 이후 플래시의 제작과 플래시 관련 교육을 계속 진행했다. 플래시 2~8까지 계속해서 개정한 "알려줘 플래시!"[다 나카 마리 공저]를 집필해서 많은 플래시 개발자를 배출했다. 현재 세이안 조형 대학 에서 조교수로 근무하고 있다.

역자: 윤인성

출근하는 게 싫어서 책을 집필/번역하기 시작했다. 일본어는 픽시브에서 웹 코믹을 읽다가 배웠다고 전해진다. 현재 직업 특성상 집에서 나갈 이유가 별로 없다는 것에 굉장히 만족하는 성격이기도 하다. 홍차와 커피를 좋아하며 요리, 음악, 그림, 스컬핑 등이 취미다.

『모던 웹을 위한 JavaScript+jQuery 입문』, 『모던 웹을 위한 Node.js 프로그래밍』, 『모던 웹 디자인을 위한 HTML5+CSS3 입문』 등을 저술하였으며, 『TopCoder 알 고리즘 트레이닝』, 『Nature of Code』(이상 한빛미디어), 『소셜 코딩으로 이끄는 GitHub 실천 기술』(제이펍) 등을 번역했다.

"호지자(好之者) 불여낙지자(不如樂之者)"

"아는 사람은 좋아하는 사람만 못하고,
좋아하는 사람은 즐기는 사람만 못하다"라는 의미입니다.

저자 서문

안녕하세요.

이 책은 "아이폰 애플리케이션을 만들고 싶은 초보자를 위한 입문서"입니다. 처음 애플리케이션을 만드는 사람이라도 재미있게 배울 수 있게 일러스트와 그림 설명을 많이 사용해 설명했습니다.

애플리케이션을 만들 때는 3가지 요소를 알아야 합니다.

- 개발 애플리케이션(Xcode)을 사용하는 방법
- 아이폰 애플리케이션을 만드는 흐름
- 프로그래밍 언어(스위프트)를 사용하는 방법

이를 위해 이 책은 애플리케이션을 만들어보면서 이러한 학습을 진행합니다.

일단 처음에는 개발 애플리케이션(Xcode)을 간단하게 살펴보면서 기본적인 작업 방법을 살펴봅니다. 개발 애플리케이션을 처음 만질 때는 뭔가 잘못 만져서 잘못되지 않을까 두려워하는 경향이 많은데, 어떻게 만져도 아무 일 없습니다. 전혀 무서워하지 않아도 됩니다.

이어서 간단한 애플리케이션을 만듭니다. "애플리케이션을 만드는 흐름"은 사실 모든 애플리케이션이 같습니다. 따라서 어떠한 흐름으로 만드는지 이해하면 자신의 애플리케이션을 만들 때도 어떻게 해야 할지 알 수 있을 것입니다. 애플리케이션을 만드는 것이 어렵다고 생각할 수 있는데, 하나하나 따라서 만들면 누구나 쉽게 만들 수 있답니다.

그리고 프로그래밍 언어(스위프트)의 구체적인 사용 방법을 살펴봅니다.

스위프트는 "아이폰 애플리케이션을 만들기 위한 프로그래밍 언어"입니다. 쉽게 애플리케이션을 만들기 위해 설계됐습니다. 스위프트의 문법을 하나하나 단순하게 살펴보는 것이 아니라, 애플리케이션 개발에 어떻게 사용하는지 구체적으로 살펴봅니다.

마지막으로 애플리케이션을 만들 때 가장 중요한 것이 한 가지 더 있습니다.

바로 "즐기는 마음"이랍니다.

애플리케이션을 만드는 방법을 살펴보며, 애플리케이션을 만드는 것 자체를 좋아해주세요. 그리고 즐기기 바랍니다.

모리 요시나오

역자 서문

이 책은 스위프트 3와 Xcode 8에 대응하는 아이폰 개발 입문 도서입니다.

원래 일본의 원서는 스위프트 2와 Xcode 7을 기준으로 집필되었는데요. 이 책의 담당자이신 윤가희님께서 모두 스위프트 3과 Xcode 8을 기준으로 버전을 옮겨 주시고, 원서보다 훨씬 더 코드를 보기 좋게 변경해 주셨습니다. 사실 책을 진행하면서 직접적으로도 간접적으로도 대화를 해본 적은 없지만 진심으로 감사의 말씀 드립니다.

이 책은 광장히 쉬운 아이폰 개발 입문서입니다. 따라서 비전공자 중에서도 개발에 관심이 있다면 쉽게 살펴볼 수 있을 것입니다. 반대로 말하면 그렇게 깊은 수준까지 들어가지는 않습니다. 아이폰 개발 공부 시작의 핵심만을 다루는 책이라고 생각하면 좋을 것 같습니다. 사실 개발은 1%의 기본과 99%의 검색으로 이루어진다고도 말하는데요. 1%의 기본을 익히기에는 충분한 책이라고 생각합니다.

참고로 책이라는 매체의 특성 때문에 초보자 분들이 조작을 어떻게 해야하는지 어려워 할 수 있다고 판단해서 무료로 동영상 강의를 제공합니다. 동영상 강의는 http://goo.gl/mPnGFB에서 확인해 주세요.

다시 한 번 책을 전체적으로 수정해주신 윤가희님과 위키북스에서 이 책과 관련된 분들 모두에게 감사의 말씀 드립니다.

예제 내려받기

위키북스의 깃헙에서 스위프트로 시작하는 아이폰 앱 개발 교과서의 예제 코드를 내려받을 수 있습니다.

https://github.com/wikibook/swift3-textbook

오른쪽 위에 있는 [Clone or download] 버튼을 누른 다음 [Download Zip]을 선택하면 전체 파일을 내려받을 수 있습니다.

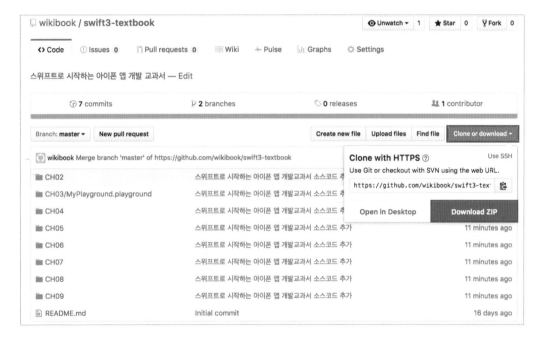

동영상 강의보기

책이라는 매체의 특성으로 초보자들이 화면 상에서는 어떻게 조작해야 하는지 알기 어려워할 수 있다고 판단해서 아래 사이트에서 무료로 동영상 강의를 제공합니다.

다음 각 사이트에서는 이 책의 역자가 만든 동영상 강의와 편집자가 만든 실습 동영상을 볼 수 있습니다.

▣ 역자 제작 동영상 강의

이 책의 역자가 직접 만든 동영상 강의입니다. 책 내용을 요약하여 짧고, 굵게 설명돼 있으니 혼자서 책을 따라하기 어려울 때 들어보세요.

http://goo.gl/mPnGFB

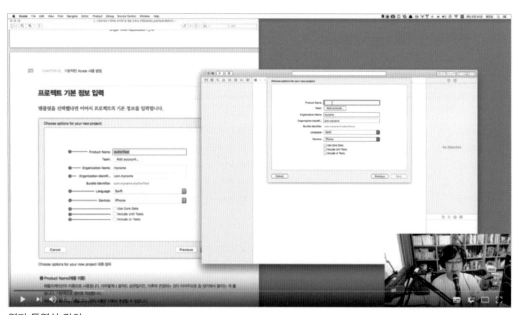

역자 동영상 강의

책에 있는 예제를 따라하다 막히는 부분이 생겼다면 다음의 실습 동영상을 참고해 보세요.

https://wikibook.github.io/swift3-textbook/movie.html

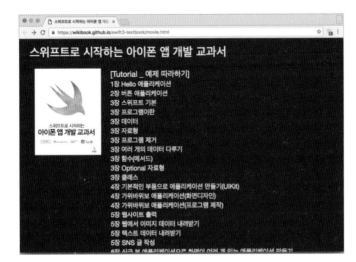

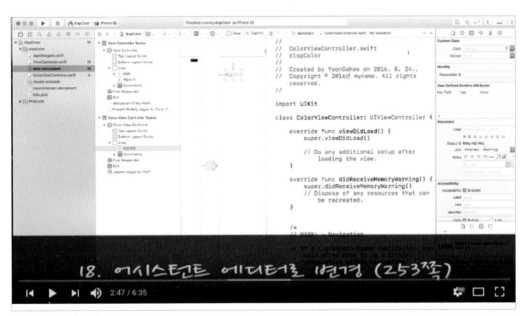

예제 실습 동영상 강의

03 장

플레이그라운드를 사용한 스위프트 프로그래밍

04장

기본적인 부품으로 애플리케이션 만들기: UIKit

05 장
웹과 연결된
애플리케이션 만들기

06 장
화면이 여러 개 있는
애플리케이션 만들기:
UIViewController

07장

기본적인 부품으로
애플리케이션 만들기:
UIKit

08 장

게임
애플리케이션 만들기:
SpriteKit

09장
애플리케이션 마무리

애플리케이션 개발

이번 장의 개요

- iOS 애플리케이션 개발에는 맥과 Xcode가 필요합니다.

- Xcode는 무료로 내려받을 수 있습니다.

- Xcode를 설치하고 동작을 확인합니다

1-1 개발에 필요한 것

이번 장의 포인트 ■ 아이폰 애플리케이션은 맥(개발 머신)과 Xcode(개발 전용 애플리케이션)로 개발합니다.

아이폰 애플리케이션을 만들어봐요!

여러분이 가지고 있는 아이폰에는 다양한 애플리케이션이 설치돼 있을 것입니다. 그중에서 가장 마음에 드는 애플리케이션은 무엇인가요? SNS 애플리케이션인가요? 게임 애플리케이션인가요? 카메라 애플리케이션인가요? 가장 마음에 드는 애플리케이션이 따로 없을 수도 있겠네요.

친구와 연락하는 데 사용하는 애플리케이션도 있고, 시간이 남아 어디론가 놀러 가고 싶을 때 보는 애플리케이션, 공부 또는 일을 편리하게 만들어주는 애플리케이션, 길을 찾아주는 애플리케이션처럼 다양한 상황에 맞는 애플리케이션이 존재합니다. 이 정도로 애플리케이션은 이미 우리 삶과 굉장히 가까워졌습니다.

그런데 이러한 애플리케이션을 사용할 때 '조금 더 사용하기 쉬우면 좋겠다' 또는 '디자인이 조금 더 멋지면 좋겠다'라는 생각을 떠올린 적이 있을 것입니다. 대부분 사람은 이렇게 바꾸면 더 좋을 텐데라는 생각을 곧바로 잊어버립니다. 하지만 이런 생각은 굉장히 아까운 아이디어입니다. 대부분 애플리케이션은 이러한 작은 의문이 아이디어의 씨앗이 됩니다. 작은 부분만 바꿔도 아직 세상 어디에도 존재하지 않는 새로운 애플리케이션이 될 수 있습니다. 어쩌면 전 세계적으로 대박을 칠 수 있는 애플리케이션이 될 수도 있겠지요. 재미있는 애플리케이션의 아이디어를 떠올렸다면 우리 손으로 애플리케이션을 만들어보는 것은 어떨까요? 나름 두근두근하지 않나요? 그런데 그렇다고 해도 직접 만드는 것은 조금 어렵지 않겠냐는 생각이 들 수도 있겠네요.

괜찮습니다. 애플리케이션 개발은 그렇게 어려운 것이 아닙니다.

애플은 더 많은 사람이 다양한 애플리케이션을 만들기를 원하고 있습니다. 그래서 사용하기 쉬운 개발 환경을 제공하고, 프로그래밍 언어를 조금 더 쉽게 사용할 수 있게 투자하고 있습니다. 그래서 애플리케이션 개발은 점점 더 쉬워지고 있답니다.

이 책은 아이폰 애플리케이션을 만드는 방법을 소개합니다. 개발에 대해서 아무것도 모르는 초보자라도 애플리케이션을 만드는 방법을 체험할 수 있을 것입니다. 어릴 때 조립하던 미니카나 프라모델에 적혀 있는 설명서처럼 따라서 조립해가면 애플리케이션을 만들 수 있을 것입니다.

추가로 조립을 완성하고 조립된 모습을 보여주는 것이 아니라 조립하면서 중간중간 잘 작동하는지 테스트를 자주 하므로 쉽게 따라 할 수 있을 것입니다. 조금씩 만들어나가므로 지금 만든 부분이 어떤 부분인지 직접 눈으로 확인할 수 있을 것입니다. 따라서 행위 하나하나의 의미를 이해하면서 애플리케이션 개발과 관련된 지식을 익힐 수 있습니다.

그럼 아이폰 애플리케이션 개발을 시작해 봅시다.

TIPS

iOS 애플리케이션이란?

아이폰 애플리케이션은 iOS 애플리케이션입니다. iOS는 아이폰과 아이패드의 기본이 되는 운영체제(Operating System)입니다. 그리고 이 운영체제에서 작동하는 애플리케이션을 iOS 애플리케이션이라고 부릅니다.

아이폰과 아이패드는 화면 크기와 비율이 다르므로 이전에는 따로따로 만들었습니다. 하지만 현재는 오토 레이아웃(Auto Layout)이라는 기능을 이용해 한 번에 여러 개의 화면 크기와 비율에 대응하는 애플리케이션을 만들 수 있게 되었답니다. 이 책에서는 아이폰 애플리케이션을 만드는 방법을 설명합니다.

개발에 필요한 것

아이폰 애플리케이션을 개발할 때는 비싼 애플리케이션이 따로 필요 없습니다. 맥만 있다면 곧바로 시작할 수 있습니다.

실제 애플리케이션은 Xcode(엑스코드)라는 애플리케이션을 사용합니다. Xcode를 사용하면 아이폰 애플리케이션 화면을 만들고, 프로그램을 작성하고, 아이콘을 설정하거나, 앱 스토어에 올리기까지 모두 할 수 있습니다. 이러한 Xcode는 애플에서 무료로 제공해주고 있답니다. 조금이라도 더 많은 사람이 애플리케이션을 개발해주기 원하는 것이지요.

또한, Xcode에는 아이폰 시뮬레이터가 함께 제공됩니다. 따라서 맥만으로도 대부분 애플리케이션을 테스트할 수 있습니다. 물론 애플리케이션을 모두 완성했다면 시뮬레이터가 아니라 진짜 아이폰에서도 테스트해봐야 합니다. 이때는 아이폰을 USB로 맥에 연결해서 테스트할 수 있습니다.

애플리케이션 개발은 맥과 Xcode만 있으면 할 수 있는데, 애플리케이션을 완성한 이후에 앱 스토어에 출시하려면 애플 개발자 프로그램(Apple Developer Program, 유료)에 등록해야 합니다. 이는 애플리케이션을 배포하기 전에 품질을 확인해주고, 판매 절차를 진행해주는 시스템입니다. 하지만 애플리케이션을 만들기만 할 것이라면 애플 개발자 프로그램에 등록하지 않아도 됩니다. 애플리케이션의 등록은 만족할만한 애플리케이션을 만든 다음에 해도 된답니다.

따라서 일단은 맥을 준비해주세요.

1) 맥(개발 머신)

Xcode 8을 실행하려면 맥 OS X 엘 캐피탄(10.11.5) 이후의 운영체제가 설치된 맥이 필요합니다.

추가로 인터넷이 연결돼 있어야 합니다.

2) Xcode(개발 애플리케이션)

Xcode는 아이폰 애플리케이션을 개발하기 위한 개발 도구입니다. Xcode는 아이폰 시뮬레이터가 함께 제공되므로 Xcode만으로도 애플리케이션의 동작을 확인할 수 있답니다. Xcode는 앱 스토어에서 무료로 내려받을 수 있습니다(2016년 9월 기준).

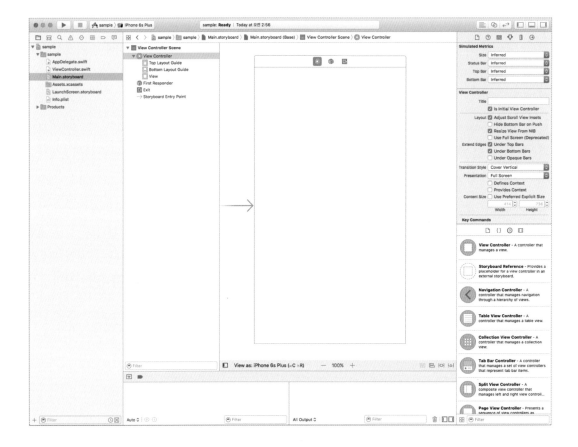

3) 아이폰(실제 장치 테스트 전용)

시뮬레이터는 애플리케이션의 동작을 테스트하기 위해 만들어진 맥에서 동작하는 애플리케이션입니다. 따라서 실제로 배포하기 전에는 실제 장치에서 테스트해보는 것이 좋습니다.

아이폰을 맥에 USB로 연결하면 Xcode에서 애플리케이션을 전송해서 설치하고 테스트할 수 있습니다 (Xcode 7부터는 애플 개발자 프로그램에 유료로 등록하지 않아도 실제 장치에서 테스트할 수 있게 되었습니다).

4) 애플 개발자 프로그램 등록(애플리케이션 배포 계약: 유료)

애플리케이션을 개발할 때는 별도의 계약이 필요하지 않지만 앱 스토어에 애플리케이션을 올리려면 애플 개발자 프로그램(Apple Developer Program)에 연 단위로 등록해야 합니다. 애플 개발자 프로그램에 등록하려면 1년에 99달러가 필요합니다(2016년 9월 기준).

https://developer.apple.com/programs/kr/

이전에는 iOS 개발자 프로그램이라고 불렀는데, iOS 개발자 프로그램과 맥 개발자 프로그램이 통합되면서 애플 개발자 프로그램으로 바뀌었습니다.

Xcode 설치

Xcode 설치

맥을 준비했다면 Xcode를 설치하겠습니다. Xcode는 앱 스토어에서 무료로 내려받을 수 있습니다.

1. 맥에서 앱 스토어를 실행합니다. 카테고
   리에서 [개발자 도구]를 선택하면 곧바
   로 Xcode를 찾을 수 있을 것입니다.

2. [받기] 버튼을 두 번 누르면 곧바로 설치
   가 진행됩니다.

3. Xcode를 독(Dock)에 추가합시다.
   Xcode는 [애플리케이션] 폴더에 설치됩
   니다.
   Xcode를 실행할 때마다 [애플리케이션]
   폴더를 여는 것은 귀찮으므로 독에 드
   래그해서 추가합니다. 이렇게 하면 독
   에서 곧바로 Xcode를 실행할 수 있게
   됩니다.

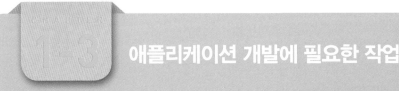

애플리케이션 개발에 필요한 작업

아이폰 애플리케이션은 어떻게 만드는 것일까요?

개발에는 스위프트(Swift)라는 프로그래밍 언어를 사용하지만, 스위프트 언어만으로 만들어지는 것은 아닙니다. 스위프트 언어를 사용한 프로그래밍 이외에도 화면을 디자인하고, 화면의 부품과 프로그램을 연결하고, 아이콘을 만드는 등의 작업을 해야 합니다.

아이폰 애플리케이션 개발은 크게 5가지 작업으로 구분할 수 있습니다. 이러한 작업들이 필요하다는 것을 기억해주세요.

애플리케이션 개발에 필요한 작업

1. **프로젝트 만들기: 새 프로젝트**
   - 어떤 애플리케이션을 만들지 템플릿을 선택하는 것부터 시작합니다.
   - 프로젝트(애플리케이션) 이름을 생각합니다.

2. **화면 디자인: 인터페이스 빌더**
   - 화면에 어떤 부품이 필요한지, 어떤 디자인을 해야 하는지 생각합니다.
   - 화면이 여러 개 있을 때는 화면과 화면의 연결을 생각합니다.

3. **부품과 프로그램 연결: 어시스턴트 에디터**
   - 부품에 이름을 붙이고, 어떠한 작업을 수행할지 생각합니다.

4. **프로그램 작성: 소스 에디터**
   - 애플리케이션에 시킬 일을 프로그램으로 작성합니다.

5. **시뮬레이터에서 테스트: 시뮬레이터**
   - 만든 애플리케이션의 동작을 확인합니다.

Xcode 테스트

그럼 간단한 애플리케이션을 만들어 봅시다.

'아무것도 모르는데 갑자기 애플리케이션을 만들다니!'라고 생각할 수도 있겠지만 Xcode가 제대로 동작하는지 확인하기 위한 테스트라고 생각해주세요. 간단한 애플리케이션을 만들고 동작하는지 확인하면 이 맥에서 애플리케이션을 만들 준비가 모두 됐구나!라고 확인할 수 있을 것입니다.

굉장히 간단한 애플리케이션이므로 아무것도 몰라도 만들 수 있으니 안심하세요! 간단하지만 자신이 만든 애플리케이션이 실행되는 모습을 본다면 나름 재미있을 것입니다.

그럼 Xcode를 테스트해 봅시다.

[튜토리얼] Hello 애플리케이션

[난이도] ★☆☆☆☆

어떤 애플리케이션인가요?

화면에 'Hello'라는 글자를 출력하는 애플리케이션이에요.

애플리케이션의 구조

레이블을 배치해서 화면을 구성합니다. 이어서 배치한 레이블의 글자를 'Hello'로 수정하기만 하면 됩니다.

화면에 'Hello'라고 표시하는 기능밖에 없는 굉장히 간단한 애플리케이션이랍니다.

각 과정에 관한 자세한 내용은 CHAPTER 02부터 차근차근 설명할 것이므로 일단 과정을 그냥 따라 한다는 느낌으로 진행해주세요.

1 신규 프로젝트 생성

Xcode를 실행하면 Welcome to Xcode 화면이 나옵니다. 여기에서 [Create a new Xcode project] 버튼을 클릭해주세요.

TIPS

Welcome to Xcode 화면을 여는 방법

Welcome to Xcode 화면을 실수로 닫아버렸다면, 메뉴에서 [Window] > [Welcome to Xcode]를 선택해서 다시 열 수 있답니다.

2 템플릿 선택

템플릿을 선택하는 화면으로 넘어가면 [Single View Application]을 선택하고 [Next] 버튼을 클릭합니다.

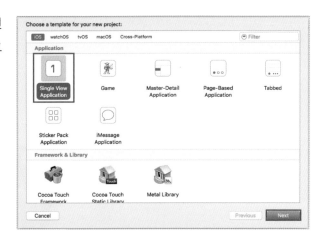

3 프로젝트 기본 정보 입력

프로젝트의 기본 정보를 입력하는 화면으로 넘어가면 다음과 같이 입력합니다. 이어서 [Next] 버튼을 클릭합니다.

- Product Name: hello

- Organization Name: myname

- Organization Identifier: com.myname

- Language: Swift

- Devices: iPhone

- Use Core Data: 해제

- Include Unit Tests: 해제

- Include UI Tests: 해제

4 프로젝트 저장 위치 선택

저장 대화 상자가 나오면 프로젝트를 저장할 위치를 선택하고 [Create] 버튼을 눌러주세요. 이렇게 하면 새로운 프로젝트가 생성됩니다.

5 storyboard 선택

프로젝트가 생성되면 Xcode 화면이 나옵니다. 왼쪽에 있는 파일 목록에서 Main.storyboard를 선택합니다.

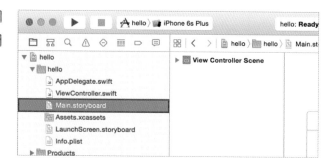

6 레이블 배치

사각형 모양의 화면이 나오면 화면 오른쪽 아래에 있는 아이콘 중에서 Label(레이블)을 찾아주세요. 이어서 레이블을 사각형의 왼쪽 위에 드래그 앤드 드롭해서 배치합니다(중간 또는 오른쪽에 배치하면 실행했을 때 화면에서 잘려서 나올 수도 있으니 왼쪽 위에 배치해주세요. 이와 관련된 내용은 CHAPTER 02에서 다시 설명하겠습니다).

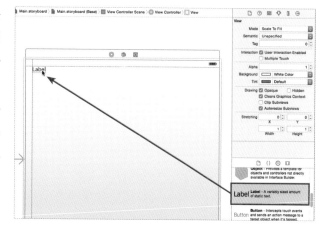

7 레이블 수정

Label을 더블 클릭하면 문자가 선택됩니다. 이때 키
보드에서 'Hello'를 입력하면 레이블의 문자를 변경
할 수 있답니다.

8 실행 버튼을 눌러 애플리케이션 실행

화면 왼쪽 위에 있는 [실행(Run)] 버튼을 클릭합니
다. 이렇게 하면 시뮬레이터가 실행됩니다. 이어서
시뮬레이터에서 애플리케이션이 실행됩니다.

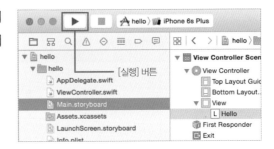

확인

어떤가요? 화면의 왼쪽 위에 Hello라고 표시되는 애
플리케이션이 나오나요?

애플리케이션이 정상적으로 실행됐다면 Xcode 테
스트 완료입니다!

9 시뮬레이터 정지

애플리케이션을 확인했다면 시뮬레이터를 정지하도록 합시다. [실행] 버튼의 오른쪽에 있는 [정지(Stop)] 버튼을 클릭해주세요.

이것으로 Xcode 테스트는 종료하겠습니다.

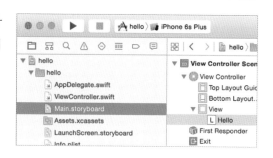

CHAPTER

02

기본적인 Xcode
사용 방법

이번 장의 개요

■ 간단한 애플리케이션을 만들면서 Xcode의 기본적인 사용 방법을 알아봅니다.

프로젝트 생성: New Project

이번 장에서는 아이폰 애플리케이션을 만들 때 Xcode를 어떻게 사용하는지 설명합니다.

애플리케이션 개발을 잘하려면 Xcode의 사용 방법을 잘 알아야 합니다. 따라서 내용을 읽으며 직접 따라 할 것을 추천합니다. 그럼 이번에도 간단한 애플리케이션을 만들면서 살펴보겠습니다.

이번 절에서는 버튼을 누르면 '안녕하세요'라고 표시되는 굉장히 단순한 애플리케이션을 만들어보겠습니다.

[튜토리얼] **버튼**

[난이도] ★☆☆☆☆

어떤 애플리케이션인가요?

버튼을 누르면 '안녕하세요'라고 나오는 애플리케이션이에요.

애플리케이션의 구조

일단 레이블과 버튼을 화면에 배치합니다.
이어서 버튼을 누르면 '안녕하세요'라고 표시
되게 프로그램을 구성하겠습니다.

프로젝트 생성

애플리케이션 개발은 일단 새로운 프로젝트를 만드는 것부터 시작합니다.

프로젝트란 어떤 애플리케이션을 만드는 데 필요한 파일을 모아놓은 것이랍니다. 애플리케이션 개발자는 프로젝트 내부에 화면 데이터, 프로그램, 에셋, 설정 데이터 등을 추가해서 애플리케이션을 만듭니다.

이러한 것들은 프로젝트 폴더라고 부르는 폴더에 모아놓습니다.

프로젝트 폴더

1 프로젝트 생성

Xcode를 실행하면 Welcome to Xcode 화면이 나옵니다. 여기에서 [Create a new Xcode project] 버튼을 클릭합니다.

그럼 애플리케이션을 만들어 봅시다!

템플릿 선택

애플리케이션을 만들 때는 아무것도 없는 상태로 시작하는 것이 아니라 템플릿을 기반으로 시작합니다. 템플릿에는 애플리케이션을 위한 기본적인 기능이 구현돼 있습니다. 따라서 그 자체로써 애플레케이션으로 사용할 수 있습니다. 하지만 우리가 원하는 애플리케이션을 만들려면 이러한 템플릿에 부품 또는 프로그램을 추가해야 합니다.[1]

템플릿은 여러 종류가 있는데 자신이 만들고 싶은 애플리케이션에서 가장 가까운 템플릿을 기반으로 프로젝트를 만듭니다. 일반적으로는 가장 단순한 Single View Application을 사용합니다.

---

1 역주: 이 책은 비전공자를 위해 최대한 쉬운 단어를 사용합니다. 기존에 개발을 하던 분들이라면 부품은 컴포넌트, 프로그램은 코드를 나타낸다고 생각하면 쉬울 것 같습니다.

템플릿의 종류

Single View Application	1개의 뷰(View, 화면)로 구성된 애플리케이션을 만들 때 사용하는 템플릿입니다. 가장 구조가 단순하므로 기본적으로 이것을 사용합니다(※ 이 책에서도 주로 Single View Application을 사용해서 설명합니다). 템플릿에는 화면이 1개밖에 없지만, 화면을 추가해서 여러 개의 화면으로 구성할 수 있습니다.
Tabbed Application	화면의 하단에 탭 바가 있는 애플리케이션을 만들 때 사용하는 템플릿입니다(CHAPTER 6-4에서 설명합니다).
Master-Detail Application	계층 구조를 가지는 애플리케이션을 만들 때 사용하는 템플릿입니다. 첫 화면은 테이블 뷰라는 목록 화면으로 구성됩니다. 그리고 목록 중의 하나를 선택하면 선택한 대상의 상세 정보로 들어갑니다. 이때 화면의 왼쪽 위에 [뒤로] 버튼이 생기고, 이 버튼을 누르면 다시 원래 화면으로 돌아갑니다(CHAPTER 7-5에서 설명합니다).
Game	게임을 만들 때 사용하는 템플릿입니다. 많은 그림을 움직이거나, 물리 시뮬레이션을 활용하고자 할 때 사용합니다(CHAPTER 08에서 설명합니다).
Page-Based Application	페이지를 넘기는 애플리케이션을 만들 때 사용하는 템플릿입니다. 화면 전환 또는 데이터 표시는 프로그램으로 수행한답니다.

어떤 템플릿을 사용해볼까?

2 템플릿 선택

대화 상자의 왼쪽 위에 Choose a template for your new project라고 나오면 [Single View Application]을 선택하고 [Next] 버튼을 클릭합니다.

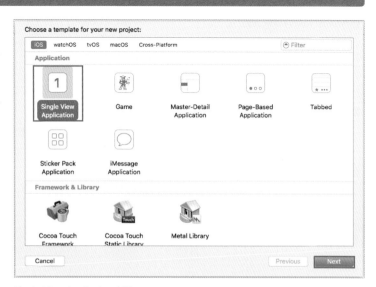

Single View Application 선택

프로젝트 기본 정보 입력

템플릿을 선택했다면 이어서 프로젝트의 기본 정보를 입력합니다.

```
Choose options for your new project:

         ❶ ———— Product Name:    buttonTest

                       Team:    [ Add account... ]

         ❷ ———— Organization Name:    myname

         ❸ ———— Organization Identifi...    com.myname

                Bundle Identifier:    com.myname.buttonTest

         ❹ ————————— Language:    Swift                    ⬍

         ❺ ————————— Devices:    iPhone                    ⬍

         ❻ —————————————    ☐ Use Core Data
         ❼ —————————————    ☐ Include Unit Tests
         ❽ —————————————    ☐ Include UI Tests


  [ Cancel ]                                [ Previous ]   [ Next ]
```

Choose options for your new project 대화 상자

❶ Product Name(제품 이름)

애플리케이션의 이름으로 사용됩니다. 아무렇게나 붙여도 상관없지만, 이후에 변경하는 것이 어려우므로 잘 생각해서 붙이는 게 좋습니다. 기본적으로 영어로 작성합니다.

아이폰에 표시되는 애플리케이션의 이름은 이후에 변경할 수 있답니다.

❷ Organization Name(단체 이름)

애플리케이션을 개발하는 단체의 이름입니다. 제작자 또는 제작 회사의 이름을 입력합니다. 애플리케이션을 신청할 때 중요한 이름입니다. 신청하지 않을 것이라면 'myname'과 같은 적당한 이름을 붙여도 상관없습니다.

❸ Organization Identifier(단체 식별자)

다른 애플리케이션과 구별하기 위한 이름입니다. 일반적으로 도메인을 반대로 돌려서 만드는데, 예를 들어 도메인이 'test.co.kr'이라면 'kr.co.test'로 지정합니다. 이와 Product Name을 추가해서 애플리케이션을 신청할 때 굉장히 중요한 번들 식별자(Bundle Identifier)가 만들어집니다. 신청하지 않을 것이라면 'com.myname'처럼 적당한 이름을 붙여도 상관없습니다.

❹ Language(프로그래밍 언어)

애플리케이션을 만들 때 사용할 프로그래밍 언어를 선택합니다. 오브젝티브-C(Objective-C)와 스위프트(Swift) 중에서 선택할 수 있습니다.

이 책에서는 스위프트를 사용할 것이므로 [Swift]를 선택합니다.

❺ Device(장치)

만들고자 하는 애플리케이션이 아이폰 전용인지, 아이패드 전용인지, 아이폰과 아이패드 모두 지원하는지(Universal) 선택합니다.

❻ Use Core Data

데이터베이스 기능을 사용하려면 체크합니다.

이 책에서는 사용하지 않을 것이므로 체크를 해제해주세요.

❼ Include Unit Tests

❽ Include UI Tests

애플리케이션의 신뢰성을 높이기 위한 테스트에 사용하는 기능입니다. 고급 기능을 가진 애플리케이션을 만들 때 사용하는 기능입니다. 우리는 완전 초보자이므로 사용하지 않도록 하겠습니다.

이 책에서는 사용하지 않을 것이므로 체크를 해제해주세요.

3 　프로젝트 기본 정보 입력

Choose options for your new project 대화 상자가 나오면 다음과 같이 입력하고 [Next] 버튼을 선택합니다. 각 내용은 방금 살펴봤죠?

- Product Name: buttonTest

- Organization Name: myname

- Organization Identifier: com.myname

- Language: Swift

- Devices: iPhone

- Use Core Data: 해제

- Include Unit Tests: 해제

- Include UI Tests: 해제

애플리케이션의 이름을 결정

4 프로젝트 저장 위치 선택

저장 대화 상자가 나오면 프로젝트를 저장할 위치
를 선택하고 [Create] 버튼을 눌러주세요. 이렇게
하면 새로운 프로젝트가 생성됩니다.

프로젝트가 생성되면 Xcode 화면이 나옵니다.

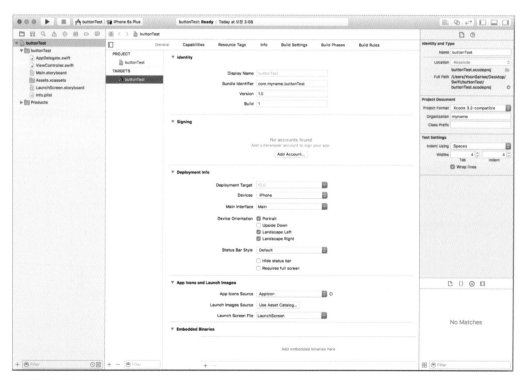

프로젝트가 만들어졌어요

Xcode 화면

기본 화면 설명

프로젝트를 생성하면 Xcode 화면이 나오는데, 여기에서 애플리케이션을 만든답니다. 일단 본격적으로 애플리케이션을 만들어보기 전에 이번 절에서는 Xcode 화면에 관해서 설명하겠습니다.

Xcode 화면은 다음과 같이 5개의 영역으로 구분됩니다. 5개의 영역 중에 가장 기본적인 것은 왼쪽에 있는 내비게이터 영역입니다. 여기에서 파일을 선택하고, 해당 파일을 중앙의 에디터 영역에서 편집한 답니다.

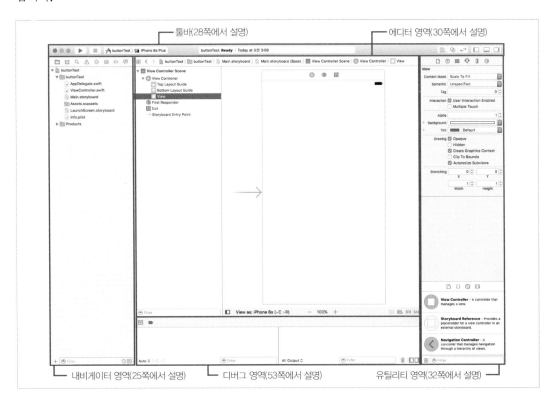

내비게이터 영역

왼쪽에 있는 영역이 내비게이터 영역입니다. 주로 파일을 선택할 때 사용합니다.

툴바

위에 있는 영역이 툴바입니다. 애플리케이션을 실행하거나 어시스턴트 에디터로 변환할 때 사용합니다.

에디터 영역

중앙에 있는 영역이 에디터 영역입니다. 내비게이터 영역에서 선택한 파일의 내용이 나오며, 화면을 구성하고 프로그램을 작성하는 데 사용합니다. 따라서 애플리케이션을 만드는 주요 영역이라고 생각하면 됩니다.

유틸리티 영역

오른쪽에 있는 영역이 유틸리티 영역입니다. 화면에 추가한 부품을 선택했을 때, 해당 부품의 설정을 수행합니다.

디버그 영역

아래에 있는 영역이 디버그 영역입니다. 디버그할 때 관련된 정보가 표시됩니다.

다음 페이지부터는 각 영역에 있는 요소의 명칭과 역할을 알아보겠습니다. 매우 많으므로 전부 기억하려는 생각은 접어주세요. 일단 눈으로 확인한다는 느낌으로 간단하게 살펴보고, 이후에 하나하나 직접 사용해보면서 몸으로 익히도록 합시다.

내비게이터 영역

Xcode를 사용할 때 가장 기본적인 영역이 내비게이터 영역입니다.

작업하고자 하는 파일을 선택하는 영역으로 여기에서 파일을 선택한 다음에 해당 파일을 중앙에 있는 에디터 영역에서 편집합니다.

에셋 파일을 추가할 때도 사용합니다.

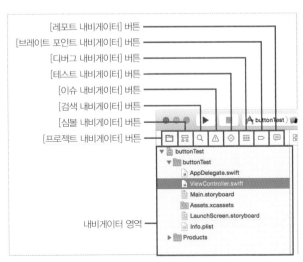

내비게이터 영역과 선택 바에 있는 8개의 버튼

내비게이터 영역의 기능

내비게이터 영역의 위에 있는 선택 바에는 8개의 버튼이 있습니다. 이를 누르면 표시가 변경되는데, 일단 처음에는 가장 왼쪽에 있는 프로젝트 내비게이터 이외의 기능은 기억하지 않아도 괜찮습니다.

만약 책에 나오는 그림과 실습하는 화면이 다르다면 가장 왼쪽에 있는 [프로젝트 내비게이터] 버튼을 눌러서 프로젝트 내비게이터가 나오도록 변경해주세요.

프로젝트 내비게이터	프로젝트 파일 목록을 표시합니다. 일반적으로 이 모드를 사용한답니다.
심볼 내비게이터	프로젝트의 메소드 또는 속성 목록을 표시합니다.
검색 내비게이터	프로젝트 내부에서 무언가를 검색할 때 사용합니다.
이슈 내비게이터	오류를 표시합니다.
테스트 내비게이터	테스트할 때 사용합니다.
디버그 내비게이터	디버그할 때 사용합니다.
브레이크 포인트 내비게이터	브레이크 포인트를 설정했을 때 사용합니다.
레포트 내비게이터	빌드 이력을 확인할 때 사용합니다.

프로젝트 내비게이터

프로젝트 내비게이터에서 파일을 선택하면 중앙의 에디터 영역에 해당 파일의 내용이 표시됩니다. 파일의 종류에 따라 에디터의 종류가 달라진답니다.

애플리케이션을 만들 때 가장 자주 사용하는 파일은 Main.storyboard 파일과 ViewController.swift 파일입니다. Main.stroyboard 파일은 스토리보드라고 부르며 애플리케이션의 화면을 만들 때 사용하는 파일입니다. 파일을 선택하면 에디터 영역에 인터페이스 빌더(Interface Builder)가 나옵니다.

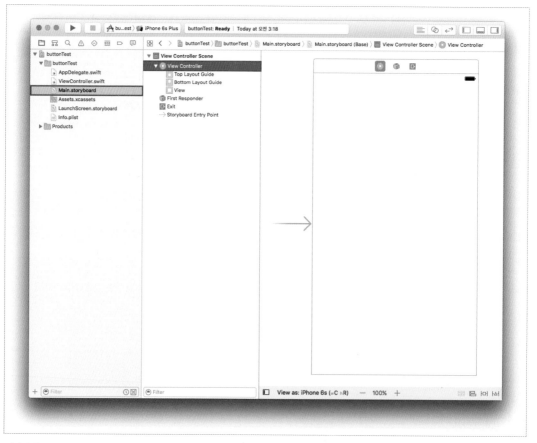

인터페이스 빌더

ViewController.swift 파일은 소스 코드 파일로 애플리케이션 프로그램이 적혀있답니다. 선택하면 에디터 영역에 소스 에디터가 나옵니다.

소스 에디터

내비게이터 영역은 에셋 파일을 추가할 때에도 사용합니다. 다른 파일에 있는 이미지 파일을 프로젝트 내비게이터에 드래그 앤 드롭해서 프로젝트에 추가할 수 있답니다.

에셋을 드래그해서 추가

프로젝트 내부의 파일

프로젝트 파일은 Main.storyboard 파일 또는 ViewController.swift 이외에도 다양한 파일이 있습니다. 간단하게 살펴봅시다.

〈프로젝트 이름〉	프로젝트 파일이라고 부르며, 프로젝트 전체 설정과 관련된 파일입니다. 버전 또는 아이콘 이미지 등을 설정합니다.
AppDelegate.swift	소스 코드입니다. 애플리케이션 전체 프로그램을 작성하는 파일로 앱이 닫혀있는 상태 등에서 무언가 하고 싶을 때 사용합니다.
ViewController.swift	소스 코드입니다. 화면(View) 속의 움직임을 제어(Control)하는 프로그램을 작성하는 파일로 일반적으로 이 파일에 프로그램을 작성합니다.
Main.storyboard	스토리보드 파일입니다. 애플리케이션의 화면을 작성합니다.
Assets.xcassets	아이폰에 표시되는 이미지는 해상도에 따라서 바뀐답니다. 이러한 것을 관리하기 위한 이미지 에셋입니다.
LaunchScreen.storyboard	스토리보드 파일입니다. 앱이 시작된 직후에 표시되는 시작 화면(Launch Screen)을 만들 때 사용합니다.
Info.plist	애플리케이션의 설정 파일입니다. 기본 설정은 프로젝트 파일에서 수행하므로 특별한 이유가 없다면 만지지 않는답니다.

툴바

Xcode 화면의 위에 있는 영역이 툴바입니다. 애플리케이션을 실행할 때나 각 영역을 열거나 닫을 때 사용합니다.

툴바

실행 버튼과 스키마 메뉴

애플리케이션을 실행할 때 사용합니다. 스키마 메뉴는 시뮬레이터 종류를 선택하거나 실제 아이폰에서 애플리케이션을 실행하고 싶을 때 사용합니다.

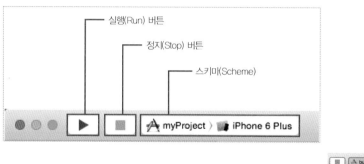

스키마(Scheme) 메뉴

실행(Run) 버튼	프로그램을 빌드하고 애플리케이션을 실행합니다.
정지(Stop) 버튼	실행한 애플리케이션을 정지합니다.
스키마(Scheme)	테스트할 iOS 시뮬레이터의 종류 또는 실제 기계를 선택합니다.

에디터(Editor) 버튼

에디터 영역의 표시 형식을 변경할 때 사용합니다. 주로 사용하는 에디터는 스탠다드 에디터와 어시스턴트 에디터입니다. 에디터의 자세한 사용 방법은 뒤에서 설명하겠습니다.

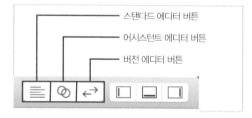

에디터(Editor) 버튼

스탠다드 에디터(Standard Editor)	일반적인 에디터입니다. 한 화면으로 표시합니다.
어시스턴트 에디터(Assistant Editor)	화면을 두 개로 나눠서 표시하고, 연동하면서 작업을 수행하는 에디터입니다.
버전 에디터(Version Editor)	화면을 두 개로 나눠서 표시하고, 오래된 버전의 파일과 비교하면서 작업을 수행하는 에디터입니다. 초보자인 우리는 사용하지 않습니다.

뷰(View) 버튼

영역을 열거나 닫는 등 상태를 변경하는 버튼입니다. 닫기(비활성화)로 다른 영역을 넓게 표시하거나, 열기(활성화)로 여러 영역을 동시에 표시합니다.

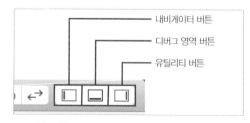

View(뷰) 버튼

내비게이터 버튼	내비게이터의 열기/닫기 상태를 변경합니다.
디버그 영역 버튼	디버그 영역의 열기/닫기 상태를 변경합니다.
유틸리티 버튼	유틸리티 영역의 열기/닫기 상태를 변경합니다.

에디터 영역

내비게이터 영역에서 선택한 파일을 편집하는 영역입니다. 선택한 파일의 종류에 따라서 에디터가 바뀝니다.

〈프로젝트 이름〉	프로젝트 설정 화면
storyboard 파일	인터페이스 빌더(CHAPTER 2–3에서 설명합니다)
swift 파일	소스 에디터(CHAPTER 2–5에서 설명합니다)
.xcassets	에셋 카탈로그
plist 파일	속성 리스트

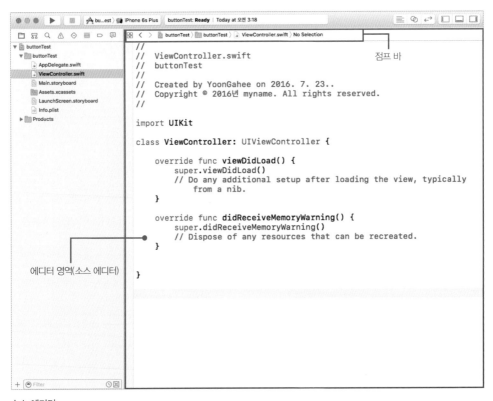

소스 에디터

점프바

에디터 위에 있는 점프바를 사용하면 해당 에디터 내부의 특정 요소로 쉽게 이동(점프)할 수 있습니다. 점프바를 클릭하면 파일 내부에 있는 요소의 목록이 나오고, 요소를 선택하면 화면이 이동됩니다.

소스 에디터의 점프바는 변수 또는 메서드(CHAPTER 03에서 설명)를 찾을 때 사용합니다. 변수 또는 메서드를 선택하면 해당 위치로 점프합니다.

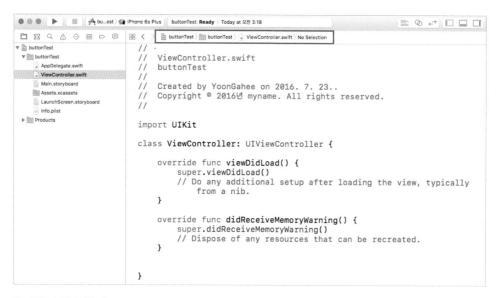

점프바(소스 에디터일 때)

인터페이스 빌더(CHAPTER 2-3에서 설명)의 점프바는 부품을 찾을 때 사용합니다. 부품을 선택하면 해당 부품의 위치로 곧바로 이동합니다.

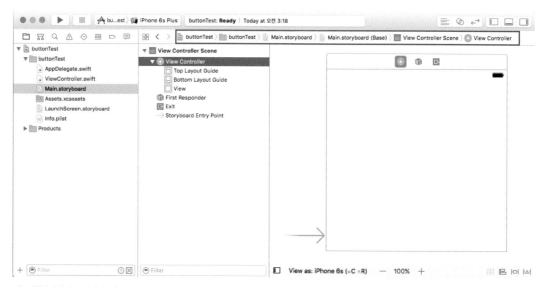

점프바(인터페이스 빌더일 때)

유틸리티 영역

유틸리티 영역은 부품을 추가하거나 설정할 때 사용합니다.

유틸리티 영역은 위아래 2개의 패널로 구분돼 있으며, 위에 있는 패널이 인스펙터 패널, 아래에 있는 패널이 라이브러리 패널입니다.

각 영역 위에는 선택 바가 있습니다. 선택 바의 아이콘을 눌러서 패널을 변경할 수 있습니다.

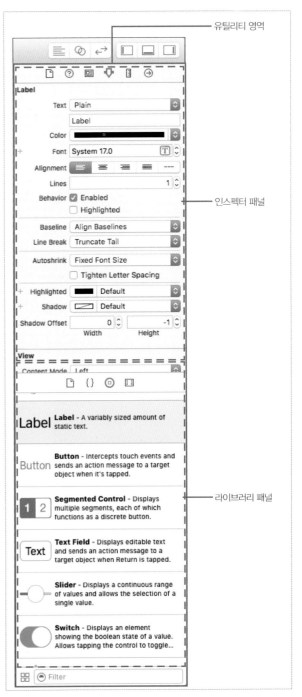

위에 있는 패널이 인스펙터 패널, 아래에 있는 패널이 라이브러리 패널

인스펙터 패널은 에디터에 표시된 요소의 상세 설정을 수행합니다.

인스펙터 패널의 화면 목록

파일 인스펙터	선택한 파일의 정보를 확인하거나 설정합니다.
퀵 헬프 인스펙터	선택한 객체의 간단한 도움말을 표시합니다.
아이덴티티 인스펙터	선택한 객체의 클래스 정보를 확인하거나 설정합니다. 부품의 클래스 이름을 설정할 때 사용합니다.
어트리뷰트 인스펙터	선택한 객체의 정보를 확인하거나 설정합니다. 색, 문자, 문자 크기와 같은 외관을 설정할 때 사용합니다.
사이즈 인스펙터	선택한 객체의 위치 또는 크기를 확인하거나 설정합니다.
커넥션 인스펙터	선택한 객체와 프로그램의 연결 상태를 확인하거나 설정합니다.

라이브러리 패널은 주로 에디터 영역이 인터페이스 빌더로 표시될 때 사용하며, 라이브러리 패널에서 요소를 드래그해서 화면에 배치할 수 있습니다.

라이브러리 패널의 화면 목록

파일 템플릿 라이브러리	파일 템플릿의 라이브러리입니다. 이 책에서는 다루지 않습니다.
코드 스니펫 라이브러리	프로그램 코드 라이브러리입니다. 소스 에디터에 드래그 앤드 드롭해서 프로그램을 추가할 수 있습니다. 자신의 코드를 등록해서 사용할 수도 있는데, 이 책에서는 다루지 않습니다.
오브젝트 라이브러리	화면에 배치할 수 있는 부품(레이블 또는 버튼 등)의 라이브러리입니다.
미디어 라이브러리	프로그램 내부의 이미지 등의 목록이 표시됩니다. 이 책에서는 다루지 않습니다.

화면 디자인: 인터페이스 빌더

인터페이스 빌더를 사용한 화면 디자인

그럼 애플리케이션의 화면을 만들어 봅시다. 애플리케이션 개발은 화면을 만드는 것부터 시작한답니다. 내비게이션 영역에서 Main.storyboard 파일을 선택하면 중앙의 에디터 영역에 스토리보드가 나옵니다. 여기에서 화면을 디자인합니다.

에디터 영역에는 사각형이 표시되는데, 이 자체가 바로 애플리케이션 화면입니다. 유틸리티 영역의 라이브러리에서 부품을 드래그 앤 드롭해서 여기에 배치한답니다.

배치한 부품의 조정 또는 설정은 유틸리티 영역의 인스펙터에서 수행합니다.

에디터 영역에 있는 사각형은 애플리케이션의 화면을 나타냅니다.

아이폰에는 다양한 비율의 화면이 있으므로 다양한 화면에 맞게 디자인할 수 있도록 화면 크기를 특정 아이폰 크기로 변경하는 기능도 제공합니다.

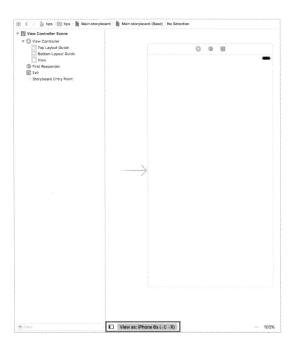

에디터 영역 아래에 있는 View as:를 선택하면 Device에서 iPhone 6s Plus, iPhone SE 등을 선택해 화면 크기를 변경할 수 있고, Orientation에서 화면의 방향을 변경할 수 있습니다.

참고

스토리보드란?

이전 버전의 Xcode에서는 화면을 만들 때 사용하는 파일이 xib 파일이었답니다. xib의 ib는 인터페이스 빌더(Interface Builder) 전용 파일이라는 의미입니다. xib 파일은 파일 한 개에 하나의 화면만 디자인할 수 있었습니다. 따라서 여러 개의 화면이 있는 애플리케이션을 만들 때는 화면의 수만큼 xib 파일이 필요했습니다.

스토리보드라는 기능은 Xcode 4.2에서 등장했는데, 한 개의 파일에서 여러 개의 화면을 디자인할 수 있게 됐습니다. 게다가 화면과 화면의 연결 방법 등도 설정할 수 있답니다.

여러 개의 화면을 연결해서 애플리케이션에 이야기(스토리)를 만들어 줄 수 있다는 의미로 스토리보드(Storyboard)라는 이름이 붙은 것입니다.

스토리보드에 있는 화살표

스토리보드를 보면 화살표(→)가 하나 있습니다. 이 화살표는 스토리보드에서 가장 처음에 표시되는 화면을 가리킵니다.

화살표를 드래그해서 가장 처음에 나오는 화면을 변경할 수 있습니다.

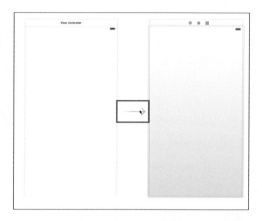

5 Main.storyboard 파일 선택

22쪽에서 만들던 앱을 계속해서 만들겠습니다. 내비게이션 영역에서 Main.storyboard 파일을 선택하면 에디터 영역이 인터페이스 빌더로 변경됩니다.

인터페이스 빌더(화면을 만듭니다)

라이브러리로 부품 배치

유틸리티 영역의 아래 부분에는 라이브러리가 있습니다. 그리고 라이브러리에는 애플리케이션에서 사용할 수 있는 다양한 부품이 있습니다. 여기에서 부품을 드래그 앤드 드롭해서 스토리보드 화면에 배치합니다.

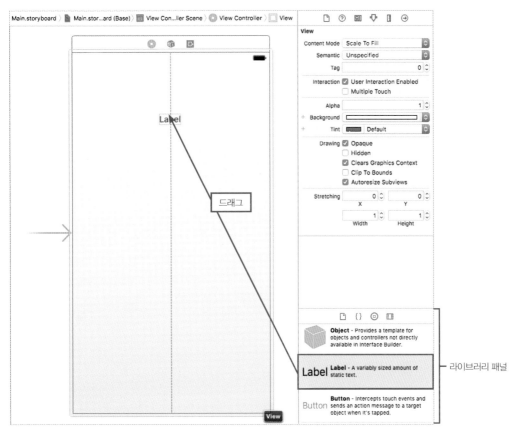

라이브러리 패널에서 부품을 드래그 앤드 드롭해서 스토리보드 화면에 배치

노란색 원으로 둘러싸인 부품은 새로운 화면을 추가하는 부품입니다.

화면에 배치할 수 있는 부품은 아래에 있으므로 스크롤을 내려주세요. 여기에 있는 부품들을 드래그 앤드 드롭해봅시다.

새로운 화면을 추가하는 부품

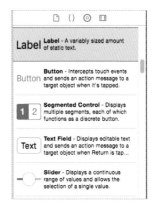

화면에 배치할 수 있는 부품

가이드라인을 사용한 배치

부품을 화면 위로 이동시키면 가이드라인이 나옵니다. 이러한 가이드라인을 기준으로 배치합니다.

- 부품을 화면 위아래 또는 왼쪽 오른쪽 끝으로 드래그하면 가이드라인이 표시되며, 부품이 자석에 붙듯이 붙습니다.

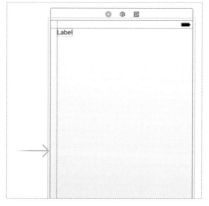

부품을 화면의 왼쪽 위로 드래그했을 때

- 부품을 화면의 중앙으로 드래그하면 가이드라인이 표시되며, 부품이 자석에 붙듯이 붙습니다. 중앙에 배치하고 싶을 때 사용합니다.

부품을 화면의 중앙으로 드래그했을 때

- 다른 부품이 배치돼 있으면 해당 부품을 기준으로 하는 가이드라인이 표시됩니다. 부품 여러 개를 정렬해서 배치하고 싶을 때 사용합니다.

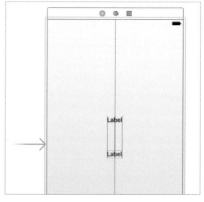

다른 부품 근처로 드래그했을 때

6 | 레이블과 버튼을 화면에 배치

라이브러리 패널을 스크롤 해서 Label(레이블)과 Button(버튼)을 찾아주세요. 이어서 각 부품을 가이드 라인을 기준으로 화면의 중앙에 드래그 앤드 드롭해서 배치합니다.

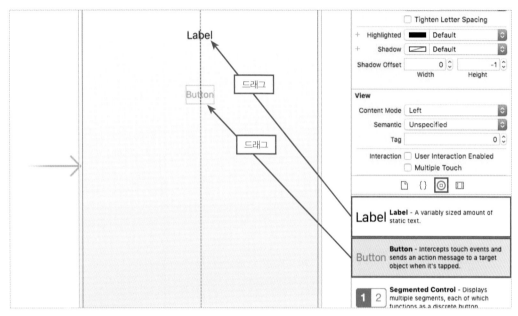

중앙의 가이드라인을 기준으로 배치

인스펙터로 부품 설정

배치한 부품은 유틸리티 영역의 인스펙터로 조정하거나 설정합니다. 주로 사용하는 것은 어트리뷰트 인스펙터와 사이즈 인스펙터입니다.

- **어트리뷰트 인스펙터**
  선택한 부품의 글자 또는 색 등의 설정을 변경합니다.

- **사이즈 인스펙터**
  선택한 부품의 위치 또는 크기 등을 변경합니다.

어트리뷰트 인스펙터

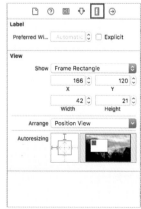

사이즈 인스펙터

도큐먼트 아웃라인에서 부품 확인

인터페이스 빌더의 왼쪽 아래에 있는 도
큐먼트 아웃라인 버튼을 클릭하면 도큐먼
트 아웃라인이 나옵니다.

여기에는 화면을 구성하는 부품들의 목록
이 있습니다.

도큐먼트 아웃라인에서 부품을 선택하면
화면 위에 있는 부품도 함께 선택됩니다.
화면의 부품이 너무 많아서 선택하기 어
려울 때는 도큐먼트 아웃라인을 사용해
쉽게 선택할 수 있습니다.

※ 에디터 위에 있는 점프바로도 부품을 선택할 수 있답
  니다.

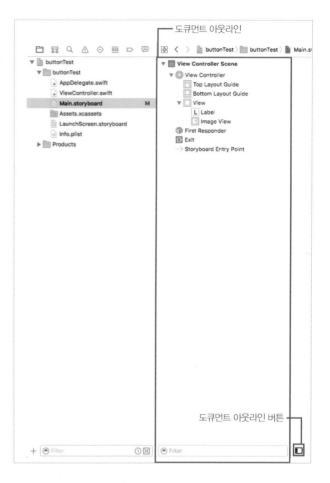

도큐먼트 아웃라인

도큐먼트 아웃라인 버튼

7 | 레이블 색상 변경

레이블을 선택하면 어트리뷰트 인스펙터의 Color 속성에서 글자색을 변경할 수 있답니다.

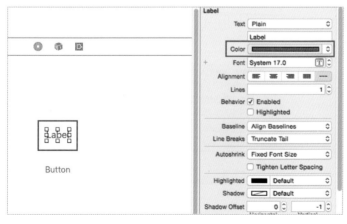

레이블의 색을 붉은색으로 변경

8　실행 버튼을 눌러 애플리케이션 실행

[실행] 버튼을 클릭해서 부품의 배치를 확인합시다.

확인

부품이 제대로 배치됐나요? 아마 그림처럼 중앙에서 조금 벗어난 위
치에 배치됐을 것입니다.

부품이 제대로 배치됐는지 확인

오토 레이아웃[자동 설정]

정확히 중앙에 배치했는데도 실행하는 시뮬레이터의 크기에 따라 중앙에서 벗어난 위치에 출력될 수도
있습니다. 이는 아이폰의 고정된 위치에 배치했으므로 지정한 크기가 아닌 다른 크기의 아이폰 화면에
서 보면 중앙에서 어긋나게 되는 것입니다.

화면의 크기가 달라지더라도 의도한 대로 레이아웃을 만들려면 [오토 레이아웃(Auto Layout)]을 사용
해야 합니다. 오토 레이아웃은 화면의 비율이나 크기에 따라 자동으로 레이아웃을 변화시켜주는 기능입
니다.

화면의 중앙을 기준으로 레이아웃을 만든다는 규칙을 추가하면 화면의 비율이 바뀌더라도 화면의 중앙
은 바뀌지 않습니다.

부품이 굉장히 많을 때에는 수동으로 하나하나 설정해야 의도한 대로 레이아웃이 잘 나옵니다. 하지만
부품이 적다면 오토 레이아웃을 자동으로 설정해주는 명령을 사용해도 괜찮습니다. 이번에는 그러한 명
령을 사용해보겠습니다(수동으로 설정하는 방법은 CHAPTER 03에서 다룹니다).

인터페이스 빌더의 오른쪽 아래에 정렬된 4개의 버튼으로 오토 레이아웃을 설정합니다. 왼쪽부터 각각 Stack, Align, Pin, Resolve Auto Layout Issues 버튼입니다.

가장 오른쪽에 있는 [Resolve Auto Layout Issues] 버튼을 사용해 봅시다.

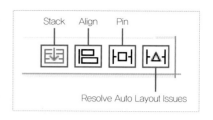

9 오토 레이아웃 자동 설정

화면을 클릭하고 인터페이스 빌더의 오른쪽 아래에 있는 4개의 버튼 중에 가장 오른쪽에 있는 [Resolve Auto Layout Issues]를 클릭합니다.

메뉴가 나오면 아래에서 3번째에 있는 [Add Missing Constraints]를 선택합니다.

이렇게 하면 화면에 있는 레이블 또는 버튼이 중앙의 가이드라인을 기준으로 배치됩니다.

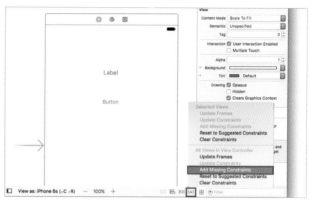

오토 레이아웃 자동 설정

제대로 설정했다면 버튼 또는 레이블을 선택했을 때에 중앙을 기준으로 하는 것을 나타내는 선이 나옵니다.

10 실행해서 결과 확인

다시 [실행] 버튼을 클릭해서 부품이 제대로 배치됐는지 확인해 봅시다.

확인

이번에는 부품이 정확히 중앙에 나타날 것
입니다. 그런데 버튼을 눌러도 아무런 일이
일어나지 않습니다. 아직 프로그램을 만들
지 않았기 때문입니다.

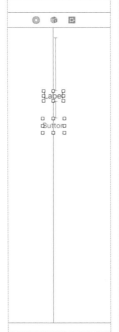 

부품이 제대로 배치됐는지 다시 확인

부품과 프로그램 연결: 어시스턴트 에디터

이번 장의 포인트
- 화면의 부품과 프로그램 연결에는 어시스턴트 에디터를 사용합니다.
- 부품에 이름을 붙일 때는 IBOutlet 연결을 합니다.
- 조작했을 때의 일을 만들 때는 IBAction 연결을 합니다.

어시스턴트 에디터로 부품과 프로그램 연결

화면에 배치하기만 한 버튼은 눌러봐도 아무 일 일어나지 않습니다. 화면에 배치된 부품과 프로그램을 연결해야 프로그램으로 부품을 컨트롤할 수 있게 됩니다. 어떤 부품을 프로그램의 특정 부분과 연결하는 설정을 할 때는 어시스턴트 에디터(Assistant Editor)를 사용합니다.

부품과 프로그램을 연결합니다.

툴바의 [어시스턴트 에디터] 버튼을 누르면 에디터 영역이 어시스턴트 에디터 모드로 변경됩니다.

어시스턴트 에디터는 2개의 파일을 나란히 놓고 편집할 수 있는 모드입니다. 왼쪽에 인터페이스 빌더, 오른쪽에 소스 에디터가 나옵니다. 인터페이스 빌더의 부품에서 시각적으로 선을 끌어다 소스 에디터에 연결할 수 있습니다.

[어시스턴트 에디터] 버튼을 누르면 에디터 영역이 어시스턴트 에디터 모드로 변경됩니다.

11 어시스턴트 에디터로 변경

툴바의 [어시스턴트 에디터] 버튼을 눌러봅시다. 에디터 영역이 어시스턴트 에디터 모드로 변경될 것입니다.

왼쪽에 인터페이스 빌더, 오른쪽에 ViewController.swift 소스 에디터가 표시됩니다.

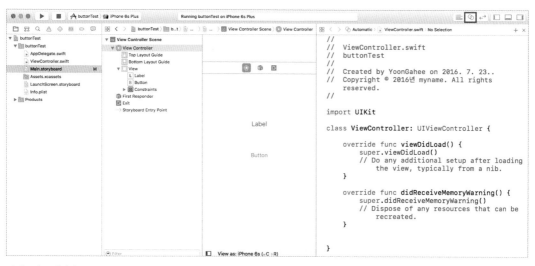

어시스턴트 에디터

부품과 프로그램을 연결하는 방법은 두 가지가 있습니다. 하나는 IBOutlet 연결이고 다른 하나는 IBAction 연결입니다.

IB란?

IBOutlet, IBAction의 IB는 인터페이스 빌더를 의미합니다.

Outlet이란?

아울렛(Outlet)은 현실에서 일반적으로 물건을 싸게 처분하는 곳이라는 의미입니다. 하지만 여기에서는 이런 의미가 아니라 콘센트(연결 통로)라는 의미입니다. 인터페이스 빌더에서 선을 끌어당겨 연결하는 프로그램과의 연결 통로라는 의미로 사용하는 것입니다.

IBOutlet 연결: 부품에 이름 붙이기

프로그램에서 속성을 변경하고 싶은 부품에는 이름을 붙여줘야 합니다. 이럴 때 IBOutlet 연결을 합니다. 이후에는 IBOutlet 연결을 간단하게 아울렛 연결이라고 부르겠습니다.

화면에 배치한 부품은 곧바로 프로그램에서 속성을 변경하거나 할 수 없습니다. 부품에 이름을 붙여야만 프로그램에서 이름을 사용해 속성을 변경할 수 있습니다.

12 레이블을 프로그램에 연결

레이블을 마우스 오른쪽 버튼으로 클릭(또는 control + 클릭)하고 드래그하면 선이 당겨집니다. 이 선을 오른쪽에 있는 ViewController.swift에 끌어다 class ViewController 아래 줄에 놓습니다.

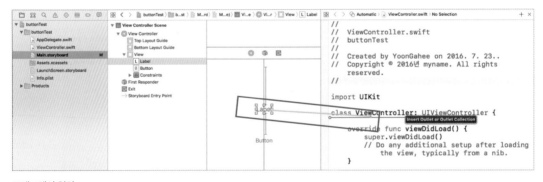

드래그해서 연결

13 레이블에 이름 붙이기

연결 패널이 나타나면 Name에 레이블의 이름을
연결합니다. 여기에 'myLabel'이라고 입력하고
[Connect] 버튼을 클릭합니다.

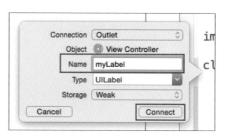

레이블의 이름을 myLabel로 설정

ViewController.swift를 보면 레이블 이름이 추
가된 모습을 확인할 수 있습니다.

```swift
import UIKit

class ViewController: UIViewController {
    @IBOutlet weak var myLabel: UILabel!

    override func viewDidLoad() {
        super.viewDidLoad()
        // Do any additional setup after loadi
            the view, typically from a nib.
    }
```

ViewController.swift

IBAction 연결: 부품과 메서드 연결

사용자가 부품을 조작했을 때 어떤 일을 하게 만들려면 IBAction 연결을 합니다.

IBAction 연결로 조작과 메서드를 연결하면 사용자가 부품을 조작했을 때 실행할 일을 지정할 수 있습니다. 화면에 배치한 부품에 따로 IBAction 연결을 하지 않으면 사용자가 조작해도 아무 일이 일어나지 않습니다. 이후에는 IBAction 연결을 간단하게 액션 연결이라고 부르겠습니다.

14 버튼을 프로그램에 연결

버튼을 마우스 오른쪽 버튼으로 클릭(또는 control + 클릭)하고 드래그하면 선이 당겨집니다. 이 선을
오른쪽에 있는 ViewController.swift에 끌어다 override viewDidLoad()의 윗줄에 놓습니다.

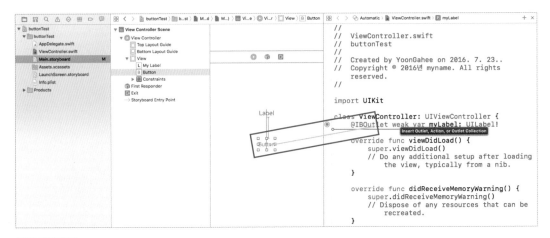

드래그해서 연결

15 일(메서드)에 이름 붙이기

연결 패널이 나오는데 방금 살펴본 IBOutlet과
같습니다. 여기에서 Connection을 Action으로
변경하면 IBAction 연결이 됩니다.

Name에 일의 이름(메서드 이름)을 입력합니다.
예제에서는 'tapBtn'이라고 입력하고, Argu
ments를 None으로 변경했습니다. 이어서
Connect 버튼을 클릭합니다.

ViewController.swift를 살펴보면 메서드가 추
가된 모습을 볼 수 있습니다.

부록에 어시스턴트 에디터와 관련된 팁이 준비
돼 있습니다. 따라 하다가 다음과 같이 막히는
부분이 있다면 부록을 살펴봐 주세요.

- 연결을 확인하고 싶을 때

- 오른쪽 화면에 ViewController.swift가 표시되지 않을 때

- 실수해서 연결을 수정하고 싶을 때

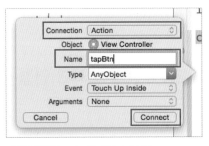

버튼을 탭하면 tabBtn이 실행되게 연결

ViewController.swift

프로그램 작성: 소스 에디터

이번 장의 포인트
- 프로그램을 작성할 때는 소스 에디터를 사용합니다.
- Xcode는 코드 자동 완성 기능이 제공되며, 프로그래밍을 도와줍니다.

소스 에디터에서 프로그램 작성

그럼 애플리케이션을 움직이는 프로그램을 작성해 봅시다.

소스 코드는 ViewController.swift에 작성합니다. 내비게이터 영역에서 ViewController.swift 파일을 선택하면 중앙의 에디터 영역이 소스 에디터로 변경되며 ViewController.swift를 수정할 수 있습니다.

표시된 ViewController.swift에는 이미 프로그램이 조금 작성돼 있습니다. 아이폰 애플리케이션은 템플릿을 기반으로 만드므로 기본적인 프로그램이 미리 작성된 것입니다. 이 파일에 추가로 새로운 프로그램을 만들거나, 수정해서 애플리케이션을 만들어나갑니다.

소스 에디터

16 소스 에디터로 변경

툴바의 [스탠다드 에디터] 버튼을 누르고 내비게이터 영역에서 ViewController.swift 파일을 선택하면
에디터 영역이 소스 에디터로 변경됩니다.

소스 에디터

소스 코드란?

사람이 읽을 수 있는 프로그램 텍스트 파일을 소스 코드라고 부릅니다.

소스란 돈까스 등에 뿌리는 액체가 아니라, 원본이 되는 것이라는 의미입니다. 코드란 프로그램을 의미합니다. 따라서
소스 코드는 사람이 있을 수 있는 상태의 원본이 되는 텍스트 형식의 프로그램이라고 할 수 있습니다. 이러한 소스 코
드를 컴퓨터가 읽을 수 있는 바이너리(이진 숫자로 구성된 프로그램)로 변환(빌드)해서 실행하게 됩니다.

프로그램에는 사람이 읽을 수 있는 상태인 소스 코드와 컴퓨터가 실행할 수 있는 상태인 바이너리라는 두 가지 종류가
있다고 할 수 있습니다.

프로그램을 입력할 때의 보조 기능

프로그램을 작성하는 소스 에디터에는 코드 자동 완성 기능과 Fix-it 기능이라는 보조 기능이 있습니다.

코드 자동 완성 기능은 입력할 프로그램을 예측해주는 기능입니다. 프로그램을 입력하면 지금까지 입력
한 코드를 기반으로 앞으로 입력할 것이라고 생각되는 명령문을 예측해서 자동으로 완성해줍니다.

Fix-it 기능은 구문 체크 기능입니다. 이것도 프로그램을 입력할 때 자동으로 실행되는데, 입력 중에 오
류를 쉽게 찾을 수 있게 해줍니다.

이러한 기능은 자동으로 제공되므로 자연스럽게 사용할 수 있을 것입니다. 따라서 본문에서 자세한 설명은 생략하겠습니다. 부록에 소스 에디터와 관련된 팁을 적어놓았습니다. 다음과 같은 부분이 궁금하다면 부록을 참고해주세요.

- 코드 자동 완성 기능 사용 방법
- 메서드를 코드 자동 완성할 때
- 프로그램 입력 중에 나오는 오류
- 점프바 사용 방법
- 점프바 전용 특수 기호 사용 방법
- 에디터를 쉽게 보는 방법
- 에디터의 출력이 이상할 때

17 프로그램 입력

그럼 프로그램을 입력해봅시다. 프로그램에 관한 설명은 3장에서 자세하게 할 것이므로 일단 지금은 따라 한다는 느낌으로 합시다.

```swift
@IBAction func tapBtn() {

}
```

{}의 내부에 다음과 같이 코드 한 줄을 추가합니다.

```swift
myLabel.text = "안녕하세요"
```

```swift
import UIKit

class ViewController: UIViewController {
    @IBOutlet weak var myLabel: UILabel!
    @IBAction func tapBtn() {
        myLabel.text = "안녕하세요"
    }
}
```

레이블에 '안녕하세요'라고 출력

이렇게 하면 일단 애플리케이션 완성입니다.

시뮬레이터에서 테스트

[디버그 영역] 디버그할 때 확인

에디터 영역의 아래에 있는 영역이 디버그 영역입니다. 디버그 영역은 디버그할 때 디버그 정보를 출력합니다.

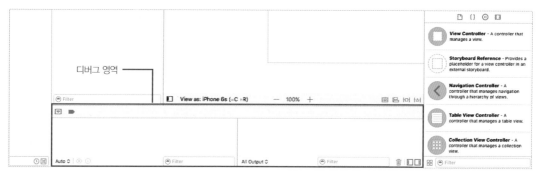

에디터 영역 아래에 있는 영역이 디버그 영역

시뮬레이터에서 테스트

완성된 애플리케이션을 실행해서 테스트해 봅시다.

실행에 사용하는 시뮬레이터는 아이폰과 똑같이 동작합니다. 따라서 애플리케이션의 동작을 쉽게 확인할 수 있습니다.

18 실행 버튼을 눌러 애플리케이션 실행

화면 왼쪽 위에 있는 [실행] 버튼을 클릭하면 시뮬레이터가 나오고 애플리케이션이 실행됩니다.

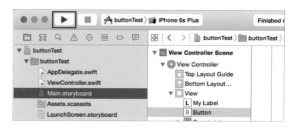

[실행] 버튼

확인

버튼을 탭 해서 레이블의 출력이 변하는지 확인해 보세요.

어떤가요?

'안녕하세요'라고 출력하는 애플리케이션을 완성했습니다.

"안녕하세요"라고 출력합니다.

19 | 시뮬레이터 정지

모두 확인했으면 시뮬레이터를 정지합시다.

[실행] 버튼 오른쪽에 있는 [정지] 버튼을 클릭합니다.

[Stop] 버튼

아이폰의 종류를 변경해서 실행하는 방법

[실행] 버튼을 클릭해서 실행한 시뮬레이터는 아이폰6 시뮬레이터인데, 시뮬레이터의 종류는 원하는 대로 변경할 수 있습니다.

[스키마 메뉴]를 클릭하면 아이폰 목록이 나옵니다. 원하는 아이폰 종류를 선택하고 [실행] 버튼을 클릭하면 선택한 아이폰 시뮬레이터로 테스트해 볼 수 있습니다.

※ iOS Device는 실제 기기에서 테스트할 때 사용합니다. CHAPTER 09에서 자세하게 설명하겠습니다.

스키마 메뉴

시뮬레이터의 기본 조작

시뮬레이터는 Xcode와 함께 연동되지만, Xcode와는 다른 독립적인 애플리케이션입니다.

시뮬레이터의 기본적인 조작 방법을 살펴보겠습니다.

시뮬레이터의 종료

Xcode를 종료하더라도 시뮬레이터는 독립된 애플리케이션이 므로 계속 실행돼 있습니다.

종료하고 싶을 때는 시뮬레이터 메뉴에서 [Quit Simulator]를 선택합니다.

시뮬레이터의 실행

Xcode의 [실행] 버튼을 눌러 애플리케이션과 함께 실행시키는 방법 이외에도 시뮬레이터를 별도로 실행하는 방법이 있습니다. 몇 가지 방법을 살펴보겠습니다.

- Xcode를 실행한 상태로 Xcode 메뉴에서 [Xcode] 〉 [Open Developer Tool] 〉 [Simulator]를 선택합니다.

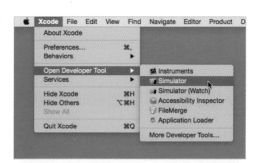

- Xcode를 실행한 상태로 맥의 독(Dock)에서 Xcode를 마우스 오른쪽 버튼으로 클릭하고 [Open Developer Tool] 〉 [Simulator]를 선택합니다.

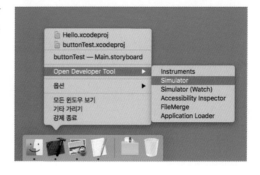

참고

애플 워치 시뮬레이터

Xcode의 메뉴에서 [Xcode] 〉 [Open Developer Tool] 〉
[Simulator(Watch)]를 선택하면 애플 워치 시뮬레이터가
나옵니다.

Xcode에서는 애플 워치 애플리케이션도 만들 수 있으므
로 애플 워치 애플리케이션을 시뮬레이션할 때 사용합니
다(이 책에서는 애플 워치와 관련된 내용은 설명하지 않
습니다).

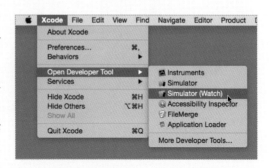

제스처 조작 방법

시뮬레이터는 아이폰처럼 애플리케이션 화면을 탭 하거나 플립하는 등의 동작을 할 수 있습니다. 다만
아이폰에서는 손가락을 사용할 수 있지만, 시뮬레이터는 마우스로밖에 조작할 수 없습니다. 따라서 기
본적인 사용 방법은 같지만 두 개의 손가락을 사용하는 제스처나 아이폰을 회전하는 조작 등은 조작 방
법이 조금 다릅니다.

- **탭**: 클릭합니다.

- **터치한 상태로 홀드**: 마우스 버튼을 오래 누릅니다.

- **더블 탭**: 더블 클릭합니다.

- **스와이프**: 드래그합니다.

- **플립**: 빠르게 드래그합니다.

- **핀치**: option 키를 누른 상태로 드래그합니다. option 키를 누르면 화면에 2개의 원(○)이 표시됩니다. 이 상태로 드래그해서 두
  개의 원을 넓히면 핀치 아웃, 좁히면 핀치 인이 됩니다. option 키를 누른 상태로 shift 키를 누르면 2개의 원의 위치를 이동할 수
  있습니다. 핀치하고 싶은 위치로 이동한 뒤에 shift 키를 놓고 드래그해주세요.

화면을 가볍게 두드리는 것을
탭(Tap)이라고 말해요!

화면을 2개의 손가락으로 누르
고 넓히거나 좁히는 것을 핀치
(Pinch)라고 말해요!

- **회전:** option 키를 누른 상태로 드래그하면 회전됩니다. option 키를 누르면 화면에 2개의 원이 표시됩니다. 이 상태로 드래그해서 두 개의 원을 회전시키면 회전 제스처가 됩니다.

- **두 손가락 드래그:** option 키와 shift 키를 누른 상태로 드래그합니다. option 키와 shift 키를 누르면 2개의 원이 나란히 이동합니다.

- **아이폰(디바이스) 회전:** 메뉴에서 [Hardware] 〉 [Rotate Left] 또는 [Hardware] 〉 [Rotate Right]를 선택하면 디바이스가 90도 옆으로 회전합니다.

- **홈 버튼:** 메뉴에서 [Hardware] 〉 [Home]을 선택합니다.

- **셰이크 제스처:** 메뉴에서 [Hardware] 〉 [Shake Gesture]를 선택하면 아이폰을 들고 흔드는 셰이크 제스처를 시뮬레이트 합니다. 예를 들어 문자를 입력한 후에 [Shake Gesture]를 선택하면 입력 취소 대화 상자가 나옵니다.

- **키보드 입력:** 문자를 입력할 때는 시뮬레이터 위에 키보드가 나옵니다. 이 키보드를 클릭하면 글자를 입력할 수 있습니다. 하지만 조금 불편한데, 긴 문장을 입력할 때는 메뉴에서 [Hardware] 〉 [Keyboard] 〉 [Connect Hardware Keyboard]를 선택하면 맥 키보드를 사용해 글자를 입력할 수 있습니다.

- **스크린샷:** 메뉴에서 [File] 〉 [Save Screen Shot]을 선택하면 맥 데스크톱에 스크린샷 이미지가 저장됩니다. 메뉴에서 [Edit] 〉 [Copy Screen]을 선택하면 맥 클립보드에 복사됩니다.

TIPS

시뮬레이터에서 시뮬레이션할 수 없는 것

시뮬레이터에서는 가속도 센서, 자이로스코프, 카메라, 마이크 등은 시뮬레이션할 수 없습니다. 이러한 기능을 테스트하려면 실제 아이폰 기기를 사용해 테스트해야 합니다.

플레이그라운드를
사용한 스위프트
프로그래밍

이번 장의 개요

▪ 아이폰 애플리케이션은 스위프트라는 프로그래밍 언어로 만듭니다.

▪ 스위프트를 학습하기 위한 플레이그라운드라는 툴이 제공됩니다.

▪ 실제로 플레이그라운드를 사용하면서 스위프트를 다뤄봅시다.

스위프트 기본

지금까지 Xcode의 기본적인 사용 방법을 알아봤습니다. 애플리케이션의 외관을 어떻게 구성하는지 간단하게 알아봤으니 이번에는 애플리케이션의 내부를 구성하는 프로그래밍에 대해서 살펴봅시다.

스위프트란?

스위프트는 아이폰 애플리케이션을 만들기 위한 프로그래밍 언어로 2014년에 발표된 최신 언어랍니다.

세상에는 C, C++, PHP, 오브젝티브-C와 같은 다양한 프로그래밍 언어가 있습니다. 왜 이렇게 많은 프로그래밍 언어가 있는 것일까요? 이는 프로그래밍 언어마다 특징이 달라서 사용하는 분야가 다르기 때문입니다.

예를 들어 C와 C++은 조금 어렵지만, 굉장히 처리 속도가 빠른 프로그래밍 언어입니다. 따라서 업무에 사용하는 애플리케이션 또는 하드웨어 제어 등에 사용합니다. PHP는 쉬운 프로그래밍 언어로 웹 애플리케이션을 만들 때 사용합니다. 서버에서 실행되는 프로그래밍 언어이므로 주로 데이터베이스를 사용하는 웹 애플리케이션에 사용합니다. 자바스크립트도 쉬운 프로그래밍 언어로 웹 애플리케이션을 만들 때 사용합니다. PHP와 다른 점은 서버가 아니라 웹 브라우저(클라이언트)에서 실행된다는 것입니다. 따라서 웹 화면을 구성할 때 사용합니다.

각각의 특징에 따라 사용하는 분야가 다르다는 것을 대충 알았나요?

오브젝티브-C는 아이폰 애플리케이션(맥 애플리케이션)을 개발하기 위한 프로그래밍 언어로 사용됐습니다. C 언어에 객체지향이라는 개념을 추가하면서 조금씩 발전한 프로그래밍 언어인데, 이 과정에서 조금 복잡한 프로그래밍 언어가 됐습니다.

그래서 아이폰 애플리케이션 개발을 조금이라도 쉽게 할 수 있게 스위프트라는 프로그래밍 언어가 만들어졌습니다. 스위프트의 특징을 세 단어로 정리하면 빠르고 현대적이며 안전하다라고 할 수 있답니다.

빠르다

스위프트는 새롭게 설계돼서 오프젝티브-C보다 실행 속도가 빠르답니다. 스위프트라는 단어는 빠르다 또는 칼새¹라는 의미입니다. 공식 아이콘에 칼새가 그려져 있는데, 칼새라는 의미보다는 빠르다는 의미로 사용한답니다.

현대적이다

오브젝티브-C는 굉장히 오래전의 프로그래밍 언어입니다. 조금씩 기능을 추가하면서 발전하기는 했지만 그러면서 조금씩 복잡해져 갔답니다.

그래서 자바스크립트, 루비, 파이썬 등의 새로운 언어를 참고하여 스위프트가 만들어졌습니다. 개발 효율성도 좋고, 현대의 다른 프로그래밍 언어에 익숙하다면 쉽게 접할 수 있게 설계됐습니다.

안전하다

스위프트는 문법적으로 실행 중에 오류가 발생하기 어려운 구조로 만들어졌습니다. 프로그램을 작성하는 동안에 오류가 일어날 수 있는 부분을 모두 문법 오류로 알려주기 때문입니다. 프로그래밍하는 동안에는 오류가 나오지만, 곧바로 수정할 수 있게 지원해주므로 애플리케이션 실행 중에 오류가 발생하기 어려운 안전한 프로그램을 작성할 수 있답니다. 스위프트의 가장 큰 특징이 이러한 안전 기능이랍니다.

2015년 9월에 스위프트 2로 버전이 오르고, 2016년 6월에 스위프트 3로 버전이 오르면서 안전 기능이 더 개선됐습니다. 애플리케이션의 실행 중에 오류가 발생하게 코드를 작성하는 것 자체가 어려워졌습니다.

추가로 이러한 안전 기능은 프로그래머를 성장시켜주기도 합니다. 어떤 부분에서 오류가 발생할 수 있는지 지속해서 알려주므로 이러한 것을 신경 쓰다 보면 점점 더 안전한 프로그램을 만들 수 있게 될 것입니다.

그럼 스위프트 프로그래밍 언어를 본격적으로 살펴봅시다.

---

1 역주: 이전 페이지의 스위프트 아이콘에 있는 새가 칼새(학명: Apus pacificus)입니다. 이 새의 영어 이름이 스위프트(Swift)랍니다.

플레이그라운드란

Xcode는 스위프트를 공부할 때 사용할 수 있는 플레이그라운드(Playground)라는 툴을 제공합니다. 사용 방법은 굉장히 간단한데, 플레이그라운드를 열고 스위프트 프로그램을 작성하면 됩니다. 프로그램 한 줄마다 곧바로 실행 결과가 표시됩니다. 따라서 쓰는 것만으로 오류가 있는지, 어떤 처리를 하는 것인지 쉽게 알 수 있습니다. 처리 결과가 많을 때는 자동으로 그래프로 출력해준답니다.

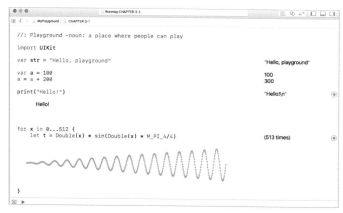

그래프로 표시된 상태

그럼 플레이그라운드를 실행하고 사용해 봅시다.

[튜토리얼] 플레이그라운드 사용하기!

1 플레이그라운드 만들기

Xcode를 실행하면 Welcome to Xcode 화면이 나오는데, 여기에서 Get started with a playground 를 클릭합니다.

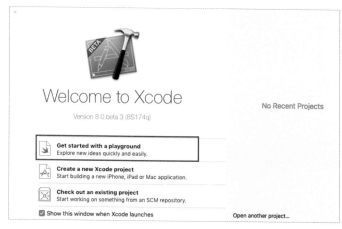

Welcome to Xcode 화면

2 파일 생성

플레이그라운드는 파일을 생성하는 것부터 시작합니다.

플레이그라운드 파일은 그냥 연습장이라고 생각하고 가볍게 사용하면 됩니다. 매일매일 배운 것을 조금씩 작성할 수도 있고, 생각한 것을 테스트할 목적으로 사용해도 괜찮습니다.

저장이 완료되면 플레이그라운드 화면이 나옵니다. 왼쪽에 있는 흰색 영역이 프로그램을 작성하는 소스 에디터, 오른쪽에 있는 영역이 결과를 출력하는 사이드 바입니다.

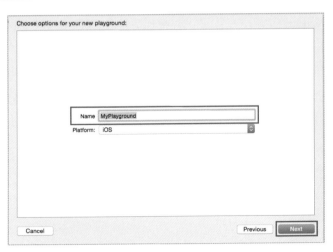

Name에 파일 이름 입력

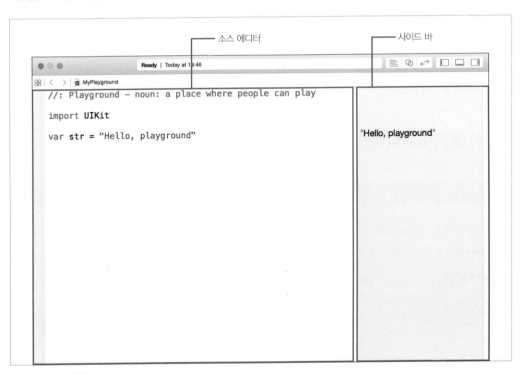

플레이그라운드 화면

3 연산

플레이그라운드는 프로그램 또는 값을 입력하는 것만으로도 곧바로 결과가 나옵니다. 일단은 기본적인 사칙 연산자와 나머지 연산자를 살펴봅시다. 스위프트에서의 사칙 연산 기호는 다음과 같습니다. 곱셈 기호와 나눗셈 기호가 일반적인 수학의 기호와 다르다는 것을 주의해주세요.

덧셈	+
뺄셈	−
곱셈	*
나눗셈	/
나머지	%

1 + 1, 100 * 100 등을 입력하면 오른쪽에 결과가 나옵니다.

```
1 + 1          // 덧셈                    2
10 - 100       // 뺄셈                    -90
100 * 100      // 곱셈                    10000
10000 / 3      // 나눗셈                  3333
100 % 3        // 나머지                  1
```

간단하죠? CHAPTER 03에서는 플레이그라운드를 사용해 스위프트 공부를 계속 진행하겠습니다.

※ 소스 코드 내부에 // 뒤의 글자가 초록색으로 나오는데, 이러한 것을 주석이라고 부릅니다. 이해를 돕기 위해 추가적인 설명을 입력하는 기능일 뿐입니다. 따라서 입력하지 않아도 상관없습니다. 프로그램에 전혀 영향을 주지 않으니까요.

※ 결과는 자동으로 나옵니다. 하지만 결과가 너무 늦게 나온다면 메뉴에서 [Editor] 〉 [Execute Playground]를 선택해주세요.

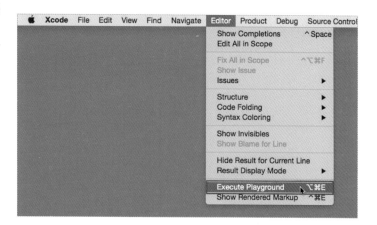

프로그램이란

프로그램이란

이제부터 본격적으로 프로그래밍에 대해서 살펴볼 텐데, 일단 프로그램이 무엇인지부터 짚고 넘어갑시다.

'프로그램(program)'이란 '미리(pro)'와 '작성된 것(gram)'이라는 두 단어가 합쳐진 단어입니다. 따라서 '미리 작성된 것'이 프로그램의 원래 의미입니다.

프로그램이라는 단어는 일상생활에서도 굉장히 많이 사용됩니다. 예를 들어 연주회 프로그램, 다이어트 프로그램처럼 컴퓨터와 관계 없이도 사용됩니다. 잘 생각해보면 이런 것은 모두 해야 하는 것을 미리 작성한 것이라고 할 수 있습니다.

컴퓨터 프로그램도 마찬가지입니다. 컴퓨터가 무엇을 실행해야 할지 미리 작성한 것이 바로 프로그램입니다.

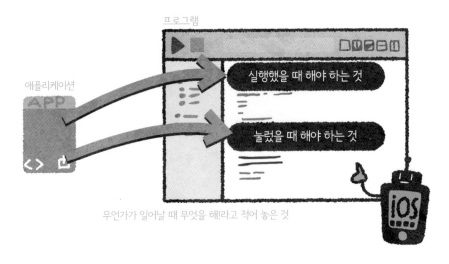

사람이 하는 프로그램은 사람이 읽어서 이해할 수 있어야 하고, 컴퓨터 프로그램은 컴퓨터가 읽어서 이해할 수 있어야 합니다. 따라서 컴퓨터가 읽을 수 있게 작성해야 한답니다.

프로그램의 기본

그럼 프로그램의 기본에 관해 살펴봅시다.

1) 프로그램은 정확하게 작성한다.

2) 프로그램은 블록 단위로 생각한다.

3) 프로그램이라도 사람이 이해할 수 있게 작성한다.

1) 프로그램은 정확하게 작성한다

일단 가장 기본적으로 프로그램은 정확하게 작성해야 합니다.

당연한 이야기처럼 들릴 수도 있겠지만, 사람이라는 존재는 가끔 실수를 저지릅니다. 상대방이 사람이라면 조금 이해해주겠지만, 컴퓨터는 정확하지 않으면 명령을 전혀 이해하지 못합니다. 따라서 정확하게 작성해야 합니다. 이를 위해 주의해야 하는 몇 가지 포인트가 있습니다.

❶ 비슷한 문자에 주의

외형이 비슷해 보이는 문자를 주의해주세요. 예를 들어 숫자 0과 영어 O는 굉장히 비슷해 보입니다. 이러한 문자를 잘못 입력하면 오류가 발생합니다.

다만 Xcode는 이러한 실수를 하지 않게 에디터의 폰트를 구분하기 쉬운 Menlo로 사용합니다. 따라서 일반적인 폰트보다는 굉장히 구분하기 쉽답니다.

예 비슷한 문자를 잘못 입력한 오류

```
❂ 10 x 10        // *를 x로 작성하면 오류가 발생합니다.
```

❷ 대문자 소문자에 주의

대문자와 소문자도 주의해야 합니다. 같은 단어라고 해도 대문자와 소문자가 다르면 다른 단어로 판단합니다. 따라서 실수하면 오류가 발생합니다.

실수하기 쉬운 문자

0 숫자 영	O 알파벳 오
1 숫자 1	l 소문자 알파벳 엘
2 숫자 2	Z 알파벳 제트
i 알파벳 아이	j 알파벳 제이
: 콜론	; 세미콜론
, 쉼표	. 마침표
- 하이픈	_ 언더바

예 대문자 소문자와 관련된 오류

```
❶ Print("Hello")  // print라는 명령을 Print로 작성하면 오류가 발생합니다.
```

③ 제공되는 명령 사용

프로그램은 등록된 단어(명령)들을 정확하게 입력해야 합니다. Xcode를 사용하면 명령을 정확하게 입력했을 때 문자의 색상이 변경됩니다. 따라서 단어의 색상이 변경된다면 제대로 입력한 것입니다.

예 제공되는 명령을 입력하면 색상이 변화

```
print("OK")     // 제대로된 명령을 입력하면 문자의 색상이 변경됩니다.                    "OK\n"
```

2) 프로그램은 블록 단위로 생각한다

두 번째로 프로그램은 블록 단위로 생각합니다.

CHAPTER 02에서 만들었던 ViewController.swift를 다시 살펴봅시다. 중괄호 {와 }로 둘러싸인 부분이 몇 곳 있습니다. 이러한 중괄호로 둘러싸인 부분을 블록이라고 부릅니다. 블록의 내부에는 다른 블록이 들어가서 계층 구조를 이룰 수 있답니다.

```swift
//
//  ViewController.swift
//  buttonTest
//
//  Created by 윤인성 on 2016. 4. 17..
//  Copyright (c) 2016년 myname. All rights reserved.
//

import UIKit

class ViewController: UIViewController {
    @IBOutlet weak var myLabel: UILabel!

    @IBAction func tapBtn() {
        myLabel.text = "안녕하세요!"
    }

    override func viewDidLoad() {
        super.viewDidLoad()
        // Do any additional setup after loading the view, typically from a nib.
    }

    override func didReceiveMemoryWarning() {
        super.didReceiveMemoryWarning()
        // Dispose of any resources that can be recreated.
    }

}
```

흰색과 회색으로 구분된 부분이 블록

중괄호로 감싼 부분은 구분하기 쉽게 들여쓰기(indent) 되어 있답니다.

이는 Xcode가 블록을 입력하는 때에 도움을 주는 기능입니다. 블록을 시작하는 중괄호인 {를 입력하면 다음 줄은 자동으로 들여쓰기해줍니다. 추가로 닫는 것을 잊지 않게 자동으로 블록을 닫는 중괄호인 }를 그다음 줄에 추가해줍니다.

```
@IBAction func tapBtn() {
    myLabel.text = "안녕하세요"
}
```

{ }의 내부는 들여쓰기

① 블록은 일의 처리 단위

이러한 블록은 일의 처리 단위를 나타냅니다.

가장 밖에 있는 블록은 클래스(class)라고 부르는데, 여기에는 이 화면에서 할 것을 작성합니다.

※ 클래스와 관련된 내용은 CHAPTER 3-9에서 자세하게 설명합니다.

그리고 클래스 내부에는 메서드(method)라고 부르는 블록이 있습니다. 메서드는 '어떠한 계기로 하게 되는 것'입니다. 예를 들어서 다른 프로그램에서 호출하면 계산하거나 버튼을 누르면 어떠한 일을 수행하는 것처럼 어떠한 계기로 하게 되는 것을 내부에 작성합니다.

클래스 하나에 메서드를 여러 개 만들 수 있습니다. 이러한 메서드의 순서는 아무 의미 없답니다. 메서드는 각각 다른 때에 실행됩니다.

※ 클래스와 관련된 내용은 CHAPTER 3-7 자세하게 설명합니다.

```
//

import UIKit

class ViewController: UIViewController {                              ─ 클래스
    @IBOutlet weak var myLabel: UILabel!

    @IBAction func tapBtn() {
        myLabel.text = "안녕하세요!"                                    ─ 메서드
    }

    override func viewDidLoad() {
        super.viewDidLoad()
        // Do any additional setup after loading the view, typically from a nib.    ─ 메서드
    }

    override func didReceiveMemoryWarning() {
        super.didReceiveMemoryWarning()
        // Dispose of any resources that can be recreated.           ─ 메서드
    }

}
```

② 메서드 내부의 내용은 위에서 아래로 실행: 순차 처리

메서드의 블록 내부에는 어떠한 계기로 하게 되는 것의 구체적인 순서를 작성합니다. 작성된 명령문은 위에서 아래로 차례대로 실행됩니다. 이러한 것을 순차 처리라고 말합니다.

애플리케이션을 만들 때는 일단 골격부터 생각합니다. 이 애플리케이션에서 무엇이 필요할지 생각하면서 블록을 만들고, 이어서 이 블록에서 해야 하는 것을 어떤 순서로 해야하는지 생각하면서 블록 내부를 작성합니다.

TIPS

블록의 범위를 눈으로 보는 방법

블록의 범위가 어디부터 어디까지인지 시각적으로 쉽게 볼 수 있는 방법이 있
습니다. {를 더블 클릭해주세요. 더블 클릭하면 범위가 선택됩니다.

{를 더블 클릭

블록 계층 구조를 표시하고 싶을 때는 메뉴에
서 [Editor] 〉 [Code Folding] 〉 [Focus Follows
Selection]을 선택합니다.

이렇게 하면 커서가 있는 위치의 계층 구조가 색으로 표시됩니다.

```swift
class ViewController: UIViewController {
    @IBOutlet weak var myLabel: UILabel!

    @IBAction func tapBtn() {
        myLabel.text = "안녕하세요!"
    }

    override func viewDidLoad() {
        super.viewDidLoad()
        // Do any additional setup after loading the view, typically from a nib.
    }

    override func didReceiveMemoryWarning() {
        super.didReceiveMemoryWarning()
```

3) 프로그램은 사람이 이해하기 쉽게 작성한다

이어서 프로그램은 사람이 이해하기 쉽게 작성해야 합니다. 컴퓨터가 읽는 글을 작성하는 것인데, 왜 사
람이 이해하기 쉽게 작성해야 할까요? 프로그램이란 사람의 생각을 반영하는 것이기 때문입니다.

사람이 생각한 것을 정확하게 표현했다면 컴퓨터가 제대로 동작할 것입니다. 하지만 사람이 생각한 것
을 정확하게 표현하지 못한다면 컴퓨터가 원하는 대로 동작하지 않습니다. 프로그램을 작성하는 것이란
사람이 생각한 것을 정리해서 표현하는 것이라고 말할 수 있습니다. 이해하기 쉽게 작성한다는 것은 생
각을 정리해서 표현하고 정확한 프로그램을 작성하는 데 도움을 줍니다.

추가로 프로그램은 한번 작성하고 끝나는 것이 아니라 지속해서 유지보수하고 개선합니다. 이러한 수정 작업은 사람이 합니다. 수정을 하는 것은 같은 팀의 다른 사람일 수도 있고, 미래의 자신일 수도 있습니다. 따라서 사람이 프로그램을 읽고, 이해하고, 수정하는 과정을 언젠가는 거치게 됩니다. 이때 프로그램은 사람이 이해하기 쉽게 작성한다는 것이 굉장히 중요합니다.

스위프트는 사람이 프로그램을 이해하기 쉽게 하는 방법과 명령을 제공합니다. 이러한 것을 몇 가지 살펴봅시다.

❶ 주석을 사용해 프로그램을 읽기 쉽게 만들기

프로그램 내부에는 한글로 설명 글을 적어 넣을 수 있습니다. 이러한 것을 주석(comment)이라고 부릅니다. 주석은 애플리케이션의 동작에 어떠한 영향도 주지 않으며, 두 가지 종류가 있습니다.

한 줄 주석

줄 앞에 //를 붙이면 한 줄 전체를 주석으로 만들 수 있습니다. 하나의 설명을 추가하고 싶을 때 사용합니다.

여러 줄 주석

어떤 범위를 /*와 */로 감싸면, 해당 범위 전체를 주석으로 만들 수 있습니다. 여러 줄에 걸쳐 주석을 만들 수 있으므로 자세한 설명을 적을 때 사용합니다.

예 한 줄 주석과 여러 줄 주석

```
// 한 줄 주석 : 간단한 설명을 작성할 때 사용합니다.

/*
 여러 줄 주석 :
 자세한 설명을 작성할 때 사용합니다.
*/
```

TIPS

단축키를 사용한 주석 처리 방법

주석으로 만들고 싶은 줄에서 command + /를 누르면 해당 줄의 앞에 //가 추가됩니다. 추가로 한 줄 주석이 있는 줄에서 command + /를 누르면 앞에 붙어있던 //가 제거되면서 주석이 사라집니다.

TIPS

주석 사용 방법

주석은 설명을 위해 만들어진 것입니다. 따라서 컴퓨터는 주석을 무시합니다. 따라서 '일시적으로 비활성화해두고 싶은 코드'에 주석 처리를 하기도 합니다.

② 동작 테스트 전용 명령을 사용해 프로그램 테스트

프로그램의 동작이 이상할 때는 어디서 문제가 발생하는지 알아내야 합니다. 이러한 것을 위해 print 구문을 제공합니다. print 구문은 지정한 문자 또는 숫자를 디버그 영역에 출력해줍니다. print 구문은 애플리케이션의 동작에 어떠한 영향도 주지 않습니다. 따라서 어디에나 사용해도 됩니다.

예를 들어서 코드에서 특정 줄이 실행되고 있는지 확인하고자 할 때 print 구문을 해당 줄의 앞뒤에 배치하면 해당 줄이 실행되는지 확인할 수 있습니다. 또한 변수에 제대로 된 값이 들어있는지 확인하고 싶을 때에도 print 구문으로 변수를 출력해보면 해당 시점에서 변수에 어떠한 값이 들어 있는지 확인할 수 있습니다.

[예] print 구문으로 문자 또는 숫자 출력

```
print("현재 줄이 실행되었습니다.")        // 문자열을 출력합니다.                "현재 줄이 실행되었습니다.\n"

var num = 100                                                              100
print(num)                              // 값을 출력합니다.                   "100\n"
```

TIPS

println 구문

스위프트 1.2 이전에는 디버그 영역에 문자 또는 숫자를 출력하기 위해 println 구문을 사용했습니다. 스위프트 2에서는 이것이 print 구문으로 바뀌었습니다. 따라서 현재는 println 구문을 사용할 수 없답니다.

지금까지 살펴본 내용을 생각하면서 본격적으로 프로그램을 만들어 봅시다.

이번 장의 포인트

- 데이터를 다룰 때는 변수와 상수를 사용합니다.

- 이름을 사용해서 접근합니다.

데이터 다루기

변수와 상수

프로그램은 숫자 또는 문자 등의 데이터를 다룹니다. 이러한 데이터는 변수 또는 상수에 넣을 수 있답니다.

변수는 숫자 또는 문자를 넣을 수 있는 상자와 같은 것입니다. 상자에 이름을 붙이고 값을 넣으면 이후에 상자를 확인하거나 내부에 넣은 값을 변경할 수 있습니다. 내부에 넣은 값을 변경할 수 있으므로 변수(變數)라고 부르는 것입니다.

변수 만들기

변수는 이름을 지정하고 =로 값을 넣습니다. 이러한 과정을 선언이라고 부릅니다. 이후에 =를 사용해 내부에 넣은 값을 변경할 수 있습니다.

서식 변수 만들기

```
var <변수 이름> = <값>
```

예 score라는 변수를 만들고 값을 변경

```
var score = 100        // score라는 변수를 만들고 100을 넣습니다.        100
score = 200            // score를 200으로 변경합니다.                   200
score = 100 + 200      // score를 100 + 200으로 변경합니다.             300
score = score * 2      // score를 score의 2배로 변경합니다.            600
```

상수도 숫자 또는 문자를 넣을 수 있는 상자와 같은 것입니다. 상자에 이름을 붙이고 값을 넣을 수 있지만, 한번 값을 넣으면 절대 변경할 수 없습니다. 애플리케이션 내부에서 변화하지 않는 값을 만들 때 사용합니다. 바뀌지 않고 항상 같으므로 상수(常數)라고 부르는 것입니다.

상수 만들기

상수는 이름을 지정하고 =로 값을 넣습니다. 이러한 과정을 선언이라고 부릅니다. 하지만 이후에 값을 변경할 수 없으므로 선언한 후에 =로 값을 변경하려 하면 오류가 발생합니다.

서식 상수 만들기

```
let <변수 이름> = <값>
```

예 myAge라는 상수 만들기

```
let myAge1 = 20        // myAge라는 상수를 만들고 20을 넣습니다.        20
```

상수와 변수의 차이

상수와 변수는 거의 비슷한 명령처럼 보이는데, 대체 무엇이 다른 것일까요? 상수와 변수는 프로그램에서 값 자체가 중요한 것인지 값을 넣는다는 자체가 중요한 것인지의 차이가 있다고 할 수 있습니다.

상수는 값 자체가 중요할 때에 사용합니다.

상수의 예로 부가가치세를 생각해 봅시다. 2016년을 기준으로 10%입니다. 따라서 0.1입니다(물론 부가가치세는 변할 수 있지만, 프로그램을 실행하는 동안 갑자기 법이 바뀌어 변할 리는 없으므로 상수라고 생각해주세요). 이러한 부가가치세는 0.1이라는 값 자체로 중요한 것입니다. 0.05 또는 0.15는 절대 안 되고 0.1이라는 값을 사용해야 부가가치세를 정확하게 구할 수 있습니다.

예를 들어 상수 taxRate에 0.1이라는 값을 넣어 계산하는 경우를 생각해봅시다.

물건의 가격이 2000원일 때 부가가치세는 '2000 × 0.1 = 200원'입니다. 그런데 계산식만 봤을 때는 이것이 무엇을 구하는 계산식인지 알기 어렵습니다. 만약 '2000 × taxRate'라고 적는다면 무엇을 구하는 계산인지 조금 더 쉽게 이해할 수 있지요.

따라서 상수는 중요한 값에 의미를 붙여 이해하기 쉽게 만들기 위한 것이라고 할 수 있습니다.

```
//let answer = 2000 * 0.1    // 무슨 계산인지 알기 어렵습니다.

let taxRate = 0.1            // 부가가치세 0.1에 taxRate라는 이름을 지정              0.1
let answer = 300 * taxRate   // 부가가치세를 구하는 계산임을 어느 정도 이해할 수 있습니다.   30
```

반대로 변수는 값을 넣는다는 자체가 중요할 때에 사용합니다.

변수의 예로 게임의 점수를 생각해 봅시다. 점수는 게임을 하는 동안 계속해서 변화합니다. 게임을 플레이하는 사람의 입장에서는 점수가 굉장히 중요할 텐데 게임을 만드는 사람 입장에서는 점수라는 값을 어디에 저장할지가 굉장히 중요합니다.

게임의 점수에 따라서 별을 1개, 2개, 3개로 나눠서 주는 게임을 생각해봅시다. 점수를 기준으로 이러한 별 갯수를 구분할 텐데 정확하게는 점수라는 값이 들어있는 것을 사용해 구분합니다. 내부에 있는 값이 20~60사이라면 별 1개, 60~80사이라면 별 2개, 80~100이라면 별 3개처럼 프로그램을 만드는 것이지요.

프로그램 개발자는 계속해서 변화하는 점수가 들어있는 상자를 기반으로 값을 변경하거나 확인하는 것입니다. 따라서 변수는 변화하는 값을 상자에 넣고, 필요에 따라서 판단하거나 처리하기 위한 구조라고 할 수 있습니다.

※ 차이를 잘 모르겠다면 일단 기본적으로 상수를 사용해주세요. 그리고 해당 값을 변화시킬 필요가 있을 때 변수로 변경해서 사용하세요.

상수와 변수의 오류

상수와 변수를 사용할 때 실수로 발생하는 몇 가지 오류와 경고가 있습니다. 조금 귀찮다고 생각할 수도 있겠지만, 상수와 변수의 차이를 정확하게 의식하고 쓸 수 있게 해주는 안전을 위한 보조 기능이랍니다.

오류: 상수이므로 값을 변경하지 말아 주세요!

상수를 만든 이후에 해당 값을 변경하는 문장을 작성하면 오류가 발생합니다. 상수를 변수로 변경하거나, 해당 문장을 제거하면 오류가 사라집니다.

예 상수의 값을 변경하면 오류가 발생

```
let myAge = 20          // myAge라는 상수를 만들고 20을 넣습니다.              20
//myAge  = 30           // 상수는 값을 변경할 수 없으므로 오류가 발생합니다.
```

경고: 변수인데 값을 변경하지 않았네요?

변수를 만들었는데 값을 변경하는 명령 문장을 사용하지 않으면 경고가 발생합니다. 상수로 변경하거나, 값을 변경하는 문장을 추가하면 경고가 사라집니다(플레이그라운드에서는 경고가 나오지 않습니다. 프로젝트로 애플리케이션을 만들 때 나온답니다. 변수를 정의하는 순간부터 경고가 발생해서 조금 신경 쓰일 수 있는데, 이후에 값을 변경하는 문장을 추가하면 사라지니 너무 신경 쓰지 마세요).

예 변수를 만들었는데 값을 변경하지 않으면 경고가 발생

```
    override func viewDidLoad() {
        super.viewDidLoad()

        var myWallet = 0
    }
```

경고: 상수와 변수를 만들었는데 사용하지 않았어요!

상수와 변수를 만들었는데 한 번도 사용하지 않으면 경고가 발생합니다. 사용하지 않은 상수와 변수를 사용하면 경고가 사라집니다(플레이그라운드에서는 경고가 나오지 않습니다. 프로젝트로 애플리케이션을 만들 때 나온답니다).

예 상수와 변수를 만들었는데 사용하지 않으면 경고가 발생

```
     override func viewDidLoad() {
         super.viewDidLoad()

△        let myWallet = 0
     }
```

for 반복문의 변수를 반복문 내부에서 사용하지 않으면 경고가 발생합니다. 변수 이름을 언더바(_)로 변경하면 경고가 사라집니다.

※ CHAPTER 3-5 자세하게 설명합니다.

예 for 반복문의 변수를 사용하지 않으면 경고가 발생

```
△        for count in 0 ... 5 {
         }
```

이름 붙이는 방법 – 변수 이름, 상수 이름

기본적으로 변수 이름과 상수 이름은 원하는 대로 지정할 수 있습니다. 일반적으로 알파벳으로 지정합니다.

예약어는 사용할 수 없음

예약어는 이미 스위프트가 내부적으로 사용하고 있는 명령 또는 이름으로 예약된 단어를 나타냅니다. var, let, class 등과 같은 단어인데, 이러한 예약어는 이름으로 사용할 수 없습니다.

예 예약어를 사용하면 오류가 발생

```
○ let class = 1            // 예약어를 사용하면 오류가 발생합니다.
```

예약어 목록

선언	class, deinit, enum, extension, func, import, init, internal, let, operator, private, protocol, public, static, struct, subscript, typealias, var
구문	break, case, continue, default, do, else, fallthrough, for, if, in, return, switch, where while
식 또는 자료형	as, dynamicType, false, is, nil, self, Self, super, true, __COLUMN__, __FILE__, __FUNCTION__, __LINE__
기타	associativity, convenience, dynamic, didSet, final, get, infix, inout, lazy, left, mutating, none, nonmutating, optional, override, postfix, precedence, prefix, Protocol, required, right, set, Type, unowned, weak, willSet

캐멀 케이스 사용

이름을 짓는 방법은 프로그래밍 언어에 따라서 조금씩 다릅니다.

이름 규칙의 종류

캐멀 케이스	두 번째 이후의 단어 앞글자를 대문자로 입력	myData, photoFrameName
파스칼 케이스	모든 단어의 앞글자를 대문자로 입력	MyData, PhotoFrameName
스네이크 케이스	단어 사이에 언더 바를 붙임	my_data, photo_frame_name

스위프트에서는 캐멀 케이스를 사용하는 명명규칙을 추천합니다. 여러 개의 단어로 만들어진 단어를 작성할 때, 두 번째 이후 단어의 앞글자를 대문자로 작성하는 방법입니다. 캐멀 케이스로 만들어진 단어는 형태가 낙타의 혹처럼 생겼기 때문에 캐멀(camel: 낙타)이라고 부르는 것이랍니다.

캐멀 케이스 이름의 예

```
let myName = "NAME"                      "NAME"
let dataNo = 1                           1
let loopCount = 0                        0
let photoFrameName = "photo.jpg"         "photo.jpg"
let boxHeight = 150                      150
let fontColor = UIColor.red              ● r 1.0 g 0.0 b 0.0 a 1.0
let highScore = 99999                    99999
```

※ 책의 부록에 변수 이름과 상수 이름으로 자주 사용하는 영어 단어를 정리했습니다.

자료형이란?

변수 또는 상수에 저장할 수 있는 자료의 종류를 자료형이라고 부릅니다. 변수 또는 상수는 만들 때 자료형을 결정해야 합니다. '이것은 정수 전용 변수', '이것은 문자열 전용 상수'처럼 어떤 자료 전용 변수(또는 상수)인지 결정하는 것입니다.

물론 이전에 변수 또는 상수를 만들 때(CHAPTER 3-3)는 자료형을 따로 지정하지 않고 만들었습니다. 이는 스위프트가 자동으로 설정해주기 때문입니다. 변수에 들어있는 값을 보고 '정수를 넣었으니까 자료형을 정수로 하면 되겠지?'하고 추측해서 결정해주는 것입니다.

스위프트가 자동으로 결정해주므로 개발자가 따로 자료형을 신경 쓰지 않아도 되기는 합니다. 하지만 코드를 작성할 때 자료형을 명시적으로 쓰면 이해하기 쉬우므로 수동으로 지정해주는 것이 일반적입니다.

서식 변수의 자료형 지정

```
var 〈변수 이름〉:〈자료형〉 = 〈값〉
```

이렇게 자료형을 선언하면 변수에 지정한 자료형 이외의 데이터를 넣을 수 없습니다. 특정 자료형의 전용 변수로 지정했기 때문입니다[1].

자료형의 종류

매우 많은 자료형이 있는데 일단 기본적인 5가지를 살펴봅시다.

---

1   역주: 자동으로 자료형이 지정됐을 때도 마찬가지입니다.

정수 자료형: Int

정수를 다룰 때는 Int 자료형을 사용합니다. 주로 무언가를 셀 때 사용합니다. 예를 들어 갯수(데이터의 수), 횟수(몇 번 반복했는지), 번호(등록 번호, 몇 번째 데이터인지)와 같은 경우입니다.

사용 방법

사칙 연산 기호를 사용해서 연산할 수 있습니다.

예 Int 자료형의 변수를 만들고 덧셈 연산

```
var itemCount:Int = 10          // 아이템 수를 나타내는 변수를 만듭니다.          10
itemCount = itemCount + 50      // 아이템을 50개 추가                          60
```

※ Int 자료형의 추가적인 종류를 부록에 정리했습니다.

부동 소수 자료형: Double, Float

부동 소수를 다룰 때는 Double 자료형 또는 Float 자료형을 사용합니다. 일반적인 숫자(무게 또는 길이), 일반적인 계산(거리 계산 또는 금액 계산) 등에 사용합니다.

부동 소수점이라는 이름은 컴퓨터가 내부적으로 소수를 적을 때 소수점의 위치를 고정하지 않기 때문에 붙은 이름입니다[2]. Float이라는 이름이 바로 여기에서 나온 것입니다. Float 자료형의 2배 만큼의 메모리를 사용해서 정밀도를 높힌 자료형이 Double입니다. 과거에는 메모리가 부족해서 Float 자료형을 많이 사용했는데 요즘에는 Double 자료형을 사용하는 것이 일반적입니다.

사용 방법

사칙 연산 기호를 사용해서 연산할 수 있습니다.

예 Double 자료형의 변수를 만들고 곱셈 나눗셈 연산

```
let height:Double = 1.71          // 키(m)를 나타내는 변수를 만듭니다.            1.71
let weight:Double = 64.5          // 체중(kg)을 나타내는 변수를 만듭니다.         64.5
let BMI:Double = weight / (height * height)      // BMI 계산              22.0580691494819
```

---

2 역주: 부동은 '떠다니며 움직인다'라는 의미입니다. 부동 소수를 한국 순화어로 '떠돌이 소수'라고도 부른답니다. 이걸로 이해하는 것이 조금 더 쉬울 것 같네요.

불 자료형: Bool

Bool 자료형은 컴퓨터 특유의 자료형입니다. 참과 거짓을 다룰 때 사용합니다. 참인지 거짓인지, 켜져 있는지 꺼져있는지, 성공인지 실패인지처럼 두 가지로 확실하게 나뉘는 정보에 사용합니다.

참을 의미하는 true와 거짓을 의미하는 false라는 두 가지 값 중의 하나가 됩니다. 둘 중에 어떠한 상태 인지를 확인하는 자료형이므로 주로 조건 판별에 사용합니다.

사용 방법

변수에 true 또는 false를 넣어 사용합니다.

`예` Bool 자료형의 변수를 만들고 true로 변경

```
var isOK:Bool = false        // isOK라는 Bool 변수를 만듭니다.        false
isOK = true                  // isOK를 true로 변경합니다.            true
```

문자열 자료형: String

문자열을 다룰 때는 String 자료형을 사용합니다. 이름, 설명, 메시지처럼 문자열로 나타내는 자료형에 사용합니다. 글자의 앞과 뒤를 "(큰 따옴표)로 감싸서 만듭니다.

사용 방법1

문자열 자료형은 글자의 앞과 뒤를 "(큰 따옴표)로 감싸서 만듭니다.

`서식`

```
var 〈변수 이름〉 = "문자열"
```

`예` String 자료형의 변수에 이름을 지정

```
var helloString1 = "모두 "          // "모두 "라는 문자열을 변수에 넣습니다. "모두 "
```

사용 방법2

2개의 문자열을 +로 결합할 수 있습니다.

서식

```
〈변수 이름〉 = 〈문자열〉 + 〈문자열〉
```

예 '모두'와 '안녕하세요'라는 문자열을 결합

```
var helloString1 = "모두 "                    // "모두 "라는 문자열을 변수에 넣습니다.  "모두 "
var helloString2 = helloString1 + "안녕하세요"  // "안녕하세요"라는 문자열을 결합합니다.  "모두 안녕하세요"
```

사용 방법3

문자열 내부에 변수의 값을 넣어 문자열로 만들 수 있습니다.

서식

```
〈변수 이름〉 = "\(〈변수 이름〉)"
```

※ '\'는 백슬래시라고 부릅니다. 애플 키보드에서는 \ 모양의 키를 눌러 입력합니다. 일반적인 한국어 키보드에서는 ₩를 눌러 입력합니다.

예 '바나나'라는 문자열 변수를 문자열 내부에 삽입

```
var fruitName = "바나나"              // "바나나"라는 문자열을 변수에 넣음        "바나나"
var myStr = "저는 \(fruitName)가 좋아요!"  // \(<변수 이름>) 부분에 변수의 값을 삽입   "저는 바나나가 좋아요!"
```

자료형 변환

자료형이 서로 다른 것들은 계산할 수 없습니다. 따라서 서로 다른 자료형의 자료를 계산할 때는 자료형을 변환해서 맞춰놓고 계산해야 합니다. 정수와 부동 소수를 함께 계산하거나 문자열을 숫자로 변환할 때는 자료형 변환을 해야 합니다.

서식 자료형 변환

```
〈변환할 자료형〉(〈값〉)
```

다른 자료형으로 변환할 때는 〈변환할 자료형〉(〈값〉)

정수로 변환

정수 자료형으로 변환할 때는 Int(〈값〉)을 사용합니다. 사용자가 입력한 문자열을 정수로 변환해서 계산할 때 등에 사용합니다.

※ 주의: 부동 소수를 정수로 변환할 때는 소수점 이하 부분이 제거됩니다.

※ 주의: 문자열을 정수로 변환할 때는 Optional 자료형(CHAPTER 3-8에서 자세하게 설명합니다)을 사용합니다. 문자열에는 정수 이외에도 다양한 값들이 들어있을 수 있습니다. 따라서 반드시 제대로 변환된다는 보장이 없습니다[3]. 따라서 정수로 변환할 수 있는지 확인이 필요합니다.

예

```
let inputString = "100"                                              "100"
let answer = Int(inputString)! * 5   // 사용자가 입력한 문자열로 계산       500
                                     // (!는 CHAPTER 3-8에서 설명합니다)
let intValue = Int(123.45)           // 소수점 이하 부분이 제거됩니다.      123
```

부동 소수로 변환

부동 소수 자료형으로 변환할 때는 Double(〈값〉)을 사용합니다. 정수와 부동 소수를 함께 섞어 연산할 때 사용합니다.

예

```
let gumPrice:Int = 100                                           100
let pay = Double(gumPrice) * 1.08      // 사용자가 입력한 문자로 연산    108
```

문자열로 변환

문자열 자료형으로 변환할 때는 String(〈값〉)을 사용합니다. 숫자를 문자열로 변환할 때 사용합니다.

예

```
let appleCount = 5                                                         5
let myMessage:String = "바나나가 " + String(appleCount) + "개 있습니다."    "바나나가 5개 있습니다."
```

---

3   역주: '52', '273'과 같은 문자열은 정수로 변환할 수 있겠지만, '안녕하세요123', '1401동 901호'와 같은 문자열은 정수로 변환할 수 없습니다.

프로그램 제어

제어문

프로그램은 기본적으로 위에서 아래로 순서대로 명령을 실행합니다. 그런데 프로그램이 위에서 아래로 실행되기만 한다면 복잡한 처리를 할 수 없답니다. 프로그램에는 데이터를 보고, 판별하고, 반복하는 '생각하는 부분'이 필요합니다. 이러한 것을 제어문으로 구현합니다.

조건에 따라 문장의 실행 여부를 결정하는 제어를 [분기 처리]라고 합니다. if 조건문 또는 switch 조건문을 사용합니다.

조건을 만족하는 동안 문장을 계속해서 실행하는 제어를 [반복 처리]라고 합니다. while 반복문 또는 for 반복문을 사용합니다.

그럼 각 내용에 대해 자세히 살펴봅시다.

if 조건문[분기 처리]

'만약 ~라면'이라는 조건 분기를 할 때는 if 조건문을 사용합니다. 조건을 만족하는지 확인하고 처리를 실행할지 판별합니다.

숫자 2로 나눈 나머지가 0이라면 짝수라고 표시한다거나 이전 점수보다 높은 점수를 받았다면 하이스코어라고 표시한다거나 연산 결과가 0이라면 오류라고 표시하는 등의 조건에 따라 처리를 분기할 때 사용합니다.

if 조건문에서 '만약 ~라면'이라는 조건은 조건식이라는 형식으로 적습니다. 이러한 조건식이 맞는지 확인하고, 맞을 때에 {} 내부의 블록을 실행합니다.

조건식은 2개의 값을 비교하는 경우가 일반적입니다. 2개의 값을 비교할 때는 비교 연산자를 사용합니다.

비교 연산자

==	좌변과 우변이 같음
!=	좌변과 우변이 같지 않음
〈	좌변이 우변보다 작음
〈=	좌변이 우변보다 작거나 같음
〉	좌변이 우변보다 큼
〉=	좌변이 우변보다 크거나 같음

일반적으로 if 조건문은 비교 연산자와 함께 사용해서 값을 비교하고, 조건이 맞는지 판별합니다.

서식 if 조건문

```
if <조건식> {
    <조건을 만족할 때의 처리>
}
```

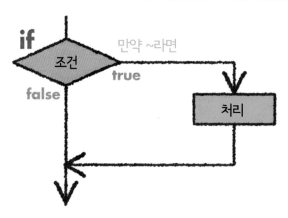

예 만약 score가 80 이상이라면 디버그 영역에 'GOOD!'이라고 출력

```
var score = 100                          100
if 80 < score {
    print("GOOD!")                       "GOOD!\n"
}
```

if else 조건문

if 조건문은 조건을 만족하는 때만 실행하지만, 조건을 만족하지 않는 때에도 무언가 처리하고 싶다면 if else 조건문을 사용합니다.

서식 if else 조건문

```
if <조건식> {
    <조건을 만족할 때의 처리>
} else {
    <조건을 만족하지 않을 때의 처리>
}
```

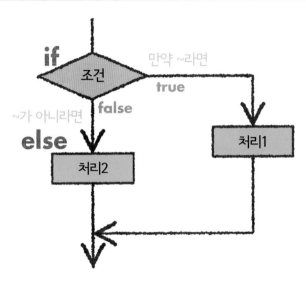

switch 조건문[분기 처리]

변수의 값에 따라서 다양한 경우를 나누고 싶을 때는 switch 조건문을 사용합니다. switch 조건문은 변수의 값을 살펴보고 어떠한 상태(case)인지에 따라 분기합니다.

요일을 보고 월요일~금요일이라면 잠을 깨우기 위한 알람을 울리고, 토요일이라면 조금 늦게, 일요일이라면 울리지 않게 또는 게임 모드를 살펴보고 보너스 중이라면 점수를 더 주고, 일시 정지 중이라면 게임을 움직이지 않게 만든다처럼 변수의 값에 따라 다양한 처리를 분기하고 싶을 때 사용합니다.

switch(〈변수 이름〉)에 살펴보고 싶은 변수를 넣고, 특정한 경우에 실행하고 싶은 처리는 case 〈값〉: 에 적습니다.

어떤 상황에도 해당하지 않는 경우가 있을 수 있는데 이러한 경우에는 default:를 사용합니다. 예상 하지 못한 경우가 발생하는 것을 막으려면 default:를 반드시 사용하는 것이 좋습니다. 스위프트는 default를 지정하지 않으면 오류가 발생합니다[1].

서식 switch 조건문

```
switch(〈변수 이름〉) {
  case 〈값1〉:
    〈값1일 경우의 처리〉
  case 〈값2〉:
    〈값2일 경우의 처리〉
  default:
    〈어떤 상황에서도 해당하지 않는 경우의 처리〉
}
```

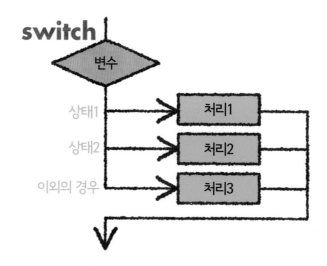

---

1 역주: 참고로 다른 언어는 default를 작성하지 않아도 됩니다(오류를 발생시키지 않습니다).

변수의 값에 따라 출력 분기

```
var dice = 1                                                           1
switch dice {
case 1:                         // 1이 나오면 다음 문장을 실행합니다.
    print("시작점으로 돌아갑니다.")                              "시작점으로 돌아갑니다.\n"
case 2,5:                       // 2 또는 5가 나오면 다음 문장을 실행합니다.
    print("다시 한 번 던집니다.")
default:                        // 그 외의 값이 나오면 다음 문장을 실행합니다.
    print("주사위의 숫자만큼 전진합니다.")
}
```

while 반복문[반복 처리]

조건을 만족하는 동안 같은 처리를 반복하고 싶을 때는 while 반복문을 사용합니다. while 반복문도 if 조건문처럼 조건식을 사용합니다. 이러한 조건식이 맞는지 확인하고, 맞을 때만 { } 내부의 블록을 반복해서 실행합니다.

조건을 만족하는 동안 계속 명령을 반복하므로 { } 내부에서 반드시 조건식을 변화시켜 반복을 끝낼 수 있게 만들어야 합니다. 조건이 변화하지 않으면 영원히 반복하게 되는 무한 반복 상태가 됩니다. 따라서 프로그램이 정지하지 않습니다.

서식

```
while(<조건식>) {
    // 반복 처리
}
```

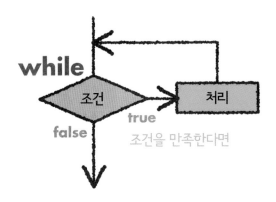

예 0이 100을 넘을 때까지 계속 7을 더하는 반복문

```swift
var d = 0
while (d < 100) {          // 100을 넘을 때까지 반복합니다.
    d += 7;
}
print("답은 \(d)입니다.")
```
```
0

(15 times)

"답은 105입니다.\n"
```

반복 처리는 사이드 바에 있는 ◉를 클릭하면 해당 줄에 그래프가 나옵니다. 이 그래프를 살펴보면 값이 어떻게 변화하는지 시각적으로 확인할 수 있습니다.

예 ◉를 클릭해 그래프로 확인

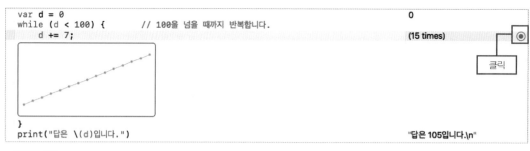

그래프로 확인

그래프가 나올뿐만 아니라 어떤 값인지 직접 살펴볼 수도 있습니다. 그래프를 마우스 오른쪽 버튼으로 클릭(또는 control + 클릭)해서 Value History를 선택하면 리스트로 바뀝니다.

예 숫자 리스트로 확인

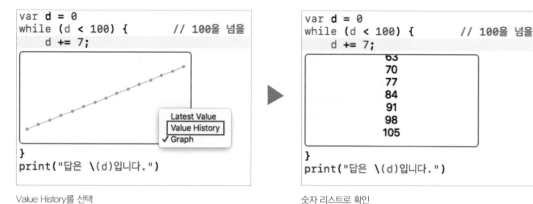

Value History를 선택   숫자 리스트로 확인

for 반복문[반복 처리]

지정한 범위에서 처리를 반복하고 싶을 때는 for 반복문을 사용합니다.

〈시작값〉부터 〈종료값〉까지 반복

범위를 지정할 때는 ... 기호를 사용합니다. for 반복문에서 반복 전용 변수를 준비하고, 반복하고 싶은 범위를 〈시작값〉 ... 〈종료값〉으로 지정합니다.

일단 시작값이 반복 전용 변수에 들어가고 반복 처리 블록 부분을 실행합니다. 이어서 시작 값에 1을 더한 값이 반복 전용 변수에 들어가고 반복 처리 블록 부분을 실행합니다. 이러한 과정을 계속 반복해서 반복 전용 변수가 종료값이 될 때까지 처리를 반복합니다.

서식

```
for 〈반복 전용 변수 이름〉 in 〈시작값〉 ... 〈종료값〉 {
    〈반복 처리〉
}
```

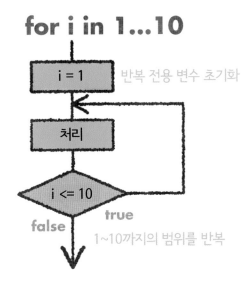

예 0~3의 범위에서 반복 실행

```
for i in 0...3 {             // 0~3의 범위에서 실행합니다.
    print(i)                                    (4 times)
        0
        1
        2
        3
}
```

〈시작값〉부터 〈종료값〉 이전까지 반복

for 반복문에서 반복 범위를 〈시작값〉..〈 〈종료값〉으로 지정할 수도 있습니다. 조금 전에 설명했던 〈시작값〉 ... 〈종료값〉과 거의 비슷한데, 종료값보다 하나 작은 값까지만 반복된다는 점이 다릅니다.

서식

```
for 〈반복 전용 변수 이름〉 in 〈시작값〉 ..〈 〈종료값〉 {
  〈반복 처리〉
}
```

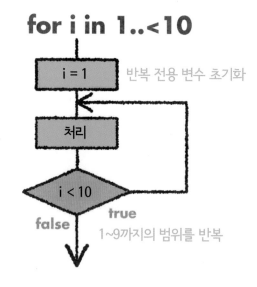

예 0~2의 범위에서 반복 실행

```
for i in 0..<3 {          // 0~2의 범위에서 실행합니다.
    print(i)                                              (3 times)        ◉
        0
        1
        2

}
```

같은 처리를 반복만 하고 싶을 때

for 반복문에서 사용하는 반복 전용 변수를 블록 내부에서 사용하지 않으면 경고가 발생합니다. '변수를 만들었으므로 변수를 사용해주세요!'라는 경고입니다(플레이그라운드에서는 나오지 않지만, 애플리케이션 프로젝트에서는 나옵니다).

예 '변수를 만들었으므로 변수를 사용해주세요!'라는 경고

```
⚠       for count in 0...2 {

        }
```

그런데 같은 처리를 반복만 하고 싶을 때는 따로 반복 전용 변수를 사용할 필요가 없습니다. 따라서 이러한 때는 변수에 _(언더바)를 사용해주세요. _는 '이름조차 필요 없는 변수'라는 의미입니다. 따라서 내부에서 사용하지 않아도 경고가 발생하지 않는답니다.

예 _를 사용하면 경고가 사라짐

```
        for _ in 0...2 {

        }
```

여러 개의 데이터 다루기

여러 개의 데이터 다루기

1개의 데이터는 1개의 변수 또는 상수에 넣어서 사용합니다. 하지만 어떤 교실에 있는 학생의 평균 점수 계산이나 여러 사람의 전화번호를 저장하는 경우처럼 많은 데이터를 다뤄야 할 때는 어떻게 해야 할까요? 변수/상수를 사용한다면 변수/상수를 여러 개 만들어야 할 것입니다.

이럴 때 여러 개의 데이터를 한꺼번에 다룰 수 있다면 편리하겠죠?

예를 들어 어떤 교실에 있는 학생의 평균 점수 계산은 학급의 점수 목록으로 한꺼번에 다룰 수 있다면 쉬울 것입니다. 목록의 점수를 모두 더하고 목록 내부에 있는 요소의 수만큼으로 나눠주면 평균을 쉽게 구할 수 있습니다.

또 다른 예로 윤인성의 전화번호를 알고 싶을 때는 주소록을 사용하면 편리할 것입니다. 전화번호가 주소록에 있다면 '윤인성'이라는 이름을 검색하는 것만으로 전화번호를 찾을 수 있습니다.

여러 개의 데이터를 다룰 때는 각각의 정보를 각각의 변수에 넣어서 사용하는 것이 아니라, 데이터를 한꺼번에 저장할 수 있는 무언가를 사용해서 다루는 방법이 쉽습니다.

여러 개의 데이터를 목록처럼 번호를 붙여 관리하는 것을 배열(Array)이라고 부르며, 주소록처럼 이름을 붙여 관리하는 것을 딕셔너리(Dictionary)라고 부릅니다.

여러 개의 데이터를 순서대로 나열하고 번호를 사용해 요소를 읽고 쓸 때는 배열을 사용합니다.

배열은 데이터를 넣은 서랍장과 같은 같습니다. 각 서랍 하나하나는 바로 변수로 볼 수 있습니다. 3번째 서랍에 값을 넣는다 또는 5번째 서랍에서 값을 꺼낸다처럼 번호를 사용해 원하는 데이터에 접근합니다.

데이터를 넣는 서랍장을 배열이라고 부르며, 서랍장의 번호를 인덱스(index)라고 부릅니다. 또한 서랍장 내부에 들어있는 것(또는 넣는 것)을 요소(element)라고 부릅니다.

```
배열[인덱스] = 요소
```

배열에는 모두 같은 종류의 데이터가 들어있습니다. 정수 배열에는 모든 요소가 정수입니다. 따라서 정수 배열에 문자열 등은 넣을 수 없답니다.

참고로 배열의 요소는 0번째부터 시작합니다. 따라서 가장 앞에 있는 것이 1번째 요소가 아니라, 0번째 요소입니다.

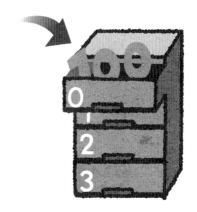

배열(Array) 만들기

값을 넣어 배열 만들기

배열 데이터는 쉼표 ,로 나열한 값을 대괄호 [ ]로 감싸서 만듭니다.

서식 배열 만들기

```
var <배열 이름> = [ <값1>, <값2>, <값3>, ... ]
```

예 정수 배열과 문자열 배열 만들기

```
var intArray1 = [1,2,3]          // 정수 배열              [1, 2, 3]
var strArray1 = ["A","B","C"]    // 문자열 배열            ["A", "B", "C"]
```

자료형을 지정해서 배열 만들기

요소의 자료형을 직접 지정해서 배열을 만들 수도 있습니다. 요소의 자료형을 지정하면 어떤 자료형의 데이터가 들어있는지 쉽게 알 수 있습니다.

자료형을 지정해서 배열 만들기

```
var 〈배열 이름〉:[ 〈자료형〉 ] = [ 〈값1〉, 〈값2〉, 〈값3〉, ... ]
```

예 정수 배열, 문자열 배열을 자료형을 직접 지정해서 만들기

```
var intArray2:[Int] = [1,2,3]              // 정수 배열              [1, 2, 3]
var strArray2:[String] = ["A","B","C"]     // 문자열 배열            ["A", "B", "C"]
```

같은 초기값이 들어있는 배열 만들기

배열의 값이 전부 같을 때는 값과 갯수를 지정하는 것만으로 손쉽게 배열을 만들 수 있습니다.

서식 초기값을 넣어 배열 만들기

```
var 〈배열 이름〉 = Array(repeating: 〈값〉, count: 〈갯수〉)
```

예 0이 3개 들어있는 배열과 'A'가 5개 들어있는 배열 만들기

```
var intArray3 = Array(repeating: 0, count: 3)      // 0을 3개 가진 배열      [0, 0, 0]
var strArray3 = Array(repeating: "A", count: 5)    // "A"를 5개 가진 배열    ["A", "A", "A", "A", "A"]
```

빈 배열 만들기

빈 배열은 요소를 가지고 있지 않은 배열입니다. 값이 없으므로 자료형을 자동으로 설정할 수 없습니다. 따라서 반드시 자료형을 직접 지정해야 합니다.

빈 배열은 실행 중에 요소를 추가해서 사용합니다.

서식 빈 배열 만들기

```
var 〈배열 이름〉:[ 〈자료형〉 ] = [ ]
var 〈배열 이름〉 = [ 〈자료형〉 ]()
```

예 빈 배열 만들기

```
var emptyArray1:[String] = []      // 빈 배열      []
var emptyArray2 = [String]()       // 빈 배열      []
```

배열 확인

요소 갯수 확인

배열의 요소 갯수는 count를 사용해 알아낼 수 있습니다.

서식 요소 갯수

```
〈배열 이름〉.count
```

예 배열 내부의 요소 갯수 확인

```
var intArray4 = [1,2,3,4,5]           // 배열을 만듭니다.           [1, 2, 3, 4, 5]
print(intArray4.count)                // 요소는 5개입니다.          "5\n"

     5
```

요소 확인

배열의 요소에 접근할 때는 [ ] 괄호 내부에 인덱스를 지정합니다. 인덱스는 0부터 시작하는 정수입니다.

서식 배열의 요소 확인

```
〈배열 이름〉[ 〈인덱스〉 ]
```

예 배열의 첫 번째 요소(인덱스가 0인 요소) 확인

```
var intArray5 = [1,2,3,4,5]           // 배열을 만듭니다.           [1, 2, 3, 4, 5]
print(intArray5[0])                   // 0번째 요소를 출력합니다.   "1\n"

     1
```

모든 요소 확인

for in 반복문을 사용하면 모든 요소에 순서대로 접근할 수 있습니다. for in 반복문은 초기값과 종료값을 사용해 반복 범위를 지정했었습니다. 하지만 반복하고 싶은 범위 부분에 배열 이름을 설정하면 해당 배열의 데이터를 반복하게 됩니다.

요소를 넣을 변수를 만들고, 배열 내부의 요소를 1개씩 해당 변수에 넣으며 반복합니다.

서식 배열의 모든 요소 확인

```
for <요소를 넣을 변수 이름> in <배열 이름> {

}
```

예 배열의 모든 요소 출력

```
var strArray6 = ["A","B","C"]          // 배열을 만듭니다.                  ["A", "B", "C"]
for val in strArray6 {                 // 요소의 수만큼 반복합니다.
    print("요소=\(val)")                                                  (3 times)          ⊙
      요소=A
      요소=B
      요소=C

}
```

배열의 조작

가장 마지막 위치에 요소 추가

배열의 가장 마지막 위치에 요소를 추가하고 싶은 때는 append()를 사용합니다.

서식 배열의 가장 마지막 위치에 요소 추가

```
<배열 이름>.append( <요소> )
```

예 배열의 마지막 위치에 요소 추가

```
var strArray7 = ["A","B","C"]          // 배열을 만듭니다.                  ["A", "B", "C"]
strArray7.append("D")                  // 요소를 추가합니다.                ["A", "B", "C", "D"]
print(strArray7)                       // 요소가 추가됐는지 확인합니다.      "["A", "B", "C", "D"]\n"
```

지정한 위치에 요소 추가

지정한 위치에 요소를 추가하고 싶은 때는 insert()를 사용합니다. 어떤 위치에 추가할지는 인덱스로 지정합니다.

서식 지정한 위치에 요소 추가

```
<배열 이름>.insert( <요소>, at:<인덱스> )
```

에 인덱스 1의 위치에 요소 추가

```
var strArray8 = ["A","B","C"]        // 배열을 만듭니다.                          ["A", "B", "C"]
strArray8.insert("X", at: 1)         // 1번 인덱스의 위치에 "X"를 추가합니다.      ["A", "X", "B", "C"]
print(strArray8)                     // 배열에 요소가 추가됐는지 확인합니다.       "["A", "X", "B", "C"]\n"

  ["A", "X", "B", "C"]
```

지정한 위치의 요소 제거

지정한 위치의 요소를 제거할 때는 remove()를 사용합니다. 어떠한 요소를 제거할지 인덱스로 지정합니다.

서식 지정한 위치의 요소 제거

```
<배열 이름>.remove( at:<인덱스> )
```

에 인덱스 1 위치의 요소 제거

```
var strArray9 = ["A","B","C"]        // 배열을 만듭니다.                          ["A", "B", "C"]
strArray9.remove(at: 1)              // 1번 인덱스 위치의 요소를 제거합니다.       "B"
print(strArray9)                     // 배열의 요소가 제거됐는지 확인합니다.       "["A", "C"]\n"

    ["A", "C"]
```

요소 모두 제거

요소를 모두 제거할 때는 removeAll()을 사용합니다.

서식 요소 모두 제거

```
<배열 이름>.removeAll()
```

에 요소 모두 제거

```
var strArray10 = ["A","B","C"]       // 배열을 만듭니다.                          ["A", "B", "C"]
strArray10.removeAll()               // 요소를 모두 제거합니다.                   []
print(strArray10)                    // 배열에서 요소가 제거됐는지 확인합니다.     "[]\n"

    []
```

배열의 정렬: 오름차순

배열을 오름차순으로 정렬할 때는 sorted(by: 〈)를 사용합니다. 작은 순서에서 큰 순서로 오름차순으로 정렬합니다.

서식 오름차순 정렬

```
var 〈새로운 배열 이름〉 = 〈배열 이름〉.sorted( by: 〈 )
```

예 배열을 만들고 오름차순으로 정렬

```
var intArray11 = [4,3,1,5,2]          // 숫자가 섞인 배열을 만듭니다.          [4, 3, 1, 5, 2]
                                      // 오름차순으로 정렬합니다.
var sortArray11 = intArray11.sorted(by: <)                                 [1, 2, 3, 4, 5]
print(sortArray11)                    // 정렬 결과를 확인합니다.             "[1, 2, 3, 4, 5]\n"

    [1, 2, 3, 4, 5]
```

배열의 정렬: 내림차순

배열을 내림차순으로 정렬할 때는 sorted(by: 〉)를 사용합니다. 큰 순서에서 작은 순서로 내림차순으로 정렬합니다.

서식 내림차순 정렬

```
var 〈새로운 배열 이름〉 = 〈배열 이름〉.sorted( by: 〉 )
```

예 배열을 만들고 내림차순으로 정렬

```
var intArray12 = [4,3,1,5,2]          // 숫자가 섞인 배열을 만듭니다.          [4, 3, 1, 5, 2]
                                      // 내림차순으로 정렬합니다.
var sortArray12 = intArray12.sorted(by: >)                                 [5, 4, 3, 2, 1]
print(sortArray12)                    // 정렬 결과를 확인합니다.             "[5, 4, 3, 2, 1]\n"

    [5, 4, 3, 2, 1]
```

딕셔너리(Dictionary)

여러 개의 데이터를 다룰 때 이름과 데이터를 함께 저장하고, 이름을 사용해 데이터를 읽고 쓰고 싶을 때는 딕셔너리(Dictionary)를 사용합니다.

딕셔너리 데이터는 이름 그대로 사전과 같은 자료형입니다. 사전은 찾고 싶은 단어가 있을 때 해당 단어가 있는 페이지를 찾고, 해당 페이지에서 설명을 읽습니다. 마찬가지로 딕셔너리도 찾고 싶은 데이터가 있을 때 찾고 싶은 이름(키)으로 검색하고, 해당 데이터를 읽거나 씁니다.

이와 같은 방법으로 데이터를 다루는 자료형을 딕셔너리라고 부릅니다. 딕셔너리에서 의미를 찾고자 하는 단어를 키(key)라고 부르며, 키와 함께 저장된 데이터를 요소(element)라고 부릅니다.

배열과 비슷한데 배열이 번호를 지정했다면, 딕셔너리는 문자열을 지정하는 것입니다.

```
딕셔너리[키] = 요소
배열[인덱스] = 요소
```

딕셔너리처럼 키워드를 지정해서 데이터를 꺼냅니다.

딕셔너리 만들기

값을 넣어 딕셔너리 만들기

딕셔너리는 〈키〉:〈값〉의 형태를 쉼표 ,로 연결하고, 대괄호 [ ]로 감싸서 만듭니다.

서식 딕셔너리 만들기

```
var 〈딕셔너리 이름〉 = [〈키〉:〈값〉, 〈키〉:〈값〉, 〈키〉:〈값〉, ...]
```

예 정수 딕셔너리와 문자열 딕셔너리 만들기

```
var intDictionary1 = ["a":1, "b":2, "c":3]        // 정수 딕셔너리 데이터      ["b": 2, "a": 1, "c": 3]
var strDictionary1 = ["a":"가", "b":"나", "c":"다"]  // 문자열 딕셔너리 데이터    ["b": "나", "a": "가", "c": "다"]
```

빈 딕셔너리 만들기

빈 딕셔너리는 요소를 가지고 있지 않은 딕셔너리입니다. 값이 없으므로 자료형을 자동으로 설정할 수 없습니다. 따라서 반드시 자료형을 직접 지정해야 합니다.

빈 딕셔너리는 실행 중에 요소를 추가해서 사용합니다.

서식 빈 딕셔너리 만들기

```
var <딕셔너리 이름>:[ <자료형>:<자료형> ] = [ : ]
var <딕셔너리 이름> = [ <자료형>:<자료형> ]()
```

예 빈 딕셔너리 만들기

```
var emptyDictionary1:[String:Int] = [:]        // 빈 딕셔너리 데이터        [:]
var empryDictionary2 = [String:Int]()          // 빈 딕셔너리 데이터        [:]
```

딕셔너리의 확인

요소 갯수 확인

딕셔너리의 요소 갯수는 count로 알아낼 수 있습니다.

서식 요소 갯수

```
<딕셔너리 이름>.count
```

예 딕셔너리 내부의 요소 갯수 확인

```
var strDictionary2 = ["a":"A", "b":"B", "c":"C"]   // 딕셔너리 데이터를 만듭니다.   ["b": "B", "a": "A", "c": "C"]
print(strDictionary2.count)                        // 요소의 갯수를 출력합니다.     "3\n"
```

요소 확인

딕셔너리의 요소에 접근할 때는 [ ] 괄호 내부에 키를 지정합니다. 그런데 키에 대응하는 값이 없을 때도 있습니다. 이럴 때는 nil을 반환하게 됩니다. 따라서 반환 값은 Optional 자료형입니다.

※ Optional 자료형에 대해서는 CHAPTER 3-8에서 자세하게 설명합니다.

따라서 if 조건문을 사용해 값이 있는지 확인해야 합니다.

서식 요소 확인

> 〈딕셔너리 이름〉[〈키〉]

예 키가 'c'인 요소 확인

```
var strDictionary3 = ["a":"가", "b":"나", "c":"다"]   // 딕셔너리 데이터를 만듭니다.      ["b": "나", "a": "가", "c": "다"]
print(strDictionary3["c"])                           // 요소를 출력합니다.            "Optional("다")\n"        ◉

    Optional("다")


if let getValue = strDictionary3["c"] {              // 값이 있다면 상수로 만듭니다.
    print(getValue)                                  // 해당 값을 출력합니다.         "다\n"                  ◉

        다


} else {
    print("not found.")                              // 값이 없을 때 출력합니다.
}
```

모든 요소 확인

for in 반복문을 사용하면 모든 요소를 확인할 수 있습니다.

딕셔너리 데이터의 요소는 키와 값이라는 세트로 구성돼 있습니다. 따라서 튜플(튜플과 관련된 내용은 바로 뒤에서 설명합니다)을 사용해 다룹니다. 간단하게 설명하면 키를 넣을 변수와 값을 넣을 변수를 준비하고, 해당 변수에 키와 값이 들어가게 합니다.

※ 참고로 배열과 다르게 순서가 보장되지 않습니다.

서식 모든 요소 확인

> for (〈키를 넣을 변수〉, 〈값을 넣을 변수〉) in 〈딕셔너리 이름〉 {
>
> }

예 딕셔너리의 모든 요소 출력

```
var strDictionary4 = ["a":"가", "b":"나", "c":"다"]   // 딕셔너리 데이터를 만듭니다.      ["b": "나", "a": "가", "c": "다"]
for (key, value) in strDictionary4 {                 // 요소의 수만큼 반복합니다.
    print("strDict[\(key)]=\(value)")                                              (3 times)            ◉
    strDict[b]=나

    strDict[a]=가

    strDict[c]=다



}
```

딕셔너리의 조작

딕셔너리에 요소 추가

요소를 추가할 때는 [ ] 내부에 키를 설정하고, 값을 설정합니다.

`서식` 요소 추가

```
<딕셔너리 이름>[ <키> ] = <값>
```

`예` 키가 'x'인 요소 '가' 추가

```
var strDictionary5 = ["a":"가", "b":"나"]        // 딕셔너리 데이터를 만듭니다.     ["b": "나", "a": "가"]
strDictionary5["x"] = "다"                        // 요소를 추가합니다.              "다"
print(strDictionary5["x"]!)                       // 추가된 요소를 출력합니다.       "다\n"

        다
```

요소 제거

지정한 키의 요소를 제거할 때는 removeValue(forKey: "")를 사용합니다.

`서식` 요소 제거

```
<딕셔너리 이름>.removeValue( forKey:<키 이름> )
```

`예` 키가 'b'인 요소 제거

```
var strDictionary6 = ["a":"가", "b":"나", "c":"다"]  // 딕셔너리 데이터를 만듭니다.    ["b": "나", "a": "가", "c": "다"]
strDictionary6.removeValue(forKey: "b")             // 요소를 제거합니다.             "나"
print(strDictionary6)                                                               "["a": "가", "c": "다"]\n"

    ["a": "가", "c": "다"]
```

튜플(Tuple)

튜플은 여러 개의 데이터를 세트로 만들고, 순서를 사용해 요소를 다루는 자료형입니다.

배열과 비슷하지만 다른 종류의 데이터를 함께 사용할 수 있다는 점이 다릅니다. '이 데이터와 이 데이터는 하나의 세트다'라는 의미이므로 데이터를 전달받을 때(이전에 살펴보았던 딕셔너리의 for in 반복문) 등에 사용합니다. 따라서 새로 요소를 추가하거나 제거하는 것은 불가능합니다.

튜플 사용 방법

튜플 만들기

튜플은 쉼표 ,로 구분한 요소를 소괄호 ()로 감싸서 만듭니다.

서식 튜플 만들기

```
var <튜플 이름> = ( <값1>, <값2>, ... )
```

예 정수로만 구성된 튜플과 정수와 문자열이 함께 구성된 튜플 만들기

```
let tuple1 = ( 1, 2, 3 )                        // 정수 튜플                  (.0 1, .1 2, .2 3)
let tuple2 = ( 1000000, "서울특별시 강서구" )    // 정수와 문자열이 섞여있는 튜플   (.0 1000000, .1 "서울특별시 강서…
```

튜플의 확인

튜플의 각 값을 확인하고 싶을 때는 인덱스를 사용합니다.

서식 튜플 확인

```
<튜플 이름>.<인덱스>
```

예 튜플을 만들고 0과 1번 인덱스의 값 출력

```
let tuple3 = ( 1000000, "서울특별시 강서구")    // 튜플을 만듭니다.              (.0 1000000, .1 "서울특별시 강서…
print(tuple3.0)                                 // 0번 인덱스 위치의 요소를 출력합니다.   "1000000\n"          ◉

    1000000


print(tuple3.1)                                 // 1번 인덱스 위치의 요소를 출력합니다.   "서울특별시 강서구\n"   ◉

    서울특별시 강서구
```

여러 개의 데이터를 한꺼번에 할당

튜플을 활용하면 여러 개의 변수에 데이터를 한꺼번에 할당할 수 있습니다.

서식 여러 개의 데이터를 한꺼번에 할당

```
var ( <변수 이름1>, <변수 이름2>, ... ) = ( <값1>, <값2>, ... )
```

예 여러 개의 데이터를 한꺼번에 할당

```
let tuple4 = ( 1000000, "서울특별시 강서구" )    // 튜플을 만듭니다.                    (.0 1000000, .1 "서울특별시 강서…
var (postcode, address) = tuple4               // 튜플의 값을 여러 개의 변수에 각각 할당
print(postcode)                                // 첫 번째 변수를 출력합니다.            "1000000\n"              ◉

      1000000


print(address)                                 // 두 번째 변수를 출력합니다.           "서울특별시 강서구\n"        ◉

      서울특별시 강서구
```

튜플에 이름 붙이기

튜플의 각 요소에 이름을 붙일 수 있습니다. 딕셔너리처럼 각 요소의 앞에 콜론 :으로 구분해서 요소 이름을 붙입니다. 값을 확인할 때는 딕셔너리처럼 요소 이름(키)를 사용합니다.

서식 튜플에 이름 붙이기

```
var 〈튜플 이름〉 = ( 〈요소 이름〉:〈값1〉, 〈요소 이름〉:〈값2〉, ... )
```

예 이름 붙인 튜플 사용

```
// 튜플을 만듭니다.
let tuple5 = ( postcode:1000000, address:"서울특별시 강서구")    (.0 1000000, .1 "서울특별시 강서…
print(tuple5.postcode)                    // 첫 번째 값을 출력합니다.           "1000000\n"          ◉

      1000000


print(tuple5.address)                     // 두 번째 값을 출력합니다.           "서울특별시 강서구\n"    ◉

      서울특별시 강서구
```

튜플은 함수의 반환 값으로도 사용할 수 있습니다.

※ 자세한 내용은 CHAPTER 3-7에서 설명하겠습니다.

함수(메서드)

함수란?

함수란 어떤 일을 수행하는 명령의 집합으로 어떠한 명령을 수행할지 블록 내부에 한꺼번에 적은 것입니다. 왜 명령을 한꺼번에 적는 것일까요? 한 줄 한 줄의 명령문은 어떤 변수와 다른 어떤 변수를 더한다거나 레이블에 어떤 변수의 문자열을 출력하는 것처럼 세부적인 관점의 프로그램입니다.

하지만 그러한 것들을 한꺼번에 다루면 부가가치세 계산이 필요할 때의 일 또는 버튼을 눌렀을 때의 일처럼 애플리케이션 레벨의 관점으로 생각할 수 있게 됩니다. 전체적인 모습을 의식하면서 프로그램을 만들기 쉬워지는 것입니다.

함수는 다른 프로그램에서 호출할 때나 버튼을 눌렀을 때처럼 어떠한 계기가 있어야 실행됩니다. 이러한 계기를 '함수를 호출한다'라고 말합니다. 함수가 호출되면 해당 블록 내부의 명령을 차례대로 실행하며, 실행이 완료되면 호출했던 곳으로 돌아갑니다.

함수와 메서드의 차이

어떠한 일을 수행하는 명령들의 집합은 일반적으로 함수라고 부릅니다. 그중에서도 클래스가 가지고 있는 함수는 메서드라고 부릅니다. 메서드는 함수의 일종이므로 만드는 방법과 호출하는 방법이 같습니다. 클래스가 가지고 있는지 아닌지가 다른 점입니다.

아이폰 애플리케이션을 만들 때는 대부분 클래스 내부에 함수를 작성합니다. 따라서 모두 메서드라고 생각해도 상관없습니다.

이 책에서는 어떠한 일을 수행하는 명령들의 집합이라는 관점으로 살펴볼 때는 함수, 클래스가 가지고 있는 일이라는 관점으로 살펴볼 때는 메서드라고 부르겠습니다.

※ 클래스와 관련된 내용은 CHAPTER 3-9에서 살펴보겠습니다.

함수를 만드는 방법과 호출하는 방법

함수를 만드는 것을 '정의한다'라고 말합니다. 앞에 func를 쓰고, 함수 이름을 붙이면 함수가 정의됩니다. func는 function의 줄임말로 함수라는 의미입니다.

함수 이름은 자유롭게 지정할 수 있지만, 변수 이름이나 상수 이름과 마찬가지로 알파벳을 사용하는 것이 일반적이며, 예약어를 사용할 수 없다는 규칙이 있습니다.

사용할 때를 생각해서 이름만 보고도 무엇을 하는 함수인지 쉽게 이해할 수 있는 이름이 좋습니다. addText, loadFile, setTitle처럼 '동사 + 명사'의 조합으로 지정하는 것이 일반적입니다. 추가로 이때 동사는 일반 동사를 사용하는 것이 일반적입니다. 부록에 함수 이름으로 자주 사용하는 동사를 정리했으니 참고하기 바랍니다.

함수를 정의한 다음에는 호출해서 사용합니다. 함수를 호출할 때는 함수 이름을 사용합니다.

서식 함수 정의

```
func <함수 이름>() {
    <하고자 하는 처리>
}
```

서식 함수 호출

```
<함수 이름>()
```

예 '안녕하세요'라고 호출하는 함수를 정의하고 호출

```
func showHello1() {              // 함수를 정의합니다.
    print("안녕하세요!")
}                                                              "안녕하세요!\n"
showHello1()                     // 함수를 호출합니다.
```

매개변수

함수를 호출할 때 호출하는 쪽에서 값을 전달할 수 있습니다. 이러한 것을 매개해서 전달하는 값이라는 의미로 매개변수라고 부릅니다. 호출되는 함수 쪽에서는 매개변수를 받아 처리에 사용합니다.

서식 매개변수가 한 개인 함수 정의

```
func <함수 이름>( <매개 변수 이름> : <자료형> ) {
    <하고자 하는 처리>
}
```

서식 매개변수가 한 개인 함수 호출

```
<함수 이름>( <매개 변수 이름>: <매개 변수> )
```

예 이름을 전달하고 이름을 함께 출력하는 함수

```
func showHello(name:String) {      // 함수를 정의합니다.
    // 매개변수는 문자열 자료형의 name입니다.
    print("\(name)님 안녕하세요!")                        "Apple님 안녕하세요!\n"
}
showHello(name: "Apple")                // 함수를 호출합니다.
```

서식 매개변수가 두 개 이상 있는 함수 정의

```
func <함수 이름>( <매개 변수 이름1> : <자료형1>, <매개 변수 이름2> : <자료형2>, <매개 변수 이름3>
: <자료형3>, … ) {
    <하고자 하는 처리>
}
```

서식 매개변수가 두 개 이상 있는 함수 호출

```
<함수 이름>( <매개 변수 이름1>: <매개 변수1> , <매개 변수 이름2>: <매개 변수2>, <매개 변수 이름
3>: <매개 변수3>, …)
```

예 이름, 키, 체중을 전달받아 BMI를 출력하는 함수

```
func calcBMI(name:String, height:Double, weight:Double) { // 함수를 정의합니다.
    // 매개변수는 문자열 자료형의 name과 부동 소수 자료형의 height과 weight입니다.
    let heightM = height / 100.0                         1.76
    let BMI:Double = weight / (heightM * heightM)        17.11002066115703
    print("\(name)의 BMI는 \(BMI)입니다.")                "Inseong의 BMI는 17.1100206…
}
calcBMI(name: "Inseong", height:176.0, weight:53.0)      // 함수를 호출합니다.
```

> **TIPS**
>
> **매개변수에 레이블 붙이기**
>
> 스위프트 2에서는 매개변수가 두 개 이상 있는 함수를 호출할 때 두 번째 이후의 매개변수 앞에 매개변수의 이름을 레이블로 지정해야 했습니다. 따라서 첫 번째 매개변수 앞에는 매개변수의 이름을 레이블로 지정하지 않아도 괜찮았습니다.
>
> 하지만 스위프트 3에서는 메서드나 함수의 첫 번째 매개변수 앞에도 매개변수의 이름을 레이블로 지정해야 합니다.
>
> 스위프트 2에서와 같이 첫 번째 매개변수의 레이블을 생략하고 싶다면 함수를 선언할 때 매개변수 이름 앞에 언더바(_)를 추가해야 합니다.
>
> func foo(_ a:Int, b:Int)와 같은 형식으로 선언하면 foo(3, b:5)와 같이 첫 번째 매개변수의 레이블을 생략하고 호출할 수 있습니다).
>
> 또한, 스위프트 1에서는 플레이그라운드에서 함수를 만들 때 매개변수에 라벨을 붙이지 않아도 괜찮았습니다. 프로젝트를 만들었을 때만 이러한 규칙이 적용됐는데, 스위프트 2부터는 플레이그라운드에서도 무조건 매개변수에 레이블을 붙이게 됐습니다.

반환 값

함수가 종료되어 호출했던 곳으로 돌아갈 때 값을 반환(return)할 수 있습니다. 이렇게 반환되는 값을 반환 값이라고 부릅니다.

함수에서 값을 반환할 때는 return 구문을 사용하고, return 뒤에 반환 값을 지정합니다.

`서식` 반환 값이 한 개인 함수 정의

```
func 〈함수 이름〉( 〈매개변수 이름〉 : 〈자료형〉 ) -> 〈반환 값의 자료형〉 {
   〈하고자 하는 처리〉
   return 〈반환 값〉
}
```

`서식` 반환 값을 받는 방법

```
let 〈상수 이름〉 = 〈함수 이름〉( 〈매개변수〉 )
```

예 이름을 전달하면 이름에 메시지를 추가한 문자열을 반환하는 함수

```
func returnHello(name:String) -> String {        // 함수를 정의합니다.
    // 매개변수는 문자열 자료형의 name이고, 리턴값은 문자열 자료형입니다.
    let message = "\(name)씨 안녕하세요!"                              "Apple씨 안녕하세요!"
    return message                                                   "Apple씨 안녕하세요!"
}
let hello = returnHello(name: "Apple")           // 함수를 호출합니다.    "Apple씨 안녕하세요!"
```

return 뒤에는 값을 하나만 지정할 수 있지만, 튜플을 사용하면 여러 개의 값을 반환할 수 있습니다.

서식 반환 값이 여러 개인 함수 정의

```
func 〈함수 이름〉( 〈매개변수 이름〉 : 〈자료형〉 ) {
  〈하고자 하는 처리〉
  return 〈튜플 반환 값〉
}
```

서식 반환 값을 받는 방법

```
let 〈튜플〉 = 〈함수 이름〉( 〈매개변수〉 )
```

예 부가가치세를 계산하는 함수. 원래 가격을 전달하면 부가가치세를 계산하고, 부가가치세와 부가가치세가 붙기 전의 가격을 반환.

```
func calcTax(price:Double) -> (Double, Double) {      // 부가가치세를 계산하는 함수입니다.
    // 매개변수는 부동소수 자료형의 price이고, 리턴값은 부동 소수 자료형 2개 입니다.
    // 각각 부가가치세와 부가가치세가 붙기 전의 가격입니다.
    let tax = price * 0.1              // 부가가치세를 계산합니다.                       30
    let excludingtax = price * 0.9     // 부가가치세가 붙기 전의 가격을 계산합니다.         270
    return (tax, excludingtax)         // (부가가치세, 부가가치세가 붙기 전의 가격)을 리턴합니다.  (.0 30, .1 270)
}

let (tax, excludingtax) = calcTax(price: 300)        // 부가가치세 함수를 호출합니다.
// (부가가치세, 부가가치세가 붙기 전의 가격)을 차례대로 변수에 넣습니다.
print("부가가치세는 \(tax)원 입니다.")                   // 부가가치세를 출력합니다.           "부가가치세는 30.0원 입니다.\n"
print("부가가치세가 제외된 가격은 \(excludingtax)원 입니다.") // 부가가치세가 붙기 전의 가격을 출력합니다. "부가가치세가 제외된 가격은 270....
```

Optional 자료형

변수에 nil을 넣으면 오류

스위프트에는 Optional 자료형이라는 구조가 있습니다. 변수 뒤에 ? 또는 !를 붙이는 것인데, 이와 관련해 오류가 굉장히 자주 발생해서 귀찮다고 생각할 수 있습니다. 하지만 무엇을 위한 기능인지 이해하면 쉽게 활용할 수 있을 것입니다.

Optional 자료형이란 애플리케이션의 크래시를 막기 위한 안전 기능입니다. 스위프트에는 이외에도 다양한 안전 기능이 있는데, Optional 자료형이 가장 중요한 안전 기능입니다.

> Optional 자료형: 애플리케이션의 크래시를 막기 위한 안전 기능!

데이터에는 nil(닐)이라는 값이 없는 상태가 있습니다. nil은 0이 아닙니다. 값이 결정되지 않은, 아무것도 들어있지 않은 상태입니다. 이러한 nil을 변수 또는 상수에 넣는 것은 굉장히 위험합니다. nil이 들어있는 상태에서 계산하거나 처리를 하면 애플리케이션 크래시가 발생합니다.

따라서 스위프트에서는 변수나 상수에 nil을 넣는 프로그램을 작성하면 오류가 발생합니다. Optional 자료형은 프로그래밍할 때 이러한 상황을 미리 확인해서 애플리케이션 실행 중에 크래시 할 위험을 줄이기 위해 있습니다.

예 변수에 nil을 넣으면 오류 발생

```
var testInt1 = 100        // 변수를 만듭니다.
testInt1 = nil            // 오류가 발생합니다(nil을 넣을 수 없습니다!라는 오류입니다).
```

Optional 자료형은 왜 필요할까?

프로그램에 따라서 nil이 들어가는 경우가 있습니다. 프로그램을 생각할 때는 완벽하다고 생각해도 애플리케이션으로 실행하게 되면 현실 세계가 영향을 미치기 때문입니다.

사용자에게 나이를 입력해달라고 했는데 입력하지 않았다거나, 서버에 데이터를 요청했는데 서버가 죽어버려서 데이터를 주지 않았다거나, 서버에서 데이터를 받긴 했는데 데이터가 깨져 있는 것처럼 현실 세계에서는 이상적이지 않은 상태가 발생합니다.

절대 프로그램에 nil이 들어가지 않을 것이라고 생각이 들더라도 외부적인 요인에 의해서 nil이 들어갈 가능성이 있습니다.

따라서 스위프트는 현재는 데이터가 제대로 들어있다고 해도, nil이 들어갈 가능성이 있으므로 주의해서 사용해야 하는 값을 준비했습니다. 이것이 바로 Optional 자료형입니다.

Optional 자료형의 변수 만들기: 랩

Optional 자료형의 변수를 만들 때는 자료형 이름 뒤에 ?를 붙입니다. 이러한 것을 Optional 자료형으로 랩(wrap: 포장) 한다고 합니다. 랩은 포장한다는 의미입니다.

nil이 들어있을지도 모르는 값을 그냥 사용해서 연산해버리면 애플리케이션이 크래시할 위험이 있습니다. 따라서 Optional 자료형으로 포장해서 안전한 상태로 만드는 것입니다.

이 내부에 nil이 들어있을 수도 있지 않을까?
그러니까 사용할 때 nil인지 꼭 확인해서 사용해주세요!

Optional 자료형의 변수 만들기

Optional 자료형의 변수를 만들 때는 자료형 이름 뒤에 ?를 붙입니다.

서식 Optional 자료형의 변수 만들기

```
var <변수 이름>:<자료형>? = <nil이 들어 있을지도 모르는 값>
```

Optional 자료형의 변수라면 nil을 넣어도 오류가 발생하지 않습니다.

예 Optional 자료형을 사용하면 오류가 발생하지 않음

```
var testInt2:Int? = nil      // 일단 int 자료형이기는한데 nil이 들어있을 수도 있지 않을까?
```

Optional 자료형의 변수 사용

Optional 자료형의 변수는 nil이 들어있을지도 모르는 값입니다. 따라서 사용할 때 주의가 필요합니다. Optional 자료형의 변수를 그대로 다른 일반 변수에 넣으면 오류가 발생합니다. 새로운 변수에도 nil이 들어갈 가능성이 있기 때문입니다.

```
  var testInt3:Int? = 10      // 일단 int 자료형이기는한데 nil이 들어있을 수도 있지 않을까?
◉ var testInt4:Int = testInt3   // 오류가 발생합니다(nil이 들어갈 가능성이 있기 때문입니다).
```

따라서 Optional 자료형을 사용해서 다른 변수를 만들 때는 새로운 변수도 Optional 자료형이어야 합니다. nil이 들어갈 가능성이 있는 변수는 어떻게 해도 nil이 들어갈 가능성이 있기 때문입니다.

```
  var testInt5:Int? = 10          // 일단 int 자료형이기는한데 nil이 들어있을 수도 있지 않을까?
  var testInt6:Int? = testInt5    // 오류가 발생하지 않습니다(Optional 자료형을 Optional 자료형으로 옮깁니다).
```

Optional 자료형의 변수에서 값을 꺼내는 방법

Optional 자료형으로 랩한 변수는 계산이나 처리에 사용할 수 없습니다. 안전을 위해서 Optional 자료형으로 포장했으므로, 사용할 때는 포장을 뜯어서 사용해야 합니다.

예 Optional 자료형의 변수는 계산에 사용할 수 없음

```
  var testInt7:Int? = 10          // 일단 int 자료형이기는한데 nil이 들어있을 수도 있지 않을까?
○ var answer7 = testInt7 + 20     // 오류가 발생합니다(Optional 자료형은 계산에 사용할 수 없기 때문입니다).
```

Optional 자료형의 변수에서 값을 꺼내는 방법은 여러 가지 있습니다. 일단 그중에서 4가지 방법을 살펴보겠습니다.

1) 언랩해서 값 꺼내기

Optional 자료형의 변수 뒤에 !를 붙이면 포장을 뜯을 수 있습니다. 이러한 것을 언랩(unwrap)이라고 부릅니다. 언랩해서 값을 꺼내면 일반적인 변수가 됩니다. 따라서 계산이나 처리를 할 수 있답니다.

굉장히 간단하지만 강제로 언랩하는 방법이므로 주의가 필요합니다. 만약 nil이 들어있는데 언랩해버리면 애플리케이션 크래시가 발생합니다. 값이 nil이 아니라는 것이 완벽하게 보장될 때만 사용해주세요.

서식 언랩해서 값 꺼내기

```
<Optional 자료형의 변수 이름>!
```

이 내부에는 nil이 없다는 것이
보장되니까 열어야지!

예 Optional 자료형의 변수를 언랩하면 계산에 사용할 수 있음

```
var testInt8:Int? = 10        // 일단 int 자료형이기는한데 nil이 들어있을 수도 있지 않을까?        10
var answer8 = testInt8! + 20  // 오류가 발생하지 않습니다(Optional 자료형을 언랩했기 때문입니다).      30
```

2) 암묵적인 언랩 자료형의 변수에 넣어서 꺼내기

언랩과 비슷한 방법으로 암묵적인 언랩 자료형의 변수를 사용하는 방법입니다. 암묵적인 언랩 자료형의 변수는 언랩하지 않더라도 곧바로 값을 꺼내 사용할 수 있습니다.

암묵적인 언랩 자료형의 변수란 이 변수에 들어있는 값이 절대 nil이 아니라고 보장되는 변수이므로 값을 곧바로 사용할 수 있는 특징이 있는 변수입니다.

암묵적인 언랩 자료형의 변수는 새로운 변수를 만들 때 변수 뒤에 !를 붙여서 만듭니다. 이러한 변수에 Optional 자료형의 변수를 넣으면 따로 언랩하지 않아도 계산이나 처리에 사용할 수 있습니다.

하지만 이렇게 암묵적인 언랩 자료형의 변수를 사용할 때는 주의가 필요합니다. 스위프트가 크래시를 막기 위해 오류를 체크해주는 것인데, 그러한 것을 해제하는 방법이기 때문입니다. 내부에 들어 있는 값이 nil이 아니라는 것을 보장할 수 있을 때만 사용해주세요.

서식 암묵적인 언랩 자료형의 변수 만들기

```
var <변수 이름>:<자료형>! = <Optional 자료형의 변수 이름>
```

예

```
var testInt9:Int? = 10          // 일단 int 자료형이기는한데 nil이 들어있을 수도 있지 않을까?    10
var testInt10:Int! = testInt9   // 암묵적인 언랩 자료형의 변수에 값을 넣습니다.              10
var answer10 = testInt10 + 20   // 오류가 발생하지 않습니다(Optional 자료형을 언랩했습니다).    30
```

3) if let을 사용해서 꺼내기

언랩을 사용하는 방법은 조금 강제적인 방법들입니다. 이번에 살펴보는 방법은 정말로 nil이 아닌지 확인하고 사용하는 방법으로, Optional 바인딩이라고 부르는 if와 let을 함께 사용하는 방법입니다.

이는 Optional 자료형의 변수를 상수로 바꿨을 때 nil이 아니라면 if 조건문 내부의 블록에서 사용하는 방법입니다. if 조건문의 블록 내부는 nil이 아니라는 것을 확인한 상태이므로 안전하게 값을 사용해 계산하거나 처리해 사용할 수 있습니다.

서식 Optional 바인딩으로 값 꺼내기

```
if let <상수 이름> = <Optional 자료형의 변수 이름> {
  <상수를 사용한 처리>
}
```

예 if let 조건문으로 Optional 자료형의 변수에서 값 꺼내기

```
var testInt11:Int? = 10          // 일단 int 자료형이기는한데 nil이 들어있을 수도 있지 않을까?        10
if let temp = testInt11 {        // Optional 바인딩으로 값을 꺼냅니다.
    print(temp)                  // nil이 아니라면 실행합니다.                                   "10\n"
}
```

4) 가드(guard)를 사용해서 값 꺼내기

nil이 아니라는 것을 확인하는 방법이 하나 더 있는데, 바로 가드(guard)입니다. 가드는 스위프트 2에서 새로 생긴 명령입니다.

if let에서 꺼낸 값은 if 조건문 블록 내부에서만 사용할 수 있었습니다. 이때의 변수를 조금 더 넓은 변수에서 사용할 수 있게 한 것이 가드입니다. 가드는 함수(메서드)에서 사용하는 것을 전제로 하는 명령입니다. 조건을 만족하지 않으면 처리를 입구에서 곧바로 돌려보내므로 문지기(guard man)와 같은 명령이라고 할 수 있습니다.

guard 조건문에서 값이 제대로 들어있는지 확인하면 guard 조건문을 통과한 후에 안전하게 값을 사용할 수 있게 됩니다.

서식 가드를 사용해 값 꺼내기

```
func <함수 이름>(<Optional 자료형의 변수 이름>) {
  guard let <상수 이름> = <Optional 자료형의 변수 이름> else {
    return
  }
  <상수를 사용한 처리>
}
<함수 이름>(<Optional 자료형의 변수>)
```

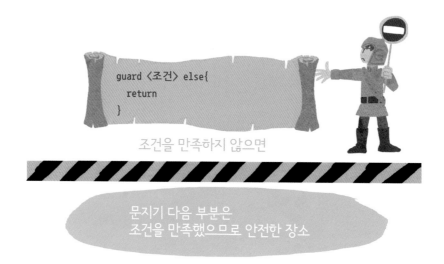

guard 〈조건〉 else{
    return
}

조건을 만족하지 않으면

문지기 다음 부분은
조건을 만족했으므로 안전한 장소

예 guard를 사용해서 값 꺼내기

```
func testGuard(_ testInt:Int?) {       // 가드 기능을 이용해 함수를 만듭니다.

    guard let temp = testInt else {    // 값이 제대로 들어있는지 확인합니다.
        return                         // 값이 없다면 리턴합니다.
    }
    print(temp)                        // 값이 있다면 처리를 계속 진행합니다.          "20\n"

        20

}

let testInt12:Int? = 20                // 일단 int 자료형이기는한데 nil이 들어있을 수도 있지 않을까?   20
testGuard(testInt12)                   // 가드 기능을 사용한 함수를 호출합니다.
```

문자열을 정수로 변환하는 방법

String 자료형을 Int 자료형으로 변환할 때 Int()를 사용합니다.

변환할 문자열에는 정수 이외에도 다양한 값이 들어있을 수 있습니다. 따라서 변환할 수 없을 수도 있습니다. 이러한 때는 nil이 되므로 Optional 자료형이 필요합니다. 문자열을 정수로 변환할 때 안전하게 Optional 바인딩을 사용하는 방법을 살펴봅시다.

예 문자열을 정수로 변환해서 출력

```
let testString13 = "100"                   // 문자열을 준비합니다.                  "100"
let testInt13:Int? = Int(testString13)     // Optional 자료형의 정수로 변환합니다.      100
if let temp = testInt13 {                  // Optional 바인딩을 사용해서 값을 꺼냅니다.
    print(temp)                            // nil이 아니라면 실행합니다.              "100\n"

        100

}
```

3-9 클래스

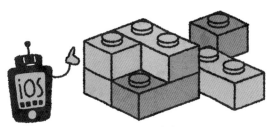

객체를 조합해서 만듭니다.

객체 지향이란?

지금까지 데이터를 다루는 방법이나 제어하는 방법처럼 명령문 하나하나의 관점으로 살펴봤습니다. 이어서 프로그램의 골격이라는 조금 넓은 관점으로 살펴봅시다.

스위프트는 객체지향 프로그래밍 언어입니다. 객체지향이란 프로그램이 객체(부품)를 조합해서 만드는 것이라고 생각하는 것입니다. 애플리케이션이란 프로그램 코드를 단순하게 나열하는 것이 아니라 다양한 부품을 블록처럼 조합하는 것입니다.

새로운 기능을 추가할 수 있습니다.

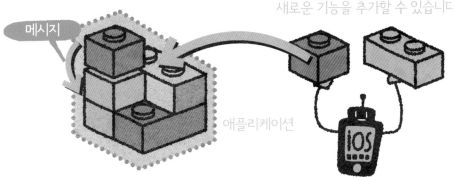

메시지

애플리케이션

객체들끼리 메시지를 주고받습니다.

Xcode는 라이브러리 패널의 부품을 사용해서 화면을 만듭니다. 이때 하나하나의 부품이 바로 객체입니다.

프로그램을 만들 때는 다양한 부품을 블록처럼 추가합니다. 기본적인 기능은 기본적인 부품을 사용하고, 새로운 기능이나 특별한 기능은 직접 부품으로 만듭니다. 또한, 기존의 부품을 입맛에 맞게 수정하고 싶을 때는 부품을 조금 수정하면 되고, 기존에 장착된 부품이 이상하다 싶을 때는 통째로 바꿔버릴 수도 있습니다.

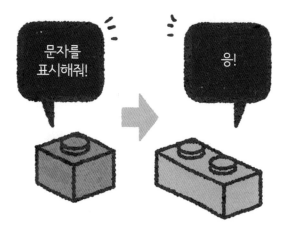

애플리케이션 내부에 나열된 다양한 부품은 독립적인데, 부품끼리 메시지라는 것을 통해 서로 정보를 교환할 수 있습니다. 이러한 정보 교환을 통해서 작은 부품들이 큰일을 할 수 있게 됩니다.

부품들이 서로 이야기를 하면서 일을 해나가는 것은 현실 세계의 우리와 거의 비슷합니다. 객체지향이란 원래 현실 세계를 모방해서 만든 것입니다. 객체지향이라는 이름은 현실 세계를 모방해서 생각하는 방법이라는 이유로 붙여진 이름입니다. 현실 세계를 모방해서 프로그램의 골격을 만드는 방법이므로 사람도 자연스럽게 이해하기 쉽습니다.

객체지향이라는 단어 자체가 뭔가 이해하기 어렵고, 정의하기 굉장히 어렵다고 생각할 수 있는데, 그런 것은 아니랍니다. 객체지향은 현실 세계를 모방한 이해하기 쉬운 생각, 방법인 것입니다. 이러한 것을 꼭 기억해주세요.

클래스는 설계도

객체는 클래스라는 객체의 설계도로 만듭니다.

왜 객체 자체가 아니라 객체의 설계도를 알아야 할까요? 이는 객체를 많이 만들기 위해서입니다. 객체는 애플리케이션에서 사용하는 각 부품을 나타내며 다양한 종류의 부품이 있는데, 애플리케이션에 따라서 같은 종류의 부품을 여러 개 사용할 때도 있습니다.

예를 들어 버튼이 10개 있는 애플리케이션을 만든다고 합시다. 만약 클래스가 객체 자체를 나타내는 것이라면 10개의 버튼을 서로 다른 클래스로 만들어야 합니다. 하지만 클래스가 객체의 설계도를 나타내는 것이라면 설계도를 사용해 10개의 버튼을 만들면 됩니다.

버튼의 기본적인 기능은 문자가 쓰여있고, 탭하면 색이 변경되면서 무언가 실행된다는 것입니다. 이러한 설계도를 1개만 가지고 있다면, 쉽게 10개의 버튼을 만들어 낼 수 있습니다. 클래스(설계도)를 1개만 만들어서 10개의 버튼을 만드는 것이지요. 그리고 각 버튼에 글자를 다르게 하거나, 눌렀을 때 무엇을 실행할지에만 주목해서 프로그래밍하면 됩니다.

이러한 방법은 효율도 좋고, 실수도 줄일 수 있는 방법입니다.

클래스는 설계도입니다. 객체는 실제로 움직이는 것입니다.

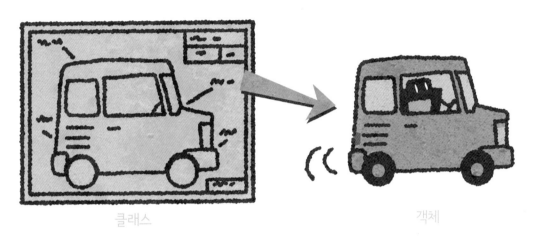

클래스   객체

클래스(설계도)를 만드는 방법은 굉장히 간단합니다. 부품의 상태를 나타내는 데이터와 부품이 할 수 있는 일이라는 2가지를 만들면 됩니다. 이때 부품의 상태를 나타내는 데이터를 속성이라고 부르고, 부품이 할 수 있는 일을 메서드라고 부릅니다.

속성(Property): 부품의 상태를 나타내는 데이터

메서드(Method): 부품이 할 수 있는 일

클래스 만드는 방법

클래스를 만드는 것을 정의한다고 말합니다. 앞에 class라고 입력해서 클래스를 정의합니다. 클래스 블록 내부에는 속성 또는 메서드를 필요에 따라 만들어줍니다.

속성은 부품의 상태를 나타내는 데이터로 클래스 내부에 선언한 변수 또는 상수를 나타냅니다. 메서드는 부품이 할 수 있는 일로 클래스 내부에 정의한 함수를 나타냅니다.

변수, 상수, 함수는 지금까지 배웠던 내용과 같습니다. 이러한 것들을 클래스 블록 내부에서 만들면 클래스의 속성 또는 메서드로 기능합니다.

서식 클래스 정의

```
class <클래스 이름> {
  // 속성
  var <변수 이름> = <값>

  // 메서드
  func <함수 이름>() {
    <처리>
  }
}
```

클래스의 사용 방법

클래스를 사용하려면 일단 객체를 만들어야 합니다. 클래스의 이름 자체가 객체를 만드는 메서드입니다. 클래스 이름을 가진 메서드는 반환 값이 객체이므로 반환된 객체를 변수에 넣어 사용할 수 있습니다.

서식

```
var <객체 이름> = <클래스 이름>()
```

객체가 가진 속성에 접근할 때는 <객체 이름>.<속성 이름>을 사용합니다.

서식

```
<객체 이름>.<속성 이름>
```

객체의 메서드를 호출할 때는 <객체 이름>.<메서드 이름>()을 사용합니다.

서식

```
<객체 이름>.<메서드 이름>()
```

CHAPTER 3-7에서는 부가가치세를 구하는 계산을 함수로 만들었습니다. 이번에는 클래스 내부에 함수를 만들어 메서드로 만들어 봅시다.

함수를 사용할 때는 여러 개의 값을 반환했었습니다. 따라서 반환 값의 데이터가 어떠한 순서대로 조합되어 있는지 알아야 했답니다. 복잡한 처리를 할 때는 클래스를 만드는 것이 생각을 정리하기 좋습니다.

그럼 부가가치세를 계산하는 부품을 클래스로 만들어 봅시다.

예 부가가치세를 계산하는 부품

```
class CalcPrice {                        // 부가가치세를 계산하는 부품 클래스
    var price:Double = 0                 // 속성 : 소비자 가격

    func getTax() -> Double {            // 메서드 : 부가가치세를 계산합니다.              (2 times)
        return price * 0.1
    }

    func getExcludingTax() -> Double {   // 메서드 : 부가가치세를 제외한 가격을 계산합니다.   2700
        return price - getTax()
    }
}

let apple = CalcPrice()                  // 부가가치세를 계산하는 객체를 만듭니다.         CalcPrice
apple.price = 3000                       // 사과의 소비자 가격은 3000원입니다.           CalcPrice
print("부가가치세는 \(apple.getTax())원")    // 사과의 부가가치세                       "부가가치세는 300.0원\n"  ⊙

        부가가치세는 300.0원


print("부가가치세를 제외한 가격은 \(apple.getExcludingTax())원")  // 부가가치세를 제외한 가격    "부가가치세를 제외한 가격은...  ⊙

        부가가치세를 제외한 가격은 2700.0원
```

부가가치세를 계산하는 클래스에 소비자 가격을 나타내는 속성, 부가가치세를 계산하는 메서드, 부가가치세를 제외한 가격을 계산하는 메서드를 만들었습니다.

계산할 때는 클래스를 기반으로 부가가치세를 계산하는 객체를 만듭니다. 이 객체의 속성에 소비자 가격을 설정하면 다른 것들을 계산할 수 있게 됩니다. 이어서 부가가치세를 계산하는 메서드와 부가가치세를 제외한 가격을 계산하는 메서드를 실행하고, 값을 출력합니다. 굉장히 간단한 코드지요?

클래스를 사용하면 특정한 일을 하는 부품을 만들어 나가는 느낌으로 프로그래밍할 수 있습니다.

아이폰 애플리케이션의 부품 사용

클래스는 스스로 만들 수도 있지만, 이미 있는 클래스를 사용할 수도 있습니다.

아이폰 애플리케이션에서 자주 사용하는 스위치를 사용해 봅시다.

예 클래스를 사용해서 아이폰 애플리케이션의 스위치 만들기

```
import UIKit            // UIKit을 사용할 때 필요합니다.
let switch1 = UISwitch()  // 스위치 객체를 만듭니다.
                                                    UISwitch        ⊙


switch1.isOn = true     // 스위치를 on해서 녹색으로 만듭니다.
                                                    UISwitch        ⊙
```

아이폰 애플리케이션의 부품은 UIKit을 사용해서 만듭니다. 따라서 UIKit을 불러와야 합니다. import UIKit 부분이 UIKit을 불러오는 코드입니다. 스위치는 UIKit 내부의 UISwitch를 사용해 객체를 만듭니다. UISwitch라는 이름의 메서드를 호출하면 객체가 만들어집니다.

아이폰 애플리케이션의 부품은 원래 아이폰 화면을 실행해서 봐야 하는데, 플레이그라운드에서 쉽게 확인할 수 있는 특별한 버튼이 있답니다. 사이드 바의 출력에 마우스를 올리면 오른쪽에 버튼이 나오는데, 가장 오른쪽에 있는 ⊙를 누르면 스위치가 플레이그라운드 위에 출력됩니다.

스위치이므로 on 속성이 있고, 이 속성을 변경하면 스위치의 상태를 변경할 수 있습니다. on을 true로 설정하면 스위치가 초록색으로 출력됩니다.

클래스 상속과 오버라이드

클래스는 특정한 클래스를 기반으로 만들 수 있습니다. 이러한 것을 상속이라고 부릅니다.

이때 기반이 되는 클래스를 부모 클래스라고 부릅니다. 상속하면 부모 클래스가 가지고 있는 속성과 메서드를 그대로 사용할 수 있으며, 원한다면 일부 수정할 수도 있습니다. 상속을 사용하면 거의 비슷하지만 내가 원하는 대로 조금 수정한 클래스를 쉽게 만들 수 있습니다.

부모 클래스의 메서드를 수정하는 것을 오버라이드라고 부릅니다. 앞에 override라는 글자를 붙여서 메서드를 만듭니다. 부모 클래스의 메서드와 이름이 같은 메서드를 만들어서 메서드를 덮어쓰는 것(오버라이드: override)입니다.

서식 오버라이드

```
class <클래스 이름>:<부모 클래스 이름> {
  override func <오버라이드 할 메서드 이름>() {
    <덮어써서 수정할 처리>
  }
}
```

오버라이드는 부모 클래스의 메서드를 자식 클래스에서 덮어써서 수정하는 것

예로 아이폰 애플리케이션의 스위치를 상속해서 새로운 스위치 클래스를 만들어 봅시다.

예 붉은 스위치 클래스 만들기

```swift
import UIKit                    // UIKit을 사용할 때 필요합니다.

// UISwitch 클래스를 상속해서 새로운 스위치 클래스를 만듭니다.
class MySwitch : UISwitch {
    // UIKit을 상속할 때 필요한 처리를 합니다.
    required init?(coder aDecoder: NSCoder) {
        fatalError()
    }
    // 초기화 할 때에 호출되는 init을 수정합니다.
    override init(frame: CGRect) {
        // 스위치를 초기화하는 때에 부모가 관련된 처리를 하게 합니다.
        super.init(frame: frame)
        // 부모의 초기화가 끝나면, 스위치를 붉은색으로 변경합니다.
        self.onTintColor = UIColor.red
    }
}

let switch2 = MySwitch()     // 사용자 정의 스위치를 만듭니다.          MySwitch     ◉


switch2.isOn = true          // 스위치를 on 해서 붉은색으로 만듭니다.     MySwitch     ◉
```

일단 UISwitch를 상속해서 새로운 사용자 정의 클래스를 만들었습니다.

UIKit은 조금 특수해서 상속할 때 required init?(coder aDecoder: NSCoder)라는 메서드가 필요합니다. 스위치를 초기화할 때 호출되는 메서드는 init(frame: CGRect)입니다. 이 메서드를 오버라이드해서 스위치를 초기화할 때 붉은색으로 만듭니다.

하지만 스위치 초기화는 굉장히 중요한 명령입니다. 완전히 새로 덮어 써버리면 원래 스위치의 초기화가 사라집니다. 그래서 init 메서드 내부에서 super.init() 메서드를 실행해서 원래 스위치 초기화와 관련된 처리를 하는 것입니다. 이때 super는 부모를 나타냅니다.

원래 스위치를 초기화한 후에 붉은색으로 변경합니다. onTintColor는 스위치가 활성화됐을 때의 부품 색을 의미합니다.

이렇게 만들어진 클래스로 스위치 객체를 만들면 붉은색 스위치가 됩니다.

CHAPTER

04

기본적인 부품으로 애플리케이션 만들기: UIKit

이번 장의 개요

- UIKit은 화면을 구성할 때 사용하는 부품입니다.

- 용도에 따라서 다양한 종류가 있습니다.

- 부품의 사용 방법을 이해해봅시다.

UIKit이란?

UIKit은 화면을 구성하는 부품

그럼 애플리케이션을 만들 때 사용하는 부품을 알아봅시다.

아이폰 애플리케이션은 UIKit이라는 부품을 사용해서 만듭니다. 버튼, 스위치, 슬라이더 모두 UIKit입니다. UIKit의 UI는 User Interface(사용자 인터페이스)를 나타냅니다. 따라서 애플리케이션에서 사용자와 대화하기 위한 부품입니다. UIKit의 역할은 애플리케이션의 정보를 사용자에게 보여주는 것과 사용자의 조작을 애플리케이션에 전달하는 것이라고 할 수 있습니다.

UIKit의 역할

1) 애플리케이션의 정보를 사용자에게 보여주는 것

2) 사용자의 조작을 애플리케이션에 전달하는 것

예를 들어, 스위치는 애플리케이션의 정보가 활성화되어있는지, 비활성화되어있는지 보여줍니다. 그리고 동시에 사용자가 조작해서 변경할 수도 있지요.

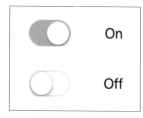

스위치

다양한 종류의 UIKIT

유틸리티 영역의 라이브러리 패널을 살펴봅시다.

주황색의 원으로 감싸진 부품은 새로운 화면을 추가하는 부품입니다.

라이브러리 패널(새로운 화면을 추가하는 부품)

화면에 배치하는 부품은 그 아래쪽에 있습니다.

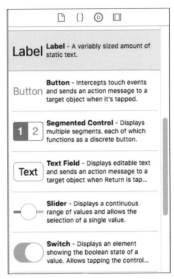

라이브러리 패널(화면에 배치하는 부품)

UIKit에는 다음과 같은 다양한 부품들이 있습니다.

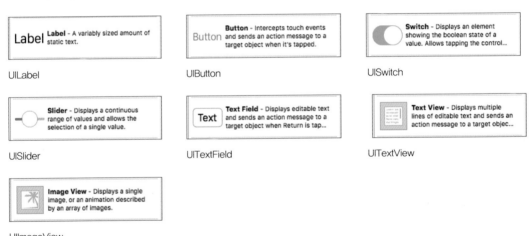

UILabel

UIButton

UISwitch

UISlider

UITextField

UITextView

UIImageView

이어지는 CHAPTER 4-2~CHAPTER 4-8에서 부품을 하나하나 사용해보겠습니다. 다만 매우 많은 부품이 있으므로 전부 기억할 필요는 없습니다. 어떠한 것이 무엇을 할 수 있는지 눈으로만 살펴보고, 필요한 경우에만 사용해보면서 외워보도록 합시다.

TIPS

기본적인 부품 사용 방법

■ **뷰(view) 계열**

　문자 또는 이미지를 출력할 때: 레이블, 텍스트뷰, 이미지뷰

　· 부품을 추가하고, 프로그램에 연결해서 이름을 붙임

　· 프로그램에서 출력할 내용을 설정

■ **컨트롤(control) 계열**

　사용자의 조작으로 무언가를 발생시키고 싶을 때: 버튼, 스위치, 슬라이더, 텍스트 필드, 데이트(날짜) 피커, 제스처

　· 부품을 추가하고, 프로그램에 연결해서 조작했을 때 어떠한 일을 할지 결정

　· 프로그램에서 조작했을 때 무엇을 할지 코드로 작성

■ **델리게이트(delegate) 계열**

　많은 정보를 리스트로 출력할 때: 테이블 뷰, 피커

　· 부품을 추가하고, 질의 대상(delegate)을 설정

　· 몇 번째에 무엇을 출력할까?를 프로그램으로 만듭니다.

　· 몇 번째 줄을 선택할 때 무엇을 할까?를 만들어 선택했을 때 기능하게 만듭니다.

■ **얼럿(alert) 계열**

　확인 전용 화면을 출력할 때: 얼럿, 액션 시트

　· 프로그램으로 화면에 무엇을 출력할지 설정

　· 사용자가 버튼을 누른 이후에 무엇을 할지 프로그램으로 만듭니다.

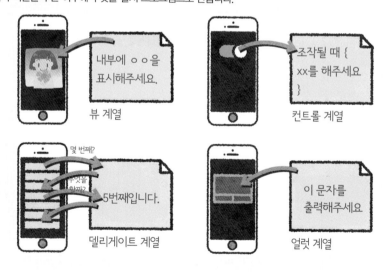

CHAPTER 4-2

UILabel: 간단한 문자를 화면에 출력할 때

이번 장의 포인트　　■ 레이블(UILabel)은 화면에 문자를 출력할 때 사용합니다.

UILabel이란?

문자를 출력할 때 사용합니다.

레이블(UILabel)은 간단한 문자를 화면에 출력할 때에 사용합니다. 물건 또는 상자 등에 붙이는 라벨[1] 처럼 아이폰 애플리케이션에도 이름을 출력하거나 관련된 정보를 출력할 때 사용합니다.

문자를 출력하는 기능뿐이므로 사용자가 눌러도 아무런 반응이 없습니다.

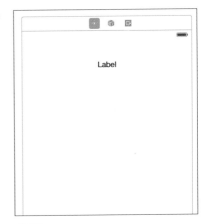

레이블

1　역주: 한국에서 Label은 라벨 또는 레이블이라고 읽습니다. 실제 발음은 레이블에 가깝지만, 일상적인 경우(바코드 전용 라벨, 메일의 라벨 등)에는 라벨을 더 많이 사용합니다. 컴퓨터와 관련된 쪽에서는 대부분 레이블이라고 사용하므로 이 책에서도 레이블이라고 표기합니다.

[사용 방법] 인터페이스 빌더로 설정하는 방법

화면에 배치한 레이블은 문자를 더블 클릭해서 수정할 수 있습니다.

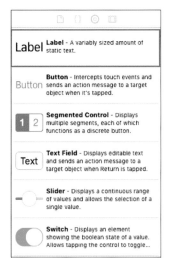

어트리뷰트 인스펙터

Text	문자
Color	문자의 색상
Font	폰트의 종류와 크기
Alignment	문자의 배치
Lines	최대 줄 수

[사용 방법] 프로그램으로 설정하는 방법

문자 설정: var text: String?

text 속성으로 출력할 문자를 설정합니다.

`서식`

```
<레이블 이름>.text = "<문자열>"
```

`예` '안녕하세요'를 출력

```
myLabel.text = "안녕하세요!"
```

문자의 색상 설정: var textColor: UIColor!

textColor 속성으로 문자의 색상을 설정합니다.

색상은 UIColor로 지정합니다.

※ UIColor에 관해서는 부록을 참고해주세요.

서식

```
<레이블 이름>.textColor = <문자 색상>
```

예 문자의 색상을 파란색으로 설정

```
myLabel.textColor = UIColor.blue
```

배경 색상 설정: var backgroundColor: UIColor?

backgroundColor 속성으로 배경색을 설정합니다.

색상은 UIColor로 지정합니다. backgroundColor 속성은 Optional 자료형이므로 읽어 들일 때 nil 인지 확인해야 합니다.²

※ UIColor에 관해서는 부록을 참고해주세요

서식

```
<레이블 이름>.backgroundColor = <배경 색상>
```

예 배경 색상을 하늘색으로 설정

```
myLabel.backgroundColor = UIColor.cyan
```

배치 설정: var textAlignment: NSTextAlignment

textAlignment 속성으로 배치 방법을 설정합니다.

배치 방법은 NSTextAlignment로 지정합니다.

---

2 역주: var color: UIColor = myLabel.backgroundColor는 사용할 수 없다는 의미입니다. 이러한 때는 앞서 살펴봤던 4가지 방법으로 Optional 자료형을 일반 자료형으로 바꿔야 합니다.

서식

```
〈레이블 이름〉.textAlignment = 〈배치 방법〉
```

배치 방법(NSTextAlignment)의 종류

NSTextAlignment.center	가운데 정렬
NSTextAlignment.left	왼쪽 정렬
NSTextAlignment.right	오른쪽 정렬

예 가운데 정렬

```
myLabel.textAlignment = NSTextAlignment.center
```

폰트 또는 크기 설정: var font: UIFont!

font 속성으로 문자의 폰트 또는 크기를 설정합니다.

폰트는 UIFont로 지정하며, UIFont(name: "〈폰트 이름〉", size: 〈크기〉)로 폰트를 지정하고, UIFont.systemFont(ofSize: 〈크기〉)를 사용하면 시스템 폰트의 크기만 바꿔서 지정할 수 있습니다.

※ UIFont에 관해서는 부록을 참고해주세요.

서식

```
〈레이블 이름〉.font = 〈폰트〉
```

예 시스템 폰트를 사용하고, 폰트 크기를 20으로 출력

```
myLabel.font = UIFont.systemFont(ofSize: 20)
```

최대 줄 수 설정: var numberOfLines: Int

numberOfLines 속성으로 레이블에 출력하는 최대 줄 수를 설정합니다.

기본값은 1이며, 0으로 설정하면 레이블의 내용에 맞게 알아서 출력합니다.

서식

```
〈레이블 이름〉.numberOfLines = 〈최대 줄 수〉
```

예 레이블에 표시할 수 있는 줄을 무한으로 설정

```
myLabel.numberOfLines = 0
```

TIPS

text 속성을 읽어 들일 때

레이블의 text 속성은 Optional 자료형입니다. 따라서 읽어 들일 때 주의해야 합니다.

print(myLabel.text)를 사용해 값을 보면 Optional 자료형으로 감싸졌다는 것을 알 수 있습니다. 따라서 값을 활용할 때는 if let으로 언랩해서 사용해야 합니다.

```
print(myLabel.text)
if let text = myLabel.text {
    print(text)
}
```

UIButton: 사용자가 누르면 무언가 하고 싶을 때

이번 장의 포인트 ▪ 버튼(UIButton)은 사용자가 누르면 무언가 하고 싶을 때 사용합니다.

UIButton이란?

누르면 무언가 하는 부품

버튼(UIButton)은 사용자가 누르면 무언가 하고 싶을 때 사용합니다. 사용자가 버튼을 탭하면 버튼에 연결된 메서드가 실행됩니다.

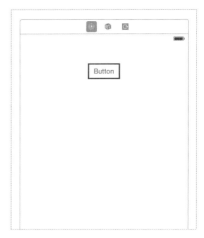

버튼

[사용 방법] 인터페이스 빌더로 설정하는 방법

화면에 배치된 버튼은 문자를 더블 클릭해서 수정할 수 있습니다.

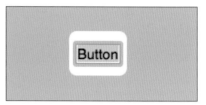

선택하고 어트리뷰트 인스펙터에서 속성을 설정할 수 있습니다.

Title	문자
Font	폰트의 종류 또는 크기
TextColor	문자 색상
Image	버튼에 표시할 이미지
Background	버튼의 배경 이미지
Type	버튼의 종류
State Config	버튼의 상태에 따라 어떤 출력을 할지

Type에 따라서 버튼 출력이 다양하게 바뀝니다(버튼을 한 번 만든 이후에는 타입을 변경할 수 없습니다).

Custom	개발자가 디자인해서 만든 버튼
System	표준 버튼
Detail Disclosure	상세 화면으로 이동할 때의 (i) 버튼
Info Light	(i) 버튼(밝은 테마)
Info Dark	(i) 버튼(어두운 테마)
Add Contact	추가할 때의 (+) 버튼

State Config는 일반적으로 Default로 두어도 상관없습니다. 이 속성으로 버튼을 터치하는 중, 선택했을 때, 비활성화했을 때의 출력을 변경할 수 있습니다.

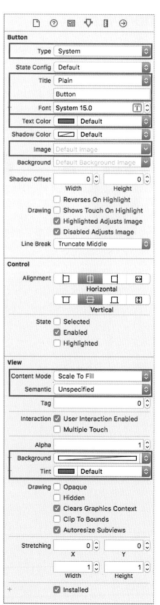

어트리뷰트 인스펙터

각 상태를 원하는 대로 변경하고 싶을 때는 State Config 속성을 선택하고 Title, TextColor, Image, Background 등을 변경합니다.

Default	일반 상태의 출력
Highlighted	버튼을 터치했을 때의 출력
Focused	포커스가 생겼을 때의 출력
Selected	선택하고 있을 때의 출력
Disabled	버튼을 비활성화할 때의 출력

[사용 방법] **프로그램으로 설정하는 방법**

문자 설정: func setTitle(_title: String?, for: UIControlState)

버튼의 문자를 설정할 때는 setTitle 메서드를 사용합니다. 이 메서드를 사용하면 문자열은 물론 버튼의 상태도 설정할 수 있습니다.

버튼의 상태는 UIControlState로 지정합니다.

`서식`

```
<버튼 이름>.setTitle("<문자열>", for: <버튼의 상태>)
```

버튼 상태(UIControlState)의 종류

UIControlState.normal	일반적인 상태
UIControlState.highlighted	버튼을 터치 중일 때
UIControlState.selected	선택 중일 때
UIControlState.disabled	비활성화일 때

`예` 버튼에 '눌러보세요'라고 출력

```
myButton.setTitle("눌러주세요", for: UIControlState.normal)
```

```
          눌러주세요
```

활성화 상태 설정: var isEnabled: Bool

isEnabled 속성으로 버튼을 활성화하거나 비활성화할 수 있습니다.

활성화 상태는 불 자료형으로 설정하며, 기본값은 true입니다.

서식

```
<버튼 이름>.isEnabled = < true / false >
```

예 버튼 활성화

```
myButton.isEnabled = true
```

선택 상태 설정: var isSelected: Bool

isSelected 속성으로 버튼의 선택 또는 비선택 상태를 설정합니다.

선택 상태는 불 자료형으로 설정하며, 기본값은 false입니다.

서식

```
<버튼 이름>.isSelected = < true / false >
```

예 버튼을 선택 상태로 설정

```
myButton.isSelected = true
```

[사용 방법] Action 설정 방법

버튼을 탭 했을 때 메서드 실행: Touch Up Inside

어시스턴트 에디터를 사용해 연결할 때 Action의 Event를 Touch Up Inside로 선택하면 버튼을 탭 했을 때 특정 메서드가 실행되게 할 수 있습니다.

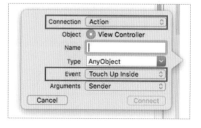

연결 대화 상자

---

1 역주: 선택 상태가 무엇인지 의아할 수 있는데, 선택한 모양으로 만든다는 뜻입니다. 예를 들어 선택했을 때 selected 속성을 true로 바꿔버리면 계속 선택 중이라는 느낌을 줄 수 있습니다.

UISwitch: 활성화 또는 비활성화를 선택할 때

이번 장의 포인트 · 스위치(UISwitch)는 활성화 또는 비활성화를 선택할 때 사용합니다.

UISwitch란?

활성화 또는 비활성화를 선택합니다.

스위치(UISwitch)는 활성화 또는 비활성화를 선택할 때 사용합니다. 활성화, 비활성화를 변경하는 스위치입니다.

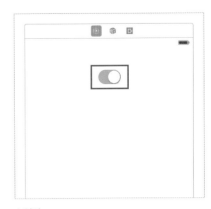

스위치

[사용 방법] **인터페이스 빌더로 설정하는 방법**

스위치를 선택하고 어트리뷰트 인 스펙터에서 속성을 설정할 수 있 습니다.

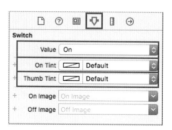

어트리뷰트 인스펙터

State	On/Off 상태
On Tint	On일 때의 배경 색상
Thumb Tint	손잡이 색상

[사용 방법] **프로그램으로 설정하는 방법**

활성화 상태 설정: var isOn: Bool

isOn 속성으로 활성화(on)/비활성화(off) 상태를 설정합니다.

활성화 상태는 불 자료형으로 지정합니다.

`서식`

```
〈스위치 이름〉.isOn = 〈 true / false 〉
```

`예` 스위치 활성화

```
mySwitch.isOn = true
```

활성화 상태의 버튼 색상 설정: var onTintColor: UIColor?

onTintColor 속성으로 활성화(on) 상태의 버튼 색상을 설정합니다.

색상은 UIColor로 지정합니다.

`서식`

```
〈스위치 이름〉.onTintColor = 〈배경 색상〉
```

`예` 활성화 상태일 때의 버튼을 붉은색으로 설정

```
mySwitch.onTintColor = UIColor.red
```

손잡이 색상 설정: var thumbTintColor: UIColor?

thumbTintColor 속성으로 손잡이의 색상을 설정합니다.

색상은 UIColor로 지정합니다.

※ UIColor에 관해서는 부록을 참고해주세요

서식

```
<스위치 이름>.thumbTintColor = <손잡이 색상>
```

예 손잡이 색상 설정

```
mySwitch.thumbTintColor = UIColor.yellow
```

[사용 방법] Action 설정 방법

스위치를 조작할 때 메서드 실행: Value Changed

어시스턴트 에디터에서 연결할 때 Action의 Event를 Value Changed로 선택하면 스위치를 조작할 때 실행할 메서드를 지정할 수 있습니다.

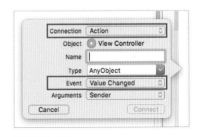

연결 대화 상자

UISlider: 슬라이드해서 값을 입력할 때

이번 장의 포인트 ■ 슬라이더(UISlider)는 슬라이드해서 값을 입력할 때 사용합니다.

UISlider란?

슬라이드해서 값을 입력합니다.

슬라이더(UISlider)는 슬라이드해서 값을 선택할 때 사용합니다. 손잡이를 슬라이드 해서 값을 변경할 수 있습니다.

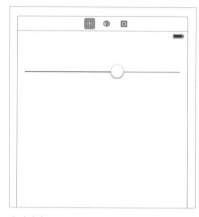

슬라이더

[사용 방법] 인터페이스 빌더로 설정하는 방법

슬라이더를 선택하고 어트리뷰트 인스펙터에서 속성을 설정할 수 있습니다.

어트리뷰트 인스펙터

Value:Minimum	최솟값
Value:Maximum	최댓값
Value:Current	값
Min Image	최솟값일 때 출력할 그림
Max Image	최댓값일 때 출력할 그림
Min Track Tint	손잡이 왼쪽 바의 색상
Max Track Tint	손잡이 오른쪽 바의 색상
Continuous	슬라이드 중에도 값을 반환할지 설정합니다. NO로 설정하면 터치를 멈췄을 때의 값만 반환합니다.

[사용 방법] 프로그램으로 설정하는 방법

최솟값, 최댓값, 값 설정: var minimumValue, maximumValue, value:Float

minimumValue 속성으로 슬라이더의 최솟값을 설정하고, maximumValue 속성으로 슬라이더의 최댓값을 설정하며, value 속성으로 슬라이더의 값을 설정합니다.

※ 최솟값, 최댓값, 값은 부동 소수입니다. 이때 Double 자료형이 아니라 Float 자료형이라는 것에 주의해주세요.

`서식`

```
<슬라이더>.minimumValue = <최댓값>
<슬라이더>.maximumValue = <최솟값>
<슬라이더>.value = <값>
```

`예` 최솟값을 0, 최댓값을 100, 값을 20으로 설정

```
mySlider.minimumValue = 0
mySlider.maximumValue = 100
mySlider.value = 20
```

손잡이 왼쪽, 오른쪽 바의 색상 설정:
var minimumTrackTintColor, maximumTrackTintColor: UIColor?

minimumTrackTintColor 속성으로 손잡이 왼쪽 바의 색상을 설정하고, maximumTrackTintColor 속성으로 손잡이 오른쪽 바의 색상을 설정합니다.

색상은 UIColor로 지정합니다.

`서식`

```
〈슬라이더〉.minimumTrackTintColor = 〈손잡이 왼쪽 바의 색상〉
〈슬라이더〉.maximumTrackTintColor = 〈손잡이 오른쪽 바의 색상〉
```

`예` 손잡이 왼쪽을 파란색, 오른쪽을 빨간색으로 설정

```
mySlider.minimumTrackTintColor = UIColor.blue
mySlider.maximumTrackTintColor = UIColor.red
```

슬라이드하는 중에도 값을 반환할지 설정: var isContinuous: Bool

isContinuous 속성으로 슬라이드 중에도 값을 반환할지 설정합니다.

반환할지 여부는 불 자료형으로 지정합니다.

`서식`

```
〈슬라이더〉.isContinuous = 〈 true / false 〉
```

`예` 슬라이드하는 중에도 값을 반환하게 설정

```
mySlider.isContinuous = true
```

[사용 방법] Action 설정 방법

슬라이더를 조작할 때 실행할 메서드 지정: Value Changed

어시스턴트 에디터에서 연결할 때 Action의 Event를 Value Changed로 선택하면 슬라이더를 조작할 때 실행할 메서드를 지정할 수 있습니다.

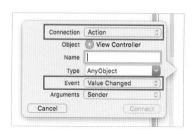

연결 대화 상자

UITextField: 글자 한 줄을 입력받을 때

이번 장의 포인트 ■ 텍스트 필드(UITextField)는 키보드로 글자 한 줄을 입력받을 때 사용합니다.

UITextField란?

키보드로 문자를 입력받아요.

텍스트 필드(UITextField)는 키보드로 글자 한 줄을 입력받을 때 사용합니다.

문자를 입력하는 부품이므로 탭하면 키보드가 자동으로 나옵니다. 따라서 사용자가 키보드를 사용해 글자를 입력할 수 있습니다.

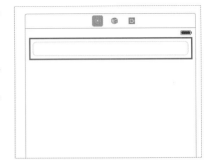

텍스트 필드

[사용 방법] 인터페이스 빌더로 설정하는 방법

화면에 배치한 텍스트 필드는 문자를 더블 클릭해서 수정합니다.

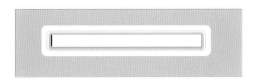

어트리뷰트 인스펙터

Text	문자
Color	문자 색상
Font	폰트의 종류 또는 크기
Alignment	정렬 방법
Placeholder	플레이스홀더(입력 전에 나오는 설명 문자)
Keyboard	입력에 사용할 키보드의 종류
Return Key	리턴 키의 종류

Keyboard에 사용할 키보드 종류를 선택합니다.

Default(영어)

Default(한국어)

URL

Numbers and Punctuation

Number Pad

Return Key에 사용할 리턴 키의 종류를 선택합니다.

Go

Join

Next

Search

Send

Done

[사용 방법] 프로그램으로 설정하는 방법

문자 설정: var text: String?

text 속성으로 텍스트 필드에 입력된 문자열을 가져오거나 설정할 수 있습니다.

> 서식

```
<텍스트 필드 이름>.text = <문자열>
```

> 예 '안녕하세요'라고 출력

```
myTextField.text = "안녕하세요!"
```

플레이스홀더 설정: var placeholder: String?

placeholder 속성으로 문자를 입력하지 않았을 때 출력할 플레이스홀더를 설정합니다.

> 서식

```
<텍스트 필드 이름>.placeholder = <문자열>
```

> 예 '여기에 입력해주세요'라고 출력

```
myTextField.placeholder = "여기에 입력해주세요!"
```

문자 색상 설정: var textColor: UIColor?

textColor 속성으로 문자 색상을 설정합니다.

색상은 UIColor로 지정합니다.

※ UIColor에 관해서는 부록을 참고해주세요

서식

```
<텍스트 필드 이름>.textColor = <문자 색상>
```

예 문자 색상을 파란색으로 설정

```
myTextField.textColor = UIColor.blue
```

배경 색상 설정: var backgroundColor: UIColor?

backgroundColor 속성으로 배경 색상을 설정합니다.

배경 색상은 UIColor로 지정합니다.

※ UIColor에 관해서는 부록을 참고해주세요

서식

```
<텍스트 필드 이름>.backgroundColor = <배경 색상>
```

예 배경 색상을 하늘색으로 설정

```
myTextField.backgroundColor = UIColor.cyan
```

배치 설정: var textAlignment: NSTextAlignment

textAlignment 속성으로 배치 방법을 설정합니다.

배치 방법은 NSTextAlignment로 지정합니다.

서식

```
<텍스트 필드 이름>.textAlignment = <배치 방법>
```

배치 방법(NSTextAlignment)의 종류

NSTextAlignment.center	가운데 정렬
NSTextAlignment.left	왼쪽 정렬
NSTextAlignment.right	오른쪽 정렬

예 가운데 정렬

```
myTextField.textAlignment = NSTextAlignment.center
```

폰트와 크기 설정: var font: UIFont?

font 속성으로 문자의 폰트 또는 폰트 크기를 설정합니다.

폰트는 UIFont로 지정합니다. UIFont(name: "폰트 이름", size: ⟨크기⟩)로 폰트를 지정하며, UIFont. systemFont(ofSize: ⟨크기⟩)를 사용하면 시스템 폰트를 지정할 수 있습니다.

※ UIFont에 관해서는 부록을 참고해주세요.

`서식`

```
⟨텍스트 필드 이름⟩.font = ⟨폰트⟩
```

`예` 시스템 폰트를 사용하고 폰트 크기를 24로 출력

```
myTextField.font = UIFont.systemFont(ofSize: 24)
```

키보드 종류 설정: var keyboardType: UIKeyboardType

keyboardType 속성으로 입력할 때 사용할 키보드 종류를 설정합니다.

키보드 종류는 UIKeyboardType으로 지정합니다.

`서식`

```
⟨텍스트 필드 이름⟩.keyboardType = ⟨키보드 종류⟩
```

키보드 종류(UIKeyboardType)

UIKeyboardType.default	기본
UIKeyboardType.asciiCapable	영어 입력 전용
UIKeyboardType.URL	URL 입력 전용
UIKeyboardType.emailAddress	이메일 주소 입력 전용
UIKeyboardType.numberPad	숫자 입력 전용
UIKeyboardType.phonePad	전화번호 입력 전용

예 메일 주소 입력 전용 키보드로 설정

```
myTextField.keyboardType = UIKeyboardType.emailAddress
```

리턴 키 설정: var returnKeyType: UIReturnKeyType

returnKeyType 속성으로 입력할 때 사용할 리턴 키의 종류를 지정합니다.

리턴 키는 UIReturnKeyType으로 지정합니다.

서식

```
〈텍스트 필드 이름〉.returnKeyType = 〈리턴 키의 종류〉
```

예 리턴 키를 'Send'로 설정

```
myTextField.returnKeyType = UIReturnKeyType.send
```

리턴 키의 종류

UIReturnKeyType.default	return
UIReturnKeyType.go	Go
UIReturnKeyType.join	Join
UIReturnKeyType.next	Next
UIReturnKeyType.search	Search
UIReturnKeyType.send	Send
UIReturnKeyType.done	Done

[사용 방법] **Action 설정 방법**

리턴 키를 눌렀을 때 실행할 메서드 지정: Did End On Exit

어시스턴트 에디터에서 연결할 때 Action의 Event를 Did End On Exit로 선택하면 리턴 키를 눌렀을 때 실행할 메서드를 지정할 수 있습니다.

연결 대화 상자

키보드 없애기

Action의 Event를 Did End On Exit으로 선택하면 리턴 키를 눌렀을 때 자동으로 키보드가 사라집니다. 하지만 따로 만든 버튼으로 키보드를 닫고 싶을 수도 있습니다. 이럴 때는 resignFirstResponder() 메서드를 사용합니다.

```
<텍스트 필드 이름>.resignFirstResponder()
```

예 키보드 없애기

```
myTextField.resignFirstResponder()
```

> **막혔을때**
>
> **소프트 키보드가 표시되지 않을 때**
>
> iOS 시뮬레이터에서 소프트 키보드가 표시되지 않을 때는 맥 키보드에서 직접 키를 입력할 수 있는 상태로 되어있는 것입니다.
>
> 메뉴에서 [Hardware] 〉 [Keyboard] 〉 [Connect Hardware Keyboard]에 체크가 되어 있을 텐데, 체크를 해제해주세요. 이렇게 하면 소프트 키보드가 나올 것입니다.

---

1 역주: 일반적인 키보드의 enter 키를 말합니다. 리턴 키가 눌리면 자동으로 키보드가 사라집니다.

CHAPTER 4-7

UITextView: 긴 글자를 출력하거나 입력받을 때

이번 장의 포인트 ■ 텍스트 뷰(UITextView)는 긴 글자를 출력하거나 입력받을 때 사용합니다.

UITextView란?

많은 문자를 출력하거나
입력받을 때 사용해요.

텍스트 뷰(UITextView)는 긴 글자를 출력하거나 입력받을 때
사용합니다.

긴 글자를 출력하기 위한 부품이므로 영역의 크기보다 긴 글자
를 출력해야 할 때도 있습니다. 이럴 때는 자동으로 스크롤 바가
생겨서 스크롤 할 수 있게 됩니다.

텍스트 뷰

[사용 방법] **인터페이스 빌더로 설정하는 방법**

화면에 배치한 텍스트 뷰는 문자를 더블 클릭해서 수정
합니다.

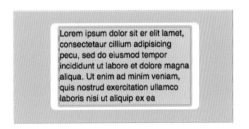

텍스트 뷰를 선택하고 어트리뷰트 인스펙터에서 속성을
설정할 수 있습니다.

어트리뷰트 인스펙터

Text	글자
Color	글자의 색상
Font	폰트의 종류 또는 크기
Alignment	배치 상태
Background	배경 색상
Editable	수정 가능 상태
Keyboard	입력에 사용할 키보드의 종류
Return Key	리턴 키의 종류

[사용 방법] **프로그램으로 설정하는 방법**

문자 설정: var text: String!

text 속성으로 텍스트 필드에 입력된 문자열을 가져오거나 설정할 수 있습니다.

서식

```
〈텍스트 뷰〉.text = 〈문자열〉
```

예 '안녕하세요'라고 출력

```
myTextView.text = "안녕하세요!"
```

문자 색상 설정: var textColor: UIColor?

textColor 속성으로 문자 색상을 설정합니다.

색상은 UIColor로 지정합니다.

※ UIColor에 관해서는 부록을 참고해주세요

서식

```
<텍스트 뷰 이름>.textColor = <문자 색상>
```

예 문자 색상을 파란색으로 설정

```
myTextView.textColor = UIColor.blue
```

배경 색상 설정: var backgroundColor: UIColor?

backgroundColor 속성으로 배경 색상을 설정합니다.

배경 색상은 UIColor로 지정합니다

※ UIColor에 관해서는 부록을 참고해주세요

서식

```
<텍스트 뷰 이름>.backgroundColor = <배경 색상>
```

예 배경 색상을 하늘색으로 설정

```
myTextView.backgroundColor = UIColor.cyan
```

배치 설정: var textAlignment: NSTextAlignment

textAlignment 속성으로 배치 방법을 설정합니다.

배치 방법은 NSTextAlignment로 지정합니다.

배치 방법(NSTextAlignment)의 종류

NSTextAlignment.center	가운데 정렬
NSTextAlignment.left	왼쪽 정렬
NSTextAlignment.right	오른쪽 정렬

서식

```
<텍스트 뷰 이름>.textAlignment = <배치 방법>
```

예 오른쪽 정렬

```
myTextView.textAlignment = NSTextAlignment.right
```

폰트와 크기 설정: var font: UIFont?

font 속성으로 문자의 폰트 또는 크기를 설정합니다.

폰트는 UIFont로 지정합니다.

UIFont(name: "폰트 이름", size: <크기>)로 폰트를 지정하고, UIFont.systemFont(ofSize: <크기>)를 사용하면 시스템 폰트를 지정할 수 있습니다.

※ UIFont에 관해서는 부록을 참고해주세요.

서식

```
<텍스트 뷰 이름>.font = <폰트>
```

예 AmericanTypewriter 폰트를 사용하고, 폰트 크기를 20으로 출력

```
myTextView.font = UIFont(name: "AmericanTypewriter", size: 20)
```

수정 가능 상태 설정: var isEditable: Bool

isEditable 속성으로 수정 가능 상태를 설정합니다.

수정 가능 상태는 불 자료형으로 지정합니다. true로 설정하면 수정할 수 있고, false로 설정하면 수정할 수 없습니다.

true(수정 가능)로 설정하면 텍스트 뷰를 탭 했을 때 키보드가 자동으로 표시됩니다. 따라서 사용자가 키보드를 사용해 텍스트를 입력할 수 있습니다. false(수정 불가)로 설정하면 텍스트 뷰를 탭해도 키보드가 나오지 않습니다.

`서식`

```
〈텍스트 뷰 이름〉.isEditable = 〈 true / false 〉
```

`예` 수정할 수 있게 설정

```
myTextView.isEditable = true
```

키보드 종류 설정: var keyboardType: UIKeyboardType

keyboardType 속성으로 입력할 때 사용할 키보드의 종류를 설정합니다.

키보드 종류는 UIKeyboardType으로 지정합니다.

`서식`

```
〈텍스트뷰 이름〉.keyboardType = 〈키보드 종류〉
```

`예` URL 입력 전용 키보드로 설정

```
myTextView.keyboardType = UIKeyboardType.URL
```

리턴 키 설정: var returnKeyType: UIReturnKeyType

returnKeyType 속성으로 입력할 때 사용할 리턴 키의 종류를 지정합니다.

리턴 키의 종류는 UIReturnKeyType으로 지정합니다.

`서식`

```
〈텍스트 뷰 이름〉.returnKeyType = UIReturnKeyType.send
```

`예` 리턴 키를 'Send'로 설정

```
myTextView.returnKeyType = UIReturnKeyType.send
```

[사용 방법] Action 설정 방법

텍스트 뷰는 Action을 설정할 수 없습니다.

속성으로 값을 설정하거나 읽어 들이는 것만 할 수 있습니다.

키보드 없애기

텍스트 뷰를 탭하면 자동으로 키보드가 나타나며, 텍스트 뷰를 사용할 때는 '리턴 키'를 누르면 개행됩니다. 따라서 키보드가 사라지지 않습니다.

키보드를 강제로 닫고 싶을 때는 resignFirstResponder() 메서드를 사용합니다.

`서식`

```
<텍스트 뷰 이름>.resignFirstResponder()
```

`예` 키보드 없애기

```
myTextView.resignFirstResponder()
```

UIImageView: 이미지를 출력하고 싶을 때

이번 장의 포인트 ■ 이미지 뷰(UIImageView)는 이미지를 출력하고 싶을 때 사용합니다.

UIImageView란?

프로젝트 내부에 있는 이미지를 출력합니다.

이미지 뷰(UIImageView)는 그림을 출력하고 싶을 때 사용합니다.
미리 프로젝트 내부에 준비한 이미지 또는 웹에 있는 이미지의 URL
을 지정해서 사용합니다.

※ 웹에 있는 이미지를 출력하는 방법은 CHAPTER 05에서 설명합니다.

이미지

[사용 방법] 인터페이스 빌더로 설정하는 방법

이미지 뷰를 선택하고 어트리뷰트 인스펙터에서 속성을 설정할 수 있습니다.

어트리뷰트 인스펙터

Image	이미지
Mode	가로세로 비율(※)

(※) Mode를 사용한 확대 축소의 종류

Scale To Fill	이미지를 이미지 뷰에 딱 맞게 확대하거나 축소합니다. 이미지와 이미지 뷰의 가로세로 비율이 다르면 가로로 늘어나거나 세로로 늘어나서 비율이 깨집니다.
Aspect Fit	이미지의 가로세로 비율을 유지한 채로 이미지가 모두 이미지 뷰에 출력되게 확대하거나 축소합니다. 이미지와 이미지 뷰의 가로세로 비율이 다르면 이미지 뷰의 위, 아래 또는 왼쪽, 오른쪽이 빈 공간으로 남습니다.
Aspect Fill	이미지의 가로세로 비율을 유지한 채로 이미지 뷰의 여백 없이 출력하게 확대하거나 축소합니다. 이미지와 이미지 뷰의 가로세로 비율이 다르면 이미지의 위 아래 또는 왼쪽 오른쪽이 잘립니다.

원본 이미지

Scale To Fill(이미지를 이미지 뷰에 딱 맞게 확대/축소합니다)

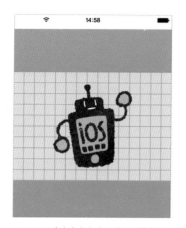

Aspect Fit(이미지의 가로세로 비율을 유지한 채로 이미지를 모두 출력할 수 있게 확대/축소합니다)

Aspect Fill(이미지의 가로세로 비율을 유지한 채로 이미지 뷰의 여백 없이 출력하게 확대/축소합니다)

[사용 방법] **프로그램으로 설정하는 방법**

이미지 출력: var image: UIImage?

image 속성으로 출력할 이미지를 지정합니다.

확장자가 png이거나 jpeg인 이미지 파일을 출력할 수 있으며, 이미지 파일을 지정할 때는 UIImage라는 프로그램 내부에서 다룰 수 있는 이미지 데이터를 사용해야 합니다.

서식 이미지 파일을 UIImage라는 이미지 데이터로 변환

```
let <UIImage 이름> = UIImage(named: "<이미지 파일 이름>")
```

서식 이미지 뷰에 이미지 데이터를 설정해서 출력

```
<이미지 뷰 이름>.image = <UIImage 이름>
```

이미지 파일을 UIImage라는 이미지 데이터로 변환하고, 이를 이미지 뷰에 출력하는 두 줄의 코드를 다음과 같이 한 줄로도 작성할 수 있습니다.

서식 이미지 뷰에 이미지 파일 출력

```
<이미지 뷰 이름>.image = UIImage(named: "<이미지 파일 이름>")
```

예 파일 이름이 'berry.png'인 이미지를 이미지 뷰에 출력

```
myImageView.image = UIImage(named: "berry.jpg")
```

TIPS

지원하는 이미지 포맷

지원하는 이미지 포맷은 다음과 같습니다.

이미지 포맷	확장자
Portable Network Graphic(PNG)	.png
Joint Photographic Experts Group(JPEG)	.jpeg, .jpg
Tagged Image File Format (TIFF)	.tiff, .tif
Graphic Interchange Format(GIF)	.gif
Windows Bitmap Format(DIB)	.bmp, .BMPf
Windows Icon Format	.ico
Windows Cursor	.cur
XWindow bitmap	.xbm

가로세로 비율 설정: var contentMode: UIViewContentMode

contentMode 속성으로 확대 축소의 종류를 설정합니다.

확대 축소의 종류는 UIViewContentMode로 지정합니다.

서식

```
<이미지 뷰 이름>.contentMode = <확대 축소의 종류>
```

예 이미지의 가로세로 비율을 유지한 채로 확대 축소

```
myImageView.contentMode = UIViewContentMode.scaleAspectFit
```

확대 축소의 종류(UIViewContentMode)

UIViewContentMode.scaleToFill	이미지를 이미지 뷰에 딱 맞게 확대하거나 축소합니다.
UIViewContentMode.scaleAspectFit	이미지의 가로세로 비율을 유지한 채로 이미지를 모두 출력할 수 있게 확대하거나 축소합니다.
UIViewContentMode.scaleAspectFill	이미지의 가로세로 비율을 유지한 채로 이미지 뷰의 여백 없이 출력하게 확대하거나 축소합니다.

[사용 방법] Action 설정 방법

이미지 뷰는 Action을 설정할 수 없습니다.

속성으로 값을 설정하거나 읽어 들이는 것만 할 수 있습니다.

에셋 카탈로그(AssetCatalog) 사용 방법

애플리케이션은 디바이스에 따라서 해상도 또는 배율이 다릅니다. 가로세로 비율이 같다고 해도 아이폰6는 2배의 해상도를 가지고 있고, 아이폰6 플러스는 3배의 해상도를 가지고 있습니다. 따라서 같은 이미지 크기로 이미지를 출력하고 싶다면 아이폰 6는 2배 크기의 이미지, 아이폰 6 플러스는 3배 크기 이미지가 필요합니다.

따로 설정하지 않으면 1개의 이미지를 확대하거나 축소해서 대응할 수 있습니다. 하지만 2배 또는 3배로 확대하면 윤곽이 흐려집니다.

이러한 문제를 해결하고자 각 해상도 전용 이미지를 따로 만들어놓고, 해상도에 맞는 이미지를 자동으로 사용하게 만드는 기능이 있습니다. 바로 에셋 카탈로그(AssetCatalog)입니다. 내비게이터 영역에 있는 하늘색의 Assets. xcassets 아이콘이 에셋 카탈로그입니다. 파일을 선택하면 AppIcon이 나타납니다. 아이콘은 디바이스에 따라 크기별로 만들어야 하므로 처음부터 이렇게 제공되는 것입니다.

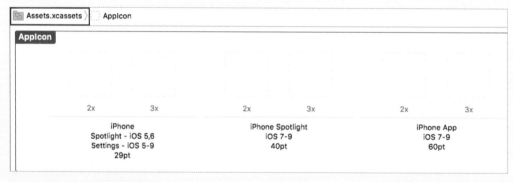

여기에 사용할 이미지 세트를 추가합니다.

- **에셋 카탈로그 사용 방법**

❶ 아래에 있는 [+] 버튼을 누르면 서브 메뉴가 나옵니다. 여기에서 [New Image Set]을 선택하면 이미지 세트가 만들어집니다.

❷ 속성으로 사용할 때는 이미지 세트 이름을 지정해
야합니다. 더블 클릭해서 이미지에 이름을 붙여
줍니다.

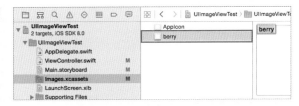

❸ 1x에는 1배, 2x에는 2배, 3x에는 3배 크기의 이
미지를 각각 드래그해서 설정합니다.

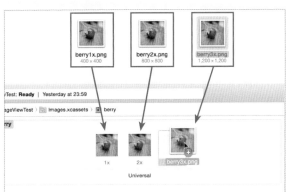

❹ UIImage로 이미지 데이터를 만들 때는 이미지
파일 이름이 아니라, 방금 지정한 이미지 세트
이름을 지정합니다. 디바이스 해상도에 따라 자
동으로 알맞은 이미지가 사용됩니다.

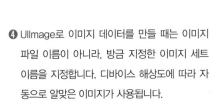

서식

```
<이미지 뷰 이름>.image = UIImage(named: "<이미지 세트 이름>")
```

```
myImageView.image = UIImage(named: "berry")
```

UIKit으로 애플리케이션 만들기[화면 디자인]

이번 장의 포인트
- UIKit을 사용해서 가위바위보 애플리케이션을 만듭니다.
- 일단은 오토 레이아웃으로 화면을 디자인하는 부분까지 만듭니다.

UIKit으로 애플리케이션 만들어보기

UIKit을 사용해서 실제로 애플리케이션을 만들어 봅시다. 이번에 만들어볼 애플리케이션은 컴퓨터와 가위바위보 게임을 하는 애플리케이션입니다. 이번 장에서 배운 UILabel, UIButton, UIImageView 를 사용해 봅시다.

[튜토리얼] 가위바위보 애플리케이션

[난이도] ★★☆☆☆

어떤 애플리케이션?

버튼을 눌러서 컴퓨터와 가위바위보 게임을 하는 애플리케이션입니다. 승부 결과도 함께 출력해줍니다.

애플리케이션의 구조

❶ 애플리케이션을 실행하면 컴퓨터와 사용자의 손이 출력됩니다(처음에는 보로 출력합니다).
   손은 ImageView 2개를 사용해 출력합니다.

❷ [준비] 버튼을 탭하면 컴퓨터와 플레이어의 손이 모두 바위로 바뀝니다.
   [준비] 버튼을 만들고, 버튼에 메서드를 액션 연결해서 2개의 ImageView를 바위로 변경하는 프로그램을 만듭니다.

❸ [가위], [바위], [보] 버튼을 탭하면 플레이어 쪽에 선택한 손 모양이 출력됩니다.
   [가위], [바위], [보] 버튼을 만들고, 각 버튼에 메서드를 액션 연결한 다음 플레이어 쪽의 ImageView에 각 손 모양이 출력되게 프로그램을 만듭니다.

❹ 플레이어 쪽의 손을 출력할 때 동시에 컴퓨터 쪽에도 랜덤하게 손을 출력합니다.

   컴퓨터 쪽의 손을 랜덤하게 출력하는 메서드를 만들고, [가위], [바위], [보] 버튼의 메서드에서 호출하게 합니다.

❺ 컴퓨터 쪽의 손을 출력한 다음에 플레이어의 손과 컴퓨터의 손을 비교해서 승패를 판정합니다.

   컴퓨터 쪽의 메서드에 승패를 판정하고, 결과를 출력하는 프로그램을 추가합니다.

만드는 순서

[1] 프로젝트 만들기

[2] 화면 디자인

[3] 오토 레이아웃 설정

[4] 부품을 연결하고 프로그래밍

그럼 가위바위보 애플리케이션을 만들어 봅시다.

[1] 프로젝트 만들기

1 신규 프로젝트 만들기

Welcome to Xcode 화면의 [Create a new Xcode project] 버튼을 클릭합니다. 이어서 나오는 템플릿 선택 화면에서 [Single View Application]을 선택하고, [Next] 버튼을 클릭합니다.

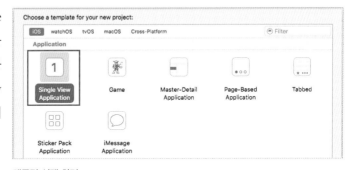

템플릿 선택 화면

2   프로젝트 기본 정보 입력

프로젝트의 기본 정보를 입력하는 화면이 나오면 다음과 같이 입력해서 설정합니다. 모두 입력했으면 [Next] 버튼을 누르고 저장해주세요.

- Product Name: rockPaperScissors
- Organization Name: myname
- Organization Identifier: com.myname
- Language: Swift
- Devices: iPhone
- Use Core Data: 해제
- Include Unit Tests: 해제
- Include UI Tests: 해제

[2] 화면 디자인

애플리케이션의 화면을 오른쪽 그림과 같이 만듭니다.

다음과 같은 이미지 3개를 사용하겠습니다.

가위, 바위, 보 이미지

3 프로젝트에 이미지 파일 추가

가위, 바위, 보 이미지를 프로젝트 내비게이터에 드래그
해서 추가합니다. Copy items if needed에 체크하고
[Finish] 버튼을 클릭합니다.

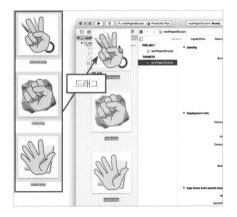

4 만들기 쉽게 화면 크기를 아이폰 SE 크기로 변경

Main.storyboard를 선택합니다. 에디터 영역 아래에 있는 View as:를 선택하고, Device를 오른쪽에
서 두 번째에 있는 iPhone SE로 변경합니다.

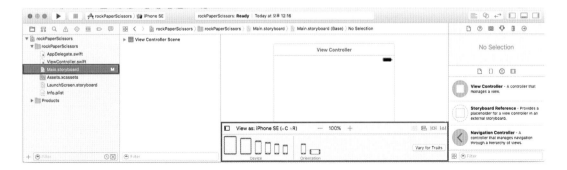

5 | **2개의 이미지 뷰 배치**

라이브러리 패널에서 ImageView 2
개를 드래그해서 세로로 배치합니다.
이후에 오토 레이아웃을 이용해 위치
를 다시 설정할 것이므로 일단 중앙
에 가까운 위치에 대충 배치해도 상
관없습니다.

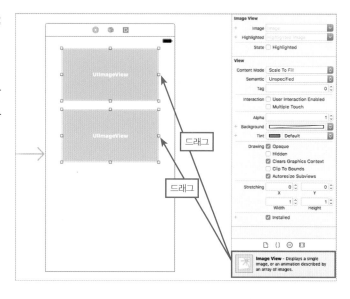

6 | **보 이미지 설정**

ImageView를 선택하고 어트리뷰터 인스펙
터의 Image에서 paper.png를 선택합니다.
2개의 이미지뷰 모두 설정해주세요.

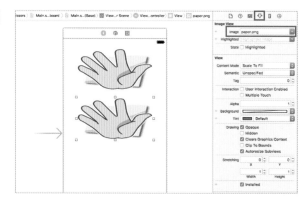

7 | **[준비] 버튼 배치**

라이브러리 패널에서 Button을 드래그해서
ImageView 아래에 배치합니다.

문자를 더블 클릭하고, '준비'라고 입력합니
다.

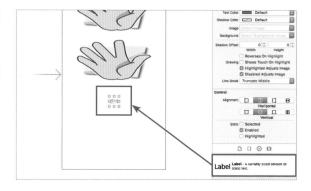

8 메시지 출력을 위한 레이블 배치

라이브러리 패널에서 Label을 드래그해서 Button 아래에 배치합니다. 문자를 더블 클릭하고, '가위바위보 애플리케이션'이라고 입력합니다.

어트리뷰트 인스펙터에서 Alignment를 가운데 정렬로 설정해주세요.

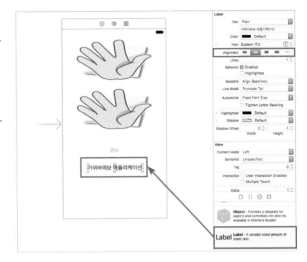

9 가위, 바위, 보 버튼 배치

라이브러리 패널에서 Button을 3개 드래그해서 레이블 아래에 배치합니다. 더블 클릭하고, 각각 가위, 바위, 보라고 입력합니다. 제대로 된 배치는 나중에 할 것이므로 일단 적당히 놓아도 상관없습니다.

쉽게 구분할 수 있게 배경 색상도 넣어줍시다. 어트리뷰트 인스펙터에서 View - Background 속성을 선택해주세요.

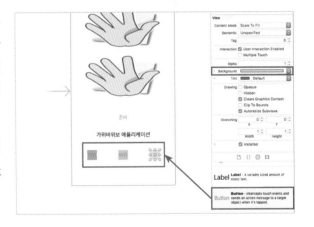

10   실행해서 결과 확인

화면을 4인치로 만들었으므로 화면 왼쪽 위에 있는 스키마 메뉴에
서 iPhone SE를 선택합니다. 이어서 [실행] 버튼을 클릭해주세요.

시뮬레이터가 열리고 애플리케이션이 실행됩니다.

확인

배치한 그대로 출력될 것입니다. 확인했다면 [정지] 버튼을 눌러서
정지해주세요.

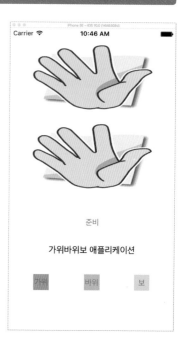

11   다른 화면으로 실행해서 결과 확인

스키마 메뉴에서 iPhone 6s Plus를 선택하고 [실행] 버튼을 클릭해
주세요.

시뮬레이터가 열리고 애플리케이션이 실행됩니다.

확인

이번에는 배치된 부품들이 화면의 중앙에 있지 않습니다. 오토 레이
아웃을 설정하지 않았으므로 화면의 크기가 큰 아이폰 6s 플러스에
서는 부품들이 왼쪽에 치우쳐지는 것입니다.

확인했다면 [정지] 버튼을 눌러서 정지해주세요.

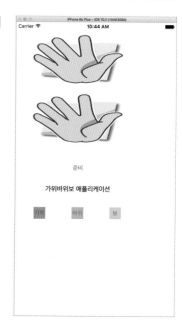

오토 레이아웃[수동 설정]

아이폰은 기기마다 화면의 해상도가 다릅니다. 따라서 특별한 설정을 하지 않으면 레이아웃이 다르게 나옵니다.

이런 문제를 해결하는 것이 오토 레이아웃(Auto Layout)입니다. 오토 레이아웃은 장치가 다르더라도 자동으로 레이아웃을 변경해서 대응할 수 있게 하는 기능입니다.

CHAPTER 2-3에서는 오로 레이아웃을 자동으로 설정하는 방법을 알아봤는데, 이번에는 수동으로 설정하는 방법을 알아보겠습니다.

화면 해상도 또는 비율이 다르므로 완벽하게 같은 레이아웃으로 출력하는 것은 불가능합니다. 그래서 오토 레이아웃은 달라지는 부분은 있더라도 변하지 않는 부분이 어디인지에 초점을 맞춰 설정합니다.

버튼의 위치를 화면 중앙으로 하고 싶다고 설정하면 화면 크기가 커지더라도 버튼을 화면 중앙에 출력합니다. 하지만 이를 위해 화면 모서리부터의 거리는 확장됩니다. 텍스트 필드의 왼쪽과 오른쪽을 화면에 딱 맞추고 싶다고 설정하면 화면의 크기가 커지더라도 텍스트 필드가 화면의 왼쪽과 오른쪽을 맞춥니다. 하지만 이를 위해 텍스트 필드의 너비는 확장됩니다.

따라서 애플리케이션을 만들 때는 변해도 되는 부분과 변하면 안 되는 부분을 생각하면서 디자인해야 합니다.

제약(Constraint)

오토 레이아웃의 기본은 제약(Constraint)입니다. 제약이란 화면 해상도가 다를 때 변하면 안되는 부분이 어디인지(무엇을 고정해야 하는지) 지정하는 규칙입니다.

제약으로 지정할 수 있는 것은 부품의 '중심 위치', '위, 아래, 왼쪽, 오른쪽 끝 모서리', '너비 또는 높이', '가로세로 비율' 등입니다.

중심 위치는 부품의 중심 위치를 수평 방향 중심 또는 수직 방향 중심으로 고정할 때 사용합니다. Align의 Horizontally in Container, Vertically in Container로 지정합니다.

위, 아래, 왼쪽, 오른쪽 끝 모서리는 위, 아래, 왼쪽, 오른쪽 모서리에서 부품까지의 거리를 고정할 때 사용합니다. Pin의 ㅁ 위, 아래, 왼쪽, 오른쪽에 있는 숫자로 지정합니다.

너비 또는 높이는 부품의 너비 또는 높이를 고정할 때 사용합니다. Pin의 Width, Height로 지정합니다.

가로세로 비율은 부품의 가로세로 비율을 고정할 때 사용합니다. Pin의 Aspect Ratio로 지정합니다.

Align: 위치 정렬

[Align] 버튼을 클릭하면 팝업이 나오고, 선택한 부품의 중앙 위치에 제약을 설정할 수 있습니다. 예를 들어 버튼을 화면의 중앙에 정렬할 때 사용합니다.

팝업

Leading Edges	여러 부품의 왼쪽 모서리를 정렬하는 제약
Trailing Edges	여러 부품의 오른쪽 모서리를 정렬하는 제약
Top Edges	여러 부품의 윗쪽 모서리를 정렬하는 제약
Bottom Edges	여러 부품의 아랫쪽 모서리를 정렬하는 제약
Horizontal Centers	여러 부품의 수평 방향 중심 위치를 정렬하는 제약
Vertical Centers	여러 부품의 수직 방향 중심 위치를 정렬하는 제약
Baselines	레이블 등의 텍스트를 정렬하는 제약
Horizontally in Container	화면의 수평 방향 중앙에 정렬하는 제약
Vertically in Container	화면의 수직 방향 중앙에 정렬하는 제약
Add Constraints	체크한 제약을 부품에 설정

예 레이블이 화면의 중앙에 위치하게 제약 설정

[과정1] 레이블을 선택하고, 왼쪽에서 두 번째에 있는 [Align] 버튼을 클릭합니다.

[과정2] 화면의 중앙에 정렬하는 제약을 체크합니다. Horizontal in Container와 Vertically in Container에 체크합니다.

[과정3] 제약을 적용합니다. [Add 2 Constraints] 버튼을 클릭하면 중앙에 정렬됩니다.

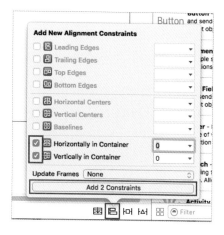

[과정4] 만약 정렬이 흐트러져 있다면 제약에 맞춰줍니다. 배치한 위치와 제약이 흐트러져 있으면 얼마나 흐트러져 있는지 노란색의 가이드 라인이 나옵니다.

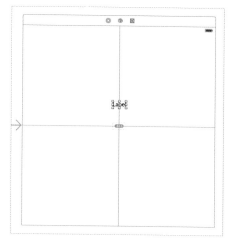

가장 오른쪽에 있는 [Resolve Auto Layout Issue] 버튼을 클릭하고, Update Frames를 선택하면 제약에 맞게 수정됩니다.

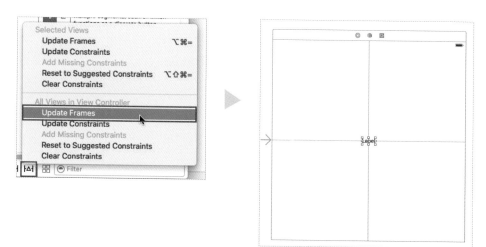

Pin: 위치와 크기 결정

[Pin] 버튼을 클릭하면 팝업이 나오고, 선택한 부품의 위치와 크기를 결정하는 제약을 설정할 수 있습니다. 요소를 핀에 꽂은 것처럼 위치 또는 크기를 고정합니다.

버튼의 위치를 화면 왼쪽 위에서 X 방향으로 50만큼 떨어진 위치에, Y 방향으로 100만큼 떨어진 위치에 위치시킨다거나 레이블의 크기를 너비 300, 높이 50으로 고정하는 것처럼 위치와 크기를 지정합니다.

팝업

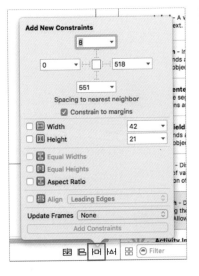

Spacing to nearest neighbor	ㅁ의 위, 아래, 왼쪽, 오른쪽 값은 선택한 부품의 위, 아래, 왼쪽, 오른쪽 모서리에서 부품까지의 거리 값을 변경하거나, 붉은색의 점선을 클릭하면 붉은색 실선으로 변경되어 거리를 제약
Width	부품의 너비를 고정하는 제약
Height	부품의 높이를 고정하는 제약
Equal Widths	여러 개의 부품을 같은 너비로 만드는 제약
Equal Heights	여러 개의 부품을 같은 높이로 만드는 제약
Aspect Ratio	부품의 가로세로 비율을 고정하는 제약
Add Constraints	체크한 제약을 부품에 설정

예 버튼을 화면의 오른쪽 위에서 X방향으로 100만큼 떨어진 위치에, Y 방향으로 50만큼 떨어진 위치에 위치하게 제약 설정

[과정1] 버튼을 선택하고 왼쪽에서 3번째에 있는 [Pin] 버튼을 클릭합니다.

[과정2] 화면의 오른쪽과 위의 제약을 활성화합니다. ▫의 오른쪽에 100, ▫의 위에 50을 입력합니다. 입력하면 붉은색 점선이 실선으로 변경됩니다.

[과정3] 제약을 적용합니다. [Add 2 Constraints] 버튼을 클릭하면 오른쪽에서 100, 위에서 50 위치에 정렬됩니다.

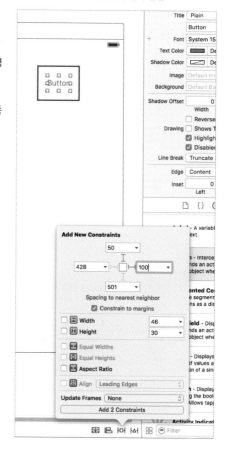

[과정4] 만약 정렬이 흐트러져 있다면 제약에 맞춰줍니다. 배치한 위치와 제약이 흐트러져 있으면 얼마나 흐트러져 있는지 노란색 가이드 라인이 나옵니다.

가장 오른쪽의 [Resolve Auto Layout Issue] 버튼을 클릭하고, Update Frames를 선택하면 제약에 맞게 수정됩니다.

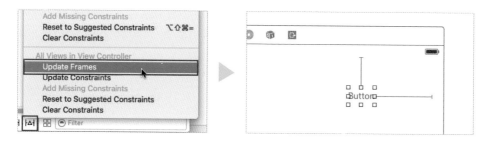

예 텍스트 필드를 화면의 너비를 꽉 채우게 제약 설정

[과정1] 텍스트 필드를 선택하고 왼쪽에서 3번째에 있는 [Pin] 버튼을 클릭
합니다.

[과정2] 화면의 왼쪽 오른쪽에서의 거리 제약을 활성화합니다. ▢ 왼쪽에 0,
▢ 오른쪽에 0을 입력합니다. 입력하면 붉은색 점선이 실선으로 변
경됩니다.

[과정3] 화면의 세로 방향 거리 제약도 활성화합니다. ▢ 위에 0을 입력합니다.

[과정4] 제약을 적용합니다. [Add 3 Constraints] 버튼을 클릭하면, 텍스트 필드
가 화면의 너비를 꽉 채웁니다.

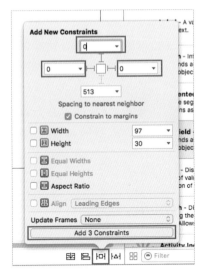

[과정5] 만약 정렬이 흐트러져 있다면 제약에 맞
춰줍니다. 배치한 위치와 제약이 흐트러
져 있으면 얼마나 흐트러져 있는지 노란
색 가이드 라인이 나옵니다.

가장 왼쪽의 [Resolve Auto Layout Issue]
버튼을 클릭하고, Update Frames를 선택
하면 제약에 맞게 수정됩니다.

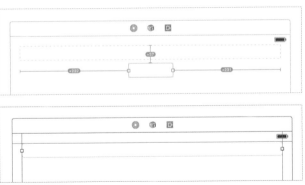

Resolve Auto Layout Issue: 자동 레이아웃으로 발생하는 문제 해결

자동 레이아웃 설정은 복잡한 요소가 얽히므로 제약에 문제가 발생할 수 있습니다. [Resolve Auto
Layout Issue] 버튼을 클릭하면 팝업이 나옵니다. 여기에서 자동 레이아웃과 관련된 편리한 기능을 사
용할 수 있습니다.

팝업

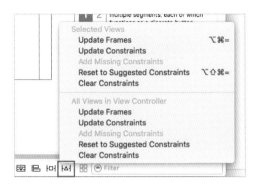

Update Frames	배치한 위치와 제약이 흐트러져 있을 때, 제약에 맞게 위치를 이동
Update Constraints	배치한 위치와 제약이 흐트러져 있을 때, 배치된 위치에 맞게 제약을 변경
Add Missing Constraints	추가되지 않은 제약을 자동으로 추가
Reset to Suggested Constraints	설정된 제약을 한 번 제거하고, 적용됐다고 생각되는 제약을 자동으로 추가
Clear Constraints	적용된 제약을 모두 제거

자주 사용하는 것은 다음 3개입니다.

- 배치한 위치와 제약이 흐트러져 있고, 노란색 가이드 라인이 표시될 때에는 Update Frames를 선택합니다.

- 오토 레이아웃을 자동으로 설정하고 싶을 때는 Add Missing Constraints를 선택합니다.

- 제약을 제대로 걸지 못해서 수정하고 싶을 때는 Clear Constraints를 선택해서 한 번에 제약을 모두 제거합니다.

Stack: 여러 개의 부품을 수평/수직으로 정렬

4개의 버튼에서 가장 왼쪽에 있는 [Stack] 버튼을 클릭하면 선택한 부품을 StackView로 감쌉니다.

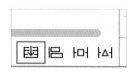

[Stack]버튼

StackView는 여러 개의 부품을 수평 방향(또는 수직 방향)으로 정렬하기 위한 부품으로 다른 부품을 내부에 넣어서 사용합니다.

라이브러리 패널에서 드래그해서도 사용할 수 있지만, [Stack] 버튼을 클릭하면 선택한 부품을 자동으로 StackView로 감쌀 수 있습니다. Xcode 7에서 추가된 새로운 기능입니다.

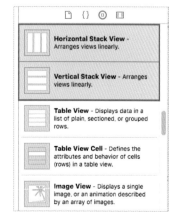

예 수평으로 3개 나열한 버튼을 같은 크기로 설정

[과정1] 수평으로 나열된 3개의 버튼을 선택합니다.

[과정2] [Stack] 버튼을 클릭합니다. 3개의 버튼이 StackView로 감싸집니다.

[과정3] StackView를 선택합니다. 도큐먼트 아웃라인에서 StackView를 선택합니다.

또는 shift 키와 control 키를 누른 상태로 클릭하면 메뉴가 나오는데, 여기에서 StackView를 선택합니다.

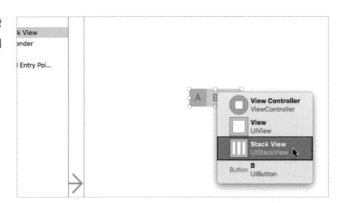

[과정4] StackView 내부가 같은 간격으로 나누어지게 설정하겠습니다. 어트리뷰트 인스펙터에서 Distribution을 Fill(채우기)에서 Fill Equally(균등하게 채우기)로 변경합니다.

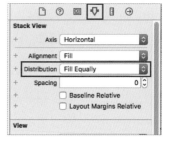

[과정5] 화면의 위, 왼쪽, 오른쪽에 거리 제약을 설정합니다. [Pin] 버튼을 클릭하고 ⬚ 왼쪽에 0, ⬚의 오른쪽에 0, ⬚의 위에 100을 입력합니다. 입력하면 붉은색의 점선이 실선으로 바뀝니다.

[과정6] 제약을 적용합니다. [Add 3 Constraints] 버튼을 클릭하면 3개의 제약이 모두 설정됩니다.

[과정7] 만약 정렬이 흐트러져 있다면 제약에 맞춰줍니다. [Resolve Auto Layout Issue] 버튼을 클릭하고, Update Frames를 선택합니다.

오토 레이아웃 설정

그럼 각 부품에 오토 레이아웃을 설정해봅시다.

이미지 뷰와 [준비] 버튼

12 컴퓨터 쪽의 UIImageView 설정

가운데 정렬하고 화면의 위쪽에서 20만큼 떨어진 위치에 높이와 너비를 150으로 고정하겠습니다.

위에 있는 ImageView를 선택한 상태로 [Align] 버튼을 클릭합니다. Horizontally in Container에 체크하고, [Add 1 Constraint] 버튼을 클릭합니다.

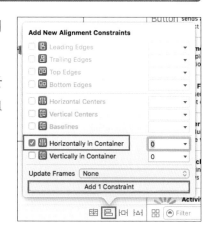

[Pin] 버튼을 클릭하고 ㅁ 위의 숫자에 20,
Width와 Height에 150을 입력합니다. 이어서
[Add 3 Constraints] 버튼을 클릭합니다.

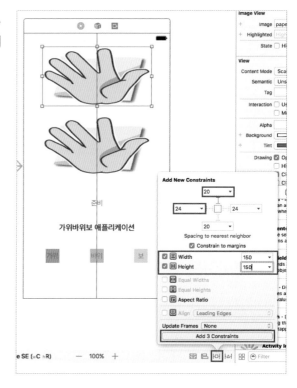

13 플레이어 쪽의 UIImageView 설정

가운데 정렬하고 위에 있는 부품으로부터 10만큼 떨어진 위치
에 높이와 너비를 150으로 고정하겠습니다.

아래에 있는 ImageView를 선택한 상태로 [Align] 버튼을 클
릭합니다. Horizontally in Container에 체크하고, [Add 1
Constraint] 버튼을 클릭합니다.

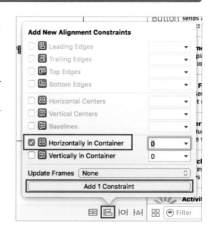

[Pin] 버튼을 클릭하고 ▢ 위의 숫자에 10, Width와 Height에 150을 입력합니다. 이어서 [Add 3 Constraints] 버튼을 클릭합니다.

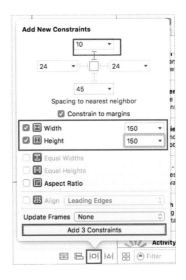

14 [준비] 버튼을 위에 있는 ImageView로부터 20만큼 떨어진 위치에 고정

[준비] 버튼을 선택하고 [Align] 버튼을 클릭합니다. 이어서 Horizontally in Container에 체크하고, [Add 1 Constraint] 버튼을 클릭합니다.

[Pin] 버튼을 클릭하고 ▢ 위의 숫자에 10이라고 입력합니다. 이어서 [Add 1 Constraint] 버튼을 클릭합니다.

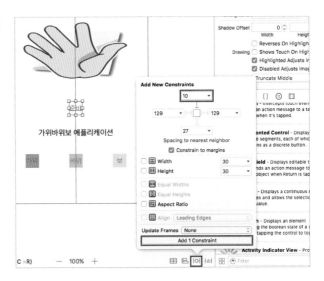

15 실행해서 결과 확인

화면 왼쪽 위에 있는 스키마 메뉴에서 iPhone 6s Plus를 선택하고, [실행] 버튼을 클릭합니다.

확인

이미지 뷰 2개와 [준비] 버튼이 중앙에 출력됩니다. 확인했다면 [정지] 버튼을 눌러 정지해주세요.

3개의 가위바위보 버튼을 같은 간격으로 나열

16 메시지 출력 레이블 위치 고정

메시지 출력 레이블을 위에서 40만큼 떨어진 위치, 화면의 왼쪽과 오른쪽에서 20만큼 떨어진 위치에 고정하겠습니다.

결과 출력 레이블을 선택하고, [Pin] 버튼을 클릭합니다. 이어서 □ 위의 숫자에 40, □ 왼쪽의 숫자에 20, □ 오른쪽의 숫자에 20을 입력합니다. 모두 입력했다면 [Add 3 Constraints] 버튼을 클릭합니다(만약 이후에 가운데 정렬이 되지 않는다면 어트리뷰트 인스펙터에서 글자를 가운데 정렬해주세요).

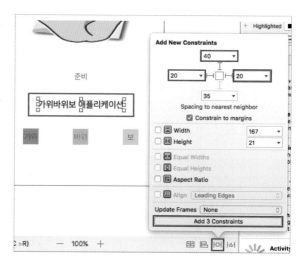

17 3개의 버튼을 StackView로 감싸기

Shift 키를 누른 상태로 3개의 버튼을 선택합
니다. 이어서 [stack] 버튼을 클릭하면 버튼이
하나로 합쳐집니다.

18 StackView의 오토 레이아웃 선택

shift와 control 키를 누른 상태로 아무 버튼이나 클릭하면 메뉴가
나옵니다. 여기에서 StackView를 선택해주세요.

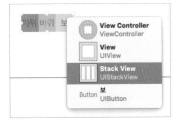

19 StackView의 오토 레이아웃 설정

위에서 40만큼 떨어진 위치, 화면 왼
쪽 오른쪽에서 20만큼 떨어진 위치
에 고정합니다.

[Pin] 버튼을 클릭하고 □ 위의 숫자
에 40, □ 왼쪽 숫자에 20, □ 오른
쪽 숫자에 20을 입력합니다. 이어서
[Add 3 Constraints] 버튼을 클릭합
니다.

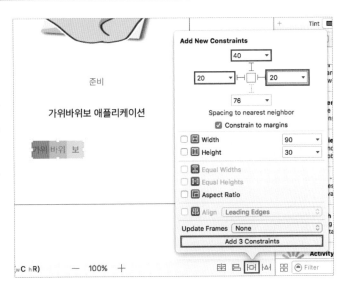

20 버튼의 너비를 균등하게 만들고, 간격을 20으로 설정

StackView를 선택한 상태로 어트리뷰트 인스펙터의 Distribution을 Fill
에서 Fill Equally로 변경합니다. 이어서 Spacing을 20으로 입력해서 간
격을 조정합니다.

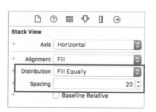

21 화면에 노란색 가이드 라인이 있다면 제약에 맞추기

[Resolve Auto Layout Issue] 버튼을 클릭하고 Update Frames를 선택합니다. 이렇게 하면 제약에
맞지 않게 출력되던 부품들이 위치를 맞추게 됩니다.

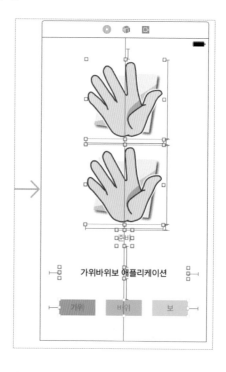

다시 [실행] 버튼을 클릭합시다.

확인

버튼이 균등하게 출력되는 모습을 확인할 수 있습니다. 이렇게 화면을 모두 구성했습니다.

[정지] 버튼을 눌러서 정지해주세요.

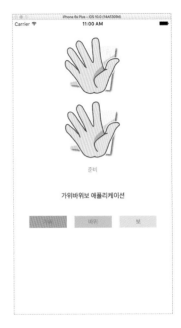

UIKit으로 애플리케이션 만들기![프로그램 제작]

이번 장의 포인트
- UIKit을 사용해 가위바위보 애플리케이션을 만듭니다.
- 프로그래밍해서 완성합니다.

부품을 연결하고 프로그래밍하기

가위바위보 애플리케이션의 화면을 구성했으므로 이어서 부품과 프로그램을 연결하고, 프로그램을 만들어 봅시다. 한 번에 만들지 말고, 다음과 같은 과정으로 확인해보며 차근차근 만들어 봅시다.

- 손이 서로를 향하게 프로그램 작성
- [준비] 버튼을 누르면 바위를 출력하게 프로그램 작성
- [가위] [바위] [보] 버튼을 누르면 해당 손 모양을 출력하게 프로그램 작성
- 컴퓨터 쪽의 손을 랜덤하게 바꿔 프로그램 작성
- 결과를 판정하고 출력하도록 프로그램 작성

손이 서로를 향하게 프로그램 작성

ImageView를 그대로 출력하는 것만으로는 손이 서로를 향하게 할 수 없습니다. 위에 있는 손을 180도 회전해서 아래를 보게 만들어줍시다.

23 어시스턴스 에디터로 변경

툴바의 [어시스턴트 에디터] 버튼을 눌러서 어시스턴트 에디터로 변경합니다. 버튼을 누르면 왼쪽에 인터페이스 빌더, 오른쪽에 ViewController.swift가 출력됩니다.

24 | ImageView를 아울렛 연결하고 이벤트 연결

위의 ImageView를 오른쪽으로 드래그합니다. 이어서 이름은 'computerImageView'로 설정합니다.

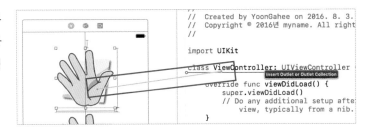

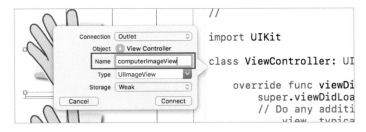

아래의 ImageView를 오른쪽으로 드래그합니다. 이어서 이름은 'playerImageView'로 설정합니다.

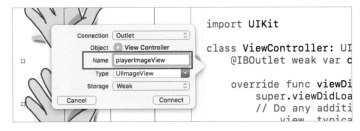

25 | 소스 에디터로 변경

툴바의 [스탠다드 에디터] 버튼을 누르고, 내비게이터 영역에서 ViewController.swift 파일을 선택합니다.

26   프로그램으로 ImageView를 180도 회전

viewDidLoad() 메서드는 화면 초기화를 수행합니다. 화면을 출력할 준비가 모두 끝났을 때 수행된다는 의미입니다. 이 메서드를 오버라이드(덮어쓰기)하고, 화면을 초기화할 때에 ImageView를 180도 회전하게 만듭니다. 그냥 덮어쓰기만 하면 원래 화면을 초기화하는 기능이 사라져버립니다. 따라서 super.viewDidLoad() 메서드를 호출해서 원래 기능도 수행하게 해줍니다.

ImageView의 transform 속성은 변형시키는 속성입니다. 회전 각도(라디안 단위)를 설정하면 원하는 만큼 회전시킬 수 있습니다.

서식 화면을 초기화하는 메서드를 오버라이드

```
override func viewDidLoad() {
    super.viewDidLoad()
    〈화면 초기화 때에 수행할 처리〉
}
```

서식 객체 회전시키기

```
〈이미지 뷰〉.transform = CGAffineTransform(rotationAngle: (〈각도(라디안)〉))
```

```
override func viewDidLoad() {
    super.viewDidLoad()
    // 180도의 라디안을 구합니다.
    let angle:CGFloat = CGFloat((180.0 * M_PI) / 180.0)
    // 이미지 뷰를 회전시킵니다.
    computerImageView.transform = CGAffineTransform(rotationAngle: angle)
}
```

27   실행해서 결과 확인

[실행] 버튼을 클릭합니다.

확인

위에 있는 손이 180도 회전해서 서로 마주 보고 있는 모습을 확인할
수 있습니다. 확인했다면 [정지] 버튼을 클릭해서 정지합니다.

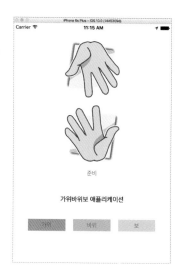

[준비] 버튼을 누르면 바위를 출력하게 프로그램 작성

[준비] 버튼을 누를 때 컴퓨터 쪽과 플레이어 쪽의 손 이미지를 모두 바위로 설정합니다. 추가로 가위바
위보 직전 상태이므로 메시지는 '가위 바위....'라고 출력합니다.

28 어시스턴트 에디터로 변경

툴바의 [어시스턴트 에디터] 버튼을 눌러서 어시스턴트 에디터로 변경합니다. 이어서 Main.story
board를 선택합니다.

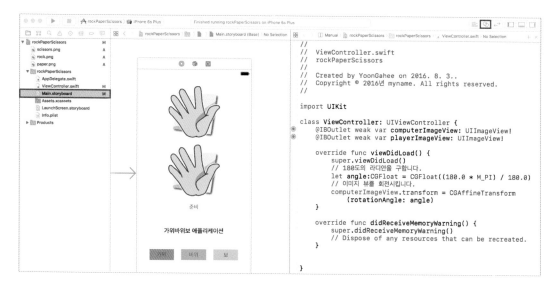

29 [준비] 버튼을 프로그램에 연결

[준비] 버튼을 마우스 오른쪽 버튼으로 클릭(또는 control + 클릭)합니다. 이어서 오른쪽에 표시된 ViewController.swift까지 드래그 앤드 드롭합니다.

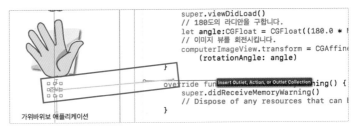

```
super.viewDidLoad()
// 180도의 라디안을 구합니다.
let angle:CGFloat = CGFloat((180.0 * 
// 이미지 뷰를 회전시킵니다.
computerImageView.transform = CGAffin
        (rotationAngle: angle)
}
override fun Insert Outlet, Action, or Outlet Collection ning() {
    super.didReceiveMemoryWarning()
    // Dispose of any resources that can 
}
```

가위바위보 애플리케이션

연결 패널이 나오면 Connection을 Action으로 변경합니다.

Name에 메서드 이름을 입력합니다. 'tapStart'라고 입력하고, Arguments를 None으로 변경합니다. 이어서 [Connect] 버튼을 클릭합니다.

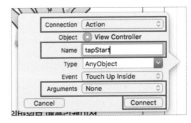

이 버튼을 클릭하면 tapStart가 실행됩니다!

30 메시지 전용 레이블을 프로그램에 연결

레이블을 마우스 오른쪽 버튼으로 클릭(또는 control + 클릭)합니다. 이어서 오른쪽에 표시된 ViewController.swift까지 드래드 앤드 드롭합니다.

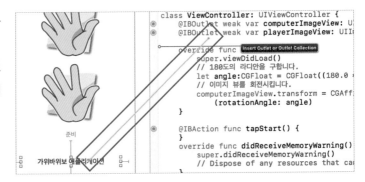

준비

가위바위보 애플리케이션

```
class ViewController: UIViewController {
    @IBOutlet weak var computerImageView: U
    @IBOutlet weak var playerImageView: UII
    override func Insert Outlet or Outlet Collection
        super.viewDidLoad()
        // 180도의 라디안을 구합니다.
        let angle:CGFloat = CGFloat((180.0 
        // 이미지 뷰를 회전시킵니다.
        computerImageView.transform = CGAff
            (rotationAngle: angle)
    }
    @IBAction func tapStart() {
    }
    override func didReceiveMemoryWarning()
        super.didReceiveMemoryWarning()
        // Dispose of any resources that ca
```

연결하는 패널이 나오면 Name에 레이블의 이름을 'message Label'이라고 입력하고, [Connect] 버튼을 클릭합니다.

31 | 소스 에디터로 변경

툴바의 [스탠다드 에디터] 버튼을 누르고, 내비게이터 영역에서 ViewController.swift 파일을 선택합니다.

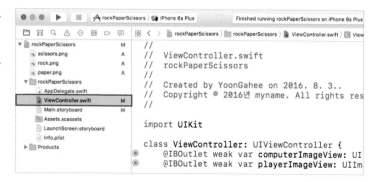

32 | 바위를 출력하는 프로그램 만들기

tapStart 메서드에서 위, 아래 ImageView에 바위 이미지를 출력하는 프로그램을 추가합니다. 그리고 메시지 레이블을 '가위 바위....'라고 출력하게 합니다.

```
@IBAction func tapStart() {
    // 이미지 뷰에 바위를 출력합니다.
    computerImageView.image = UIImage(named: "rock.png")
    playerImageView.image = UIImage(named: "rock.png")
    // 레이블에 "가위 바위...."를 출력합니다.
    messageLabel.text = "가위 바위...."
}
```

33 | 실행해서 결과 확인

[실행] 버튼을 클릭합니다.

확인

[준비] 버튼을 누르면 이미지와 레이블이 바뀔 것입니다. 확인했다면 [정지] 버튼을 클릭해서 정지해주세요.

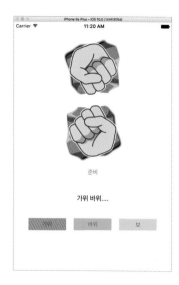

[가위] [바위] [보] 버튼을 누르면 해당 손 모양을 출력하게 프로그램 작성

[가위] [바위] [보] 버튼을 누르면 플레이어 쪽의 ImageView를 누른 손의 모양으로 변경합시다.

34 어시스턴트 에디터로 변경

툴바의 [어시스턴트 에디터] 버튼을 눌러서 어시스턴트 에디터로
변경합니다. 이어서 Main.storyboard를 선택합니다.

35 [가위] [바위] [보] 버튼을 프로그램에 연결

[가위] 버튼을 마우스 오
른쪽 버튼으로 클릭(또
는 control + 클릭)합니
다. 이어서 오른쪽에 표
시된 ViewController.
swift까지 드래그 앤드
드롭합니다.

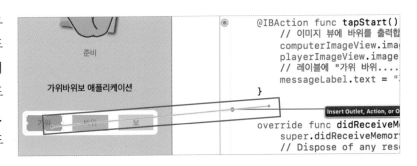

연결 패널이 나오면 Connection을 Action으로 변경합니다.

Name에 메서드 이름을 'tapScissors'라고 입력하고,
Arguments를 None으로 변경합니다. 이어서 [Connect]
버튼을 클릭합니다.

마찬가지로 [바위] 버튼에 tapRock 메서드, [보] 버튼에 tapPaper 메서드를 연결합니다.

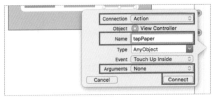

36 │ 소스 에디터로 변경

툴바의 [스탠다드 에디터] 버튼을 누르고, 내비게이터 영역에서 View
Controller.swift 파일을 선택합니다.

37 │ [가위] [바위] [보] 프로그램 만들기

버튼을 누르면 플레이어 쪽의 이미지를 변경하도록 프로그램을 추가합니다.

```
@IBAction func tapScissors() {
    playerImageView.image = UIImage(named: "scissors.png")
}
@IBAction func tapRock() {
    playerImageView.image = UIImage(named: "rock.png")
}
@IBAction func tapPaper() {
    playerImageView.image = UIImage(named: "paper.png")
}
```

38 │ 실행해서 결과 확인

[실행] 버튼을 클릭합니다.

확인

[가위] [바위] [보] 버튼을 누르면 손 모양이 변경될 것입니다. 확인했
다면 [정지] 버튼을 클릭해서 정지해주세요.

컴퓨터 쪽의 손을 랜덤하게 바꾸도록 프로그램 작성

컴퓨터 쪽의 손을 랜덤하게 출력하는 메서드를 만들고, 방금 만들었던 3개의 버튼 메서드에서 호출하게 합시다.

39 | 애플리케이션에서 랜덤한 수를 다룰 준비

랜덤한 숫자는 게임에서 자주 사용합니다. 따라서 랜덤한 숫자는 GameplayKit이라는 프레임워크를 사용합니다.

랜덤한 숫자를 만들어 내는 객체는 GKAC4RandomSource() 클래스로 만듭니다. 랜덤한 숫자가 필요할 때는 이 클래스로 객체를 만들어 사용합니다.

서식 GameplayKit 사용 준비

```
import GameplayKit
```

서식 랜덤한 숫자를 만드는 객체 만들기

```
let <랜덤을 만드는 객체> = GKARC4RandomSource()
```

```
import UIKit
import GameplayKit

class ViewController: UIViewController {
    let randomSource = GKARC4RandomSource()

    @IBOutlet weak var computerImageView: UIImageView!
    @IBOutlet weak var playerImageView: UIImageView!
    @IBOutlet weak var messageLabel: UILabel!
```

40 | 컴퓨터 쪽의 손을 랜덤하게 출력하는 메서드 만들기

컴퓨터 쪽의 처리를 하는 메서드를 만듭시다. 랜덤하게 손 모양을 변경하는 프로그램으로 메서드 이름은 doComputer로 합니다.

랜덤한 숫자는 랜덤 객체로 구할 수 있으며 nextInt(upperBound:) 메서드를 사용하면 0부터 지정한 숫자까지의 범위에서 랜덤한 정수를 구할 수 있습니다. 따라서 nextInt(withUpperBound: 3)으로 0~2 사이의 랜덤한 숫자를 구할 수 있습니다. 이를 computer라는 상수에 저장하고 사용합시다.

이 상수를 switch 조건문으로 확인해서 0이라면 가위, 1이라면 바위, 2라면 보를 출력하게 합니다.

서식 0부터 지정한 숫자까지의 범위에서 랜덤한 숫자 생성

```
let <변수 이름> = randomSource.nextInt(upperBound: <랜덤 최댓값>)
```

```swift
func doComputer() {
    // 0~2 범위의 랜덤 값을 구합니다.
    let computer = randomSource.nextInt(upperBound: 3)
    switch computer {
    case 0:
        // 가위
        computerImageView.image = UIImage(named: "scissors.png")
    case 1:
        // 바위
        computerImageView.image = UIImage(named: "rock.png")
    case 2:
        // 보
        computerImageView.image = UIImage(named: "paper.png")
    default:
        break
    }
}
```

41 [가위] [바위] [보] 버튼을 누른 다음에 메서드 호출

[가위] [바위] [보] 버튼을 눌렀을 때, 컴퓨터 쪽의 처리를 하는 doComputer 메서드를 호출하게 합시다.

```swift
@IBAction func tapScissors() {
    playerImageView.image = UIImage(named: "scissors.png")
    doComputer()
}
@IBAction func tapRock() {
    playerImageView.image = UIImage(named: "rock.png")
    doComputer()
}
@IBAction func tapPaper() {
    playerImageView.image = UIImage(named: "paper.png")
    doComputer()
}

func doComputer() {
    // 0~2 범위의 랜덤 값을 구합니다.
```

```
    let computer = randomSource.nextInt(upperBound: 3)
    switch computer {
    case 0:
        // 가위
        computerImageView.image = UIImage(named: "scissors.png")
    case 1:
        // 바위
        computerImageView.image = UIImage(named: "rock.png")
    case 2:
        // 보
        computerImageView.image = UIImage(named: "paper.png")
    default:
        break
    }
}
```

42 실행해서 결과 확인

[실행] 버튼을 클릭합니다.

확인

[가위] [바위] [보] 버튼을 누르면 컴퓨터 쪽의 손도 변할 것입니다.
확인했다면 [정지] 버튼을 클릭해서 정지해주세요.

결과를 판정하고 출력하도록 프로그램 작성

그럼 컴퓨터 쪽의 손을 출력하는 메서드에 승패를 판정하고 출력하는 프로그램을 추가합시다.

43 판정 프로그램 추가

컴퓨터의 손과 플레이어의 손을 비교하고, 출력하는 프로그램을 만듭니다. 이를 위해 플레이어가 어떤 손을 냈는지 알아야 합니다. 따라서 doComputer 메서드의 매개변수를 통해 어떤 손을 냈는지 전달할 수 있게 만들어줍시다. player라는 Int 자료형의 상수를 매개변수로 받게 수정합니다. 이때 0은 가위, 1은 바위, 2는 보를 나타낸다고 합시다.

일단 switch computer를 사용해서 컴퓨터의 손에 따라 구분합니다. 그리고 각 경우에서 switch player를 사용해 플레이어의 손을 확인해 승패를 판정합니다.

추가로 msg라는 변수를 만들고, 여기에 승패 판정 결과를 적어줍니다. computer가 바위일 때 player가 바위이면 '비겼어요!', 가위라면 '졌어요ㅠㅁㅜ', player가 보라면 '이겼어요...!'를 msg 변수에 적어줍니다. 마찬가지로 다른 경우도 모두 만들어줍니다.

이 msg 변수를 메시지 레이블에 설정해서 승패 판정을 출력합니다.

```
func doComputer(player:Int) {
    // 0~2 범위의 랜덤 값을 구합니다.
    let computer = randomSource.nextInt(upperBound: 3)
    // 승패 판정 전용 문자열을 준비합니다.
    var msg = ""

    switch computer {
    case 0:
        // 가위
        computerImageView.image = UIImage(named: "scissors.png")

        switch player {
        case 0: // 가위
            msg = "비겼어요!"
        case 1: // 바위
            msg = "이겼어요....!"
        case 2: // 보
            msg = "졌어요ㅠㅁㅜ"
        default:
            break
        }
```

```swift
    case 1:
        // 바위
        computerImageView.image = UIImage(named: "rock.png")

        switch player {
        case 0: // 가위
            msg = "졌어요ㅠㅁㅜ"
        case 1: // 바위
            msg = "비겼어요!"
        case 2: // 보
            msg = "이겼어요....!"
        default:
            break
        }
    case 2:
        // 보
        computerImageView.image = UIImage(named: "paper.png")

        switch player {
        case 0: // 가위
            msg = "이겼어요....!"
        case 1: // 바위
            msg = "졌어요ㅠㅁㅜ"
        case 2: // 보
            msg = "비겼어요!"
        default:
            break
        }
    default:
        break
    }

    messageLabel.text = msg
}
```

44 가위, 바위, 보 메서드 수정

가위, 바위, 보 메서드에서 판정 프로그램을 호출할 때, 플레이어의 손을 매개변수로 전달하게 수정합니다.

doComputer() 내부에 가위는 0, 바위는 1, 보는 2를 매개변수로 전달합니다.

```swift
@IBAction func tapScissors() {
    playerImageView.image = UIImage(named: "scissors.png")
    doComputer(player: 0)
}
@IBAction func tapRock() {
    playerImageView.image = UIImage(named: "rock.png")
    doComputer(player: 1)
}
@IBAction func tapPaper() {
    playerImageView.image = UIImage(named: "paper.png")
    doComputer(player: 2)
}
```

45 실행해서 결과 확인

[실행] 버튼을 클릭합니다.

확인

가위바위보 애플리케이션을 모두 완료했습니다. 간단하게 플레이해 보세요!

웹과 연결된 애플리케이션 만들기

이번 장의 개요

- 아이폰 애플리케이션은 웹에 있는 데이터를 사용할 수 있습니다.

- 웹 사이트, 이미지, 텍스트 데이터, JSON 데이터 등을 사용할 수 있습니다.

웹과 연결된 애플리케이션

이번 장의 포인트　■ 웹에 있는 데이터를 사용하면 애플리케이션의 세계가 확장됩니다.

웹과 연결된 애플리케이션

애플리케이션은 웹과 연결해서 세계를 확장할 수 있습니다.

애플리케이션 내부에 미리 준비한 데이터 이외의 것도 사용할 수 있으므로 다양한 데이터를 사용할 수 있게 됩니다. 추가로 최신 데이터를 사용할 수도 있습니다. 양적으로는 물론이고 데이터의 신선도 측면에서도 다양하게 활용할 수 있게 되는 것이지요. 또한, 애플리케이션 내부에서 웹에 정보를 전송할 수도 있습니다. 애플리케이션이 외부 세계에 연결할 수 있는 창문이 되는 것입니다.

하지만 웹이라는 외부 세계에 연결하면 예상하지 못한 오류들이 발생할 수 있습니다. 데이터를 요청했는데 받지 못한다거나, 받아온 데이터를 정확하게 해석하지 못하면 오류가 발생합니다. 따라서 오류를 확실하게 처리해줘야 합니다.

이번 장에서는 웹에 있는 데이터를 사용하는 방법과 그러한 데이터를 다룰 때의 주의점을 알아보겠습니다.

웹에 있는 이미지를 출력해요!

일단 처음에는 웹 사이트를 출력하는 방법부터 살펴봅시다. 애플리케이션에서 웹 사이트를 출력하는 방

웹 사이트 출력

이번 장의 포인트
- 웹 사이트를 애플리케이션에 넣을 때는 UIWebView라는 부품을 사용합니다.
- iOS9부터는 ATS 때문에 HTTP 통신에 제한이 생겼습니다.
- 애플리케이션에 사파리를 일시적으로 띄울 때는 SFSafariViewController를 사용합니다.

법은 크게 두 가지가 있습니다. 웹 사이트를 애플리케이션에 부품으로써 넣는 방법과 애플리케이션에서 사파리를 띄어서 사용하는 방법입니다.

웹 페이지를 출력해요!

[사용 방법] 웹 사이트를 애플리케이션의 부품으로 넣는 방법: 웹뷰

웹 사이트를 애플리케이션에 출력할 때는 웹뷰(WebView)를 사용합니다. 웹뷰는 버튼이나 이미지뷰처럼 화면에 배치할 수 있는 부품으로 배치한 웹뷰 내부에 웹 사이트를 출력할 수 있습니다.

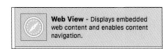

배치한 웹뷰에 '이 페이지를 출력해줘'라고 부탁하는 명령을 살펴봅시다.

1) URL 객체 만들기: URL(string: String)?

URL을 나타내는 문자열로 URL 객체(URL)를 만듭니다.

서식

```
let <URL 객체 이름> = URL(string: "<URL 문자열>")
```

지정한 문자열이 URL 형식과 맞지 않을 때는 URL 객체가 제대로 만들어지지 않으므로 nil이 들어갑니다. URL은 if let으로 nil이 아닌지 확인하고 처리에 사용해야 합니다.

예 URL 형식과 맞지 않는 문자열을 사용하면 nil을 반환(플레이그라운드에서 확인할 수 있습니다)

```
let url = URL(string: "URL이 아닌 문자열")                              nil
```

2) URL 요청 만들기: URLRequest(url: URL)

URL 객체를 사용하면 URL 요청(URLRequest)을 만들 수 있습니다.

서식

```
let <URL 요청 이름> = URLRequest(url: <URL 객체>)
```

3) 웹뷰로 읽어 들이기: func loadRequest(_ request: URLRequest!)

웹뷰에 있는 loadRequest() 메서드의 매개변수로 URL 요청을 전달하면 지정한 페이지가 출력됩니다.

서식

```
<웹뷰 이름>.loadRequest(<URL 요청>)
```

예 지정한 URL을 웹뷰에 출력

```
let stringURL = "http://www.google.co.kr"
if let url = URL(string: stringURL) {
    // url이 nil이 아니라면 출력합니다.
    let urlreq = URLRequest(url: url)
    myWebView.loadRequest(urlreq)
}
```

웹뷰는 배치한 곳에 웹 사이트를 출력할 수 있는 편리한 부품입니다. 하지만 iOS9부터는 ATS라는 보안 정책 때문에 사용하기가 조금 어려워졌습니다.

ATS로 인한 HTTP 통신 제한

iOS9에서는 ATS(App Transfer Security)라는 보안 기능이 생겼습니다. 웹과 애플리케이션을 안전하게 연결하고자 HTTPS 통신을 사용하게 된 것입니다. 따라서 지금까지 사용해오던 HTTP 통신을 사용하면 오류가 발생합니다.

간단하게 말해서 https://로 시작하는 페이지는 제대로 출력하지만, http://로 시작하는 페이지는 출력할 수 없다는 것입니다.

게다가 HTTPS 통신인지 페이지마다 모두 확인합니다. 예를 들어서 구글의 URL은 https://www.google.co.kr이므로 HTTPS 통신을 사용합니다. 따라서 웹뷰에 출력되지만, 여기에서 검색해서 다른 페이지로 넘어갔을 때 해당 페이지가 http://로 시작하는 페이지라면 출력되지 않습니다. 조금 가혹한 보안 정책이라고 할 수 있지요.

그래도 info.plist를 사용하면 HTTP 통신 페이지도 출력할 수 있습니다. 이 도메인의 페이지는 안전합니다라고 info.plist에 등록하는 것입니다.

특정 도메인을 HTTP 통신으로 접근할 수 있게 하는 방법

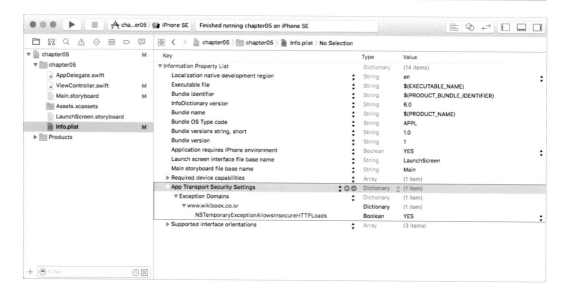

[과정1] 프로젝트 내비게이터에서 Info.plist를 선택하고,. 마우스 오른쪽 버튼을 클릭(또는 control + 클릭)합니다. Add Row 메뉴로 1개의 행을 추가합니다.

[과정2] Key 이름을 NSAppTransportSecurity[1]로 지정하고, Type을 Dictionary로 지정한 다음 삼각형 모양의 아이콘을 눌러 열어줍니다.

[과정3] NSAppTransportSecurity 행을 선택하고, 마우스 오른쪽 버튼을 클릭(또는 control + 클릭)합니다. Add Row를 클릭해서 아래에 행을 추가합니다.

[과정4] Key 이름을 NSExceptionDomains로 지정하고, Type을 Dictionary로 지정한 다음 삼각형 모양의 아이콘을 눌러 열어줍니다.

[과정5] NSExceptionDomain 행을 선택하고 마우스 오른쪽 버튼을 클릭(또는 control + 클릭)합니다. Add Row를 클릭해서 아래에 행을 추가합니다.

[과정6] Key 이름을 〈도메인 이름〉[2]으로 하고, Type을 Dictionary로 지정한 다음 삼각형 모양의 아이콘을 눌러 열어줍니다.

[과정7] 〈도메인 이름〉 행을 선택하고, 마우스 오른쪽 버튼을 클릭(또는 control + 클릭)합니다. Add Row를 클릭해서 아래에 행을 추가합니다.

[과정8] Key를 NSTemporaryExceptionAllowsInsecureHTTPLoads, Type을 Boolean, Value를 Yes로 합니다.

---

1 역주: 버전에 따라서 NSAppTransportSecurity를 입력하면 App Transport Security로 글자가 바뀔 수도 있습니다. 이후에 나오는 키도 마찬가지입니다.
2 역주: 허용하고자 하는 도메인을 입력하는 것입니다.

모든 페이지를 HTTP 통신으로 접근할 수 있게 하는 방법

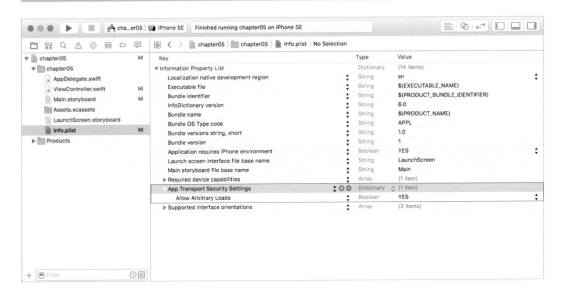

모든 페이지를 HTTP 통신으로 접근하게 설정할 수도 있습니다. 하지만 애플이 추천하지 않는 방법입니다. 애플리케이션을 신청할 때 거부될 수 있으므로 아주 특별한 이유가 아니라면 사용하지 말기 바랍니다.

[과정1] 프로젝트 내비게이터에서 Info.plist를 선택하고, 마우스 오른쪽 버튼을 클릭(또는 control + 클릭)합니다. Add Row를 클릭해서 아래에 행을 추가합니다.

[과정2] Key 이름을 NSAppTransportSecurity로 지정하고, Type을 Dictionary로 지정한 다음 삼각형 모양의 아이콘을 눌러 열여줍니다.

[과정3] NSAppTransportSecurity 행을 선택하고, 마우스 오른쪽 버튼을 클릭(또는 control + 클릭)합니다. Add Row를 클릭해서 아래에 행을 추가합니다.

[과정4] Key를 NSAllowsArbitraryLoads, Type을 Boolean, Value를 Yes로 합니다.

[사용 방법] 애플리케이션에서 사파리를 띄어서 사용하는 방법1: SFSafariViewController

SFSafariViewController는 애플리케이션에 사파리를 일시적으로 띄워 웹 사이트를 출력하는 방법입니다. SFSafariViewController에 '이 페이지를 출력해줘'라고 명령하면 사파리가 열립니다. 사파리 애플리케이션을 사용하므로 안전합니다. 따라서 HTTP 통신도 사용할 수 있습니다.

Info.plist를 사용하지 않고, 여러 사이트를 출력할 때는 SFSafariViewController를 사용하는 방법이 편리합니다.

※ 다만 SFSafariViewController는 iOS9에서 추가된 기능입니다. 따라서 iOS9 이상에서만 동작합니다.

1) SFSafariViewController를 사용할 준비

SafariServices를 임포트합니다.

서식 SFSafariViewController를 사용할 준비

```
import SafariServices
```

2) URL 객체 만들기: URL(string: String)?

URL을 나타내는 문자열로 URL 객체(URL)를 만듭니다.

3) SFSafariViewController 객체 만들기

URL 객체로 지정한 페이지를 출력하는 SFSafariViewController 객체를 만듭니다.

서식 SFSafariViewController 객체 만들기

```
let <SafariViewController 이름> = SFSafariViewController(url: <URL 객체 이름>)
```

4) SFSafariViewController 출력

생성한 SFSafariViewController를 출력합니다.

서식

```
present(<SafariViewController 이름>, animated: true, completion: nil)
```

예 버튼을 누르면 애플 사이트를 출력

```swift
import UIKit
// SFSafariViewController 사용 준비
import SafariServices

class ViewController: UIViewController {

    @IBAction func tapBtn() {
        // 버튼을 눌렀을 때
        if let url = URL(string: "http://www.apple.com/kr/") {
            // url이 nil이 아니라면 SFSafariViewController를 출력
            let vc = SFSafariViewController(url: url)
            present(vc, animated: true, completion: nil)
        }
    }
}
```

[사용 방법] 애플리케이션에서 사파리를 띄어서 사용하는 방법2: SafariViewController

출력한 SFSafariViewController 화면은 왼쪽 위의 [Done] 버튼을 탭 해서 끌 수 있고, 화면이 꺼지면 원래 애플리케이션 화면으로 돌아옵니다. 이때, SafariViewController가 종료될 때를 알아야 하는 경우가 있습니다.

예를 들어 애플리케이션을 움직이다가 SafariViewController를 시작할 때 일시 정지하고, SafariViewController가 종료되면 애플리케이션 처리를 재개해야 하는 경우가 있습니다[3].

SafariViewController가 끝날 때는 safariViewControllerDidFinish() 메서드가 호출됩니다. 이 메서드를 사용하면 SafariViewController가 종료될 때 특별한 처리를 할 수 있습니다.

---

3 역주: 예를 들어서 게임을 하다가 페이스북 연결 버튼이나 트위터 연결 버튼을 눌러서 로그인하고 되돌아오는 경우를 의미합니다.

1) SFSafariViewController를 사용할 준비

SafariServices를 임포트합니다.

SFSafariViewController를 사용한 준비

```
import SafariServices
```

2) SFSafariViewController에서 통지 받을 준비

ViewController 클래스 앞부분에 SFSafariViewControllerDelegate를 추가합니다.

서식

```
class ViewController: UIViewController, SFSafariViewControllerDelegate
```

3) URL 객체 만들기: URL(string: String)?

URL을 나타내는 문자열로 URL 객체(URL)를 만듭니다.

4) SFSafariViewController 객체 만들기

URL 객체로 지정된 페이지를 출력할 SFSafariViewController 객체를 만듭니다.

5) SFSafariViewController에서 통지 받을 대상을 self로 설정

safariViewController 객체의 델리게이트를 self로 설정합니다. 이렇게 하면 통지를 받을 대상을 자기 자신인 self(ViewController)로 설정할 수 있습니다.

※ 델리게이트와 관련된 내용은 CHAPTER 6-1에서 설명합니다.

서식

```
<safariViewController 이름>.delegate = self
```

6) SFSafariViewController 출력

생성한 SFSafariViewController를 출력합니다.

7) safariViewControllerDidFinish() 메서드 만들기

safariViewControllerDidFinish() 메서드를 만들면 SFSafariViewController를 닫을 때 자동으로 호출됩니다. safariViewControllerDidFinish() 메서드 내부에 닫을 때의 처리를 작성합니다.

서식 safariViewController에서 Done 버튼을 누를 때

```
func safariViewControllerDidFinish(_ controller: SFSafariViewController) {
}
```

예 버튼을 누르면 애플 사이트를 출력하고, 닫으면 Close를 출력

```
import UIKit
// SFSafariViewController 사용 준비
import SafariServices

class ViewController: UIViewController, SFSafariViewControllerDelegate {

    @IBAction func tapBtn() {
        // 버튼을 눌렀을 때
        if let url = URL(string: "http://www.apple.com/kr/") {
            // url이 nil이 아니라면 SFSafariViewController를 출력
            let vc = SFSafariViewController(url: url)
            vc.delegate = self
            present(vc, animated: true, completion: nil)
        }
    }

    func safariViewControllerDidFinish(_ controller: SFSafariViewController) {
        print("Close")
    }
```

웹에서 이미지 데이터 내려받기

이번 장의 포인트
- 이미지뷰(UIImageView)는 웹에 있는 이미지를 출력할 때도 사용할 수 있습니다.
- iOS9부터는 ATS 때문에 HTTP 통신에 제한이 생겼습니다.

웹에 있는 이미지를 출력해요!

이미지뷰란?

이미지뷰(ImageView)는 프로젝트 내부의 이미지를 출력할 때에도 사용할 수 있지만, 웹에 있는 이미지를 출력할 때도 사용할 수 있습니다.

일단 웹에서 이미지를 내려 받습니다. 이를 출력할 수 있는 이미지 데이터 형식으로 변경하고, 이미지뷰에 출력합니다.

※ 하지만 iOS9에서는 ATS(App Transfer Security)라는 보안 기능 때문에 HTTP 통신을 사용할 수 없습니다. HTTP 통신으로 이미지를 출력할 때는 웹 사이트의 출력과 같은 방법으로 특정 도메인을 Info.plist에 작성하면 오류를 피할 수 있습니다. 잘 모르겠다면 CHAPTER 5-2를 참고해주세요.

[사용 방법] 웹에서 이미지를 내려받아 출력하는 방법

지정한 URL에서 로우(Raw) 데이터를 내려받습니다. 그리고 이러한 로우 데이터를 애플리케이션에서 사용할 수 있는 이미지 데이터로 변환하고, 이미지 뷰에 출력합니다.

1) URL 객체 만들기: URL(string: String)?

URL을 나타내는 문자열로 URL 객체(URL)를 생성합니다.

지정한 문자열이 제대로 된 URL 형식이 아니라면 URL 객체를 만들 수 없으므로 nil을 반환합니다. 따라서 if let 등을 사용해서 nil인지 확인해야 합니다.

`서식`

```
let <URL 객체 이름> = URL(string: "<URL 문자열>")
```

`예` URL 형식과 맞지 않는 문자열을 사용하면 nil을 반환(플레이그라운드에서 확인할 수 있습니다)

```
let url = URL(string: "URL이 아닌 문자열")                              nil
```

2) 데이터를 내려받아 로우 데이터 만들기: NSData(contentsOf: URL)?

URL 객체에서 데이터를 내려받아 로우 데이터(NSData)를 만듭니다.

지정한 URL에서 로우 데이터를 내려받을 수 없는 경우가 있으므로 Optional 자료형입니다. 따라서 if let 등을 사용해서 nil인지 확인해야 합니다.

`서식`

```
var <데이터 이름> = NSData(contentsOfURL: <URL 객체>)
```

3) 로우 데이터를 이미지 데이터로 변환하고 이미지 뷰에 출력

로우 데이터를 이미지 데이터(UIImage)로 변환하고, 이미지 뷰에 설정합니다.

이렇게 하면 웹 이미지가 이미지 뷰에 출력됩니다.

서식

```
<이미지뷰 이름>.image = UIImage(data: <데이터>)
```

예 버튼을 누르면 지정한 URL의 웹 이미지를 이미지 뷰에 출력

```
@IBOutlet weak var myImageView: UIImageView!

@IBAction func tapLoadImage() {
    // 버튼을 눌렀을 때
    let stringURL = "https://wikibook.github.io/swift3-textbook/sample.jpg"
    if let url = URL(string: stringURL) {
        // url이 nil이 아니라면 변환
        if let data = NSData(contentsOf: url) {
            // 변환된 data를 출력
            myImageView.image = UIImage(data: data as Data)
        }
    }
}
```

텍스트 데이터 내려받기

이번 장의 포인트 ■ 웹에서 텍스트 데이터를 내려받을 때는 URLSession을 사용합니다.

웹에서 텍스트 내려받기

웹에서 텍스트 데이터를 내려받을 때는 URLSession을 사용합니다. URLSession은 웹 서버와 통신하는 객체입니다.

UrlSession은 '지정한 URL의 데이터를 읽어주세요. 그리고 완료하면 그때 알려주세요'라고 주문하는 객체입니다. 데이터를 읽어달라고 부탁하면 UrlSession 객체가 뒤(백그라운드)에서 통신 처리를 수행합니다. 따라서 메인 프로그램은 URL 객체에 명령을 내린 이후에 곧바로 다른 작업을 진행할 수 있습니다.

메인 프로그램은 통신 명령만 내리는 것이고, 다른 작업을 하는 동안 실제 통신 처리는 뒤에서 하는 것을 비동기 통신이라고 부릅니다.

실제 통신 처리를 뒤가 아니라 앞(메인)에서 수행하고, 통신이 완료될 때까지 다른 작업을 하지 않는 것을 동기 통신이라고 부릅니다. CHAPTER 5-3에서 살펴봤던 NSData(contentsOfURL) 메서드는 동기 통신을 수행하는 메서드랍니다. 동기 통신은 프로그램의 흐름은 간단하고 이해하기 쉽지만, 통신이 종료될 때까지 프로그램이 멈춰버리는 문제가 있습니다. 그래서 통신 처리를 할 때는 일반적으로 비동기 통신을 사용합니다.

※ 이것도 마찬가지입니다. iOS9에서는 ATS(App Transfer Security)라는 보안 기능 때문에 HTTP 통신을 사용할 수 없습니다. HTTP 통신으로 텍스트를 출력할 때는 웹 사이트의 출력과 같은 방법으로 특정 도메인을 Info.plist에 작성하면 오류를 피할 수 있습니다. 잘 모르겠다면 CHAPTER 5-2를 참고해주세요.

[사용 방법] 웹에서 텍스트를 내려받는 방법1: 메서드를 만들지 않는 방법

지정한 URL에서 데이터(로우 데이터)를 내려 받는 방법을 살펴보고, 종료되면 로우 데이터를 문자열 데이터로 변환해서 출력해봅시다.

1) URL 객체 만들기: URL(string: String)?

URL을 나타내는 문자열로 URL 객체(URL)를 만듭니다.

2) URLSession 객체 만들기

URLSession.shared로 통신을 하는 객체를 만듭니다.

`서식` URLSession 객체 만들기

```
let <URLSession 객체 이름> = UrlSession.shared
```

3) 데이터를 내려받는 태스크 만들기

URLSession의 dataTask() 메서드를 사용해서 태스크(데이터를 내려받기 위한 작업)를 만듭니다. 내려받을 대상 URL을 지정하고, 통신이 완료되면 실행할 처리를 completionHandler 뒤에 작성합니다.

통신이 끝나면 (data, response, error) 형식의 튜플을 사용할 수 있습니다. 각각 내려받은 데이터, 상태 정보, 오류 코드를 나타냅니다. 이러한 값을 사용해서 내려받은 데이터의 처리를 수행합니다.

`서식`

```
let <태스크 이름> = <URLSession 객체 이름>.dataTask(with: url, completionHandler: {
  (data, response, error) in
    <통신 완료 때의 처리>
})
```

4) 로우 데이터를 UTF8 문자열로 변환

내려받은 데이터는 로우 데이터입니다. 따라서 이를 UTF8 문자열로 변환해야 프로젝트 내부에서 사용할 수 있습니다. NSString을 사용하면 UTF8 텍스트로 쉽게 변환할 수 있습니다.

`서식` 로우 데이터를 UTF8 형식의 텍스트로 변환

```
if let <NSString 데이터> = NSString(data: <Raw 데이터>!, encoding: String.Encoding.utf8.rawValue)
{
}
```

5) UTF8 문자열을 일반 문자열로 변환

이어서 일반 문자열(String)로 변환해서 사용합니다.

> 서식

```
let <문자열 데이터> = String(<NSString 데이터>)
```

6) 태스크 실행

텍스트 데이터를 내려받는 태스크를 모두 만들었으면 태스크를 실행합니다. resume() 메서드를 호출하면 태스크가 실행됩니다.

> 서식

```
<태스크 이름>.resume()
```

> 예 버튼을 누르면 지정한 URL에 있는 텍스트를 출력

```swift
@IBAction func tapLoadText1() {
    // 버튼을 눌렀을 때
    if let url = URL(string: "https://wikibook.github.io/swift3-textbook/test.txt") {
        // url이 nil이 아니라면 URLSession 객체 생성
        let urlSession = URLSession.shared
        // 데이터를 읽어들이는 태스크를 완료하면 completionHandler 처리가 수행됩니다.
        let task = urlSession.dataTask(with: url, completionHandler: {
            (data, response, error) in
            // Raw 데이터를 UTF8 문자열로 변환
            if let nsstr = NSString(data: data!, encoding: String.Encoding.utf8.rawValue) {
                // UTF8 문자열로 변환되면 일반적인 문자열로 변환
                let str = String(nsstr)
                // 문자열 출력
                print("문자열=[\(str)]")
            }
        })
        task.resume()
    }
}
```

[사용 방법] 웹에서 텍스트를 내려받는 방법2: 메서드를 만드는 방법

이번에도 웹에 있는 텍스트를 내려받는 방법입니다. 앞서 살펴본 방법과 거의 비슷한데, 내려받기가 완료됐을 때 만들어둔 다른 메서드를 호출한다는 점이 다릅니다. 복잡한 처리를 메서드로 옮겨 사용할 수 있는 방법입니다.

1) URL 객체 만들기: URL(string: String)?

URL을 나타내는 문자열로 URL 객체(URL)를 만듭니다.

2) URLSession 객체 만들기

URLSession.shared로 통신을 하는 객체를 만듭니다.

3) 데이터를 내려받는 태스크 만들기

URLSession의 dataTask(with: url) 메서드를 사용해서 태스크(데이터를 내려받기 위한 작업)를 만듭니다. 어떤 URL에서 내려받을지 지정하고, 통신을 완료했을 때 completionHandler 뒤에 입력한 이름의 메서드를 호출합니다. 따라서 해당 이름의 메서드를 만들어야 합니다.

`서식`

```
let <태스크 이름> = <URLSession 객체 이름>.dataTask(with: <URL>, completionHandler: <호출할 메서드 이름>)
```

4) 태스크 실행

텍스트 데이터를 내려받는 태스크를 모두 만들었으면 태스크를 실행합니다.

5) 통신을 완료했을 때 호출할 메서드 만들기

통신을 완료했을 때 호출할 메서드를 만듭니다. 이때 메서드는 매개변수로 (Data?, URLResponse?, NSError?) 형태를 받습니다. 각각 내려받은 데이터, 상태 정보, 오류 코드를 나타냅니다.

서식

```
func <호출할 메서드 이름>(<데이터 이름>: Data?, <응답 데이터 이름>: URLResponse?, <오류 데이터 이
름>: NSError?) {
}
```

6) 메서드 내부에서 로우 데이터를 UTF8 문자열로 변환

내려받은 데이터는 로우 데이터입니다. 따라서 이를 UTF8 문자열로 변환해야 프로젝트 내부에서 사용
할 수 있습니다. NSString을 사용하면 UTF8 텍스트로 쉽게 변환할 수 있습니다.

7) 메서드 내부에서 UTF8 문자열을 일반 문자열로 변환

이어서 일반 문자열(String)으로 변환해서 사용합니다.

예 버튼을 누르면 지정한 URL 텍스트를 출력

```
@IBAction func tapLoadText2() {
    if let url = URL(string: "https://wikibook.github.io/swift3-textbook/test.txt") {
        // url이 nil이 아니라면 URLSession 객체 생성
        let urlSession = URLSession.shared
        // 데이터를 읽어들이는 태스크를 완료하면 completionHandler 처리가 수행됩니다.
        let task = urlSession.dataTask(with: url, completionHandler: onFinish)
        task.resume()
    }
}

// 읽어들이기를 완료했을 때 호출할 메서드 생성(이름은 자유)
func onFinish(data: Data?, response: URLResponse?, error: NSError?) {
    // Raw 데이터를 UTF8 문자열로 변환
    if let nsstr = NSString(data: data!, encoding: String.Encoding.utf8.rawValue) {
        // UTF8 문자열로 변환되면 일반적인 문자열로 변환
        let str = String(nsstr)
        // 문자열 출력
        print("문자열=[\(str)]")
    }
}
```

JSON 데이터 파싱

이번 장의 포인트
- JSON(제이슨)이란 웹 애플리케이션 사이에서 무언가를 주고받을 때 사용하는 데이터 형식입니다.
- NSJSONSerialization을 사용해서 JSON 데이터를 배열 또는 딕셔너리 데이터로 변환할 수 있습니다.

JSON을 읽어봐요!

JSON 데이터란?

JSON(제이슨)이란 웹 애플리케이션 사이에서 무언가를 주고받을 때 사용하는 데이터 형식입니다. JavaScript Object Notation의 줄임말로 자바스크립트에서 데이터를 다룰 때 사용하며, 형식이 단순하고 편리해서 많은 웹 애플리케이션에서 서로 데이터를 주고받을 때 많이 사용합니다.

텍스트로 되어있고, XML보다 간단하고 가벼우며, 인간이 읽기 쉽고, 컴퓨터도 파싱(해석)하기 쉽다는 장점이 있습니다.

JSON의 형식

JSON 데이터의 기본적인 형식을 알아봅시다.

배열 형식

배열은 [ ]로 감싸고, 각 데이터를 쉼표로 구분해서 나열합니다.

서식

```
[데이터, 데이터, 데이터 …]
```

숫자는 그냥 입력하면 됩니다. true/false도 그냥 입력합니다.

예

```
["다즐링","얼그레이","오렌지페코"]
[0, 1, 2, 3, 4, 5]
[true, false, true, false]
```

딕셔너리 데이터(객체) 형식

딕셔너리 데이터는 { }로 감싸고, 각 데이터를 키: 값의 세트로 쉼표로 구분해서 나열합니다.

서식

```
{ "키": 값, "키": 값, "키": 값 … }
```

문자열은 "(큰 따옴표)로 감쌉니다. 숫자와 true/false는 그냥 입력하고, 키는 문자열로 입력합니다.

예

```
{"name":"다즐링", "price":6000, "재고":true }
```

---

1 역주: 자바스크립트에서는 '(작은 따옴표)로도 문자열을 만들 수 있습니다. 하지만 JSON 형식에서는 반드시 "(큰 따옴표)를 사용해야 합니다. 일종의 추가적인 제약이랍니다.

2 역주: 원래 자바스크립트 객체는 키를 입력할 때 따옴표를 사용하지 않아도 됩니다. 하지만 JSON 형식에서는 꼭 써줘야 합니다. 마찬가지로 JSON 형식에서 걸리는 추가적인 제약입니다.

딕셔너리 배열 형식

딕셔너리 데이터 여러 개를 배열에 나열할 수 있습니다.

[ ]로 감싼 부분에 딕셔너리 데이터를 쉼표로 구분해서 나열합니다.

서식

```
[{딕셔너리 데이터}, {딕셔너리 데이터} …]
```

예

```
[
  {"name":"다즐링", "price":6000},
  {"name":"얼그레이", "price":5500},
  {"name":"실론", "price":5000}
]
```

중첩 딕셔너리 형식

딕셔너리 데이터 내부에 딕셔너리 데이터를 넣어 중첩할 수 있습니다.

딕셔너리 데이터 내부에 딕셔너리 데이터를 넣어 만듭니다.

서식

```
{ "키": {딕셔너리 데이터}, "키": {딕셔너리 데이터}, "키": {딕셔너리 데이터} …}
```

예

```
{
  "치킨마요": {"재료":"치킨", "간장":true, "마요네즈":true},
  "돈가스마요" : {"재료":"돈가스", "간장":true, "마요네즈":true},
]
```

[사용 방법] JSON 데이터를 파싱(해석)하는 방법: NSJSONSerialization

JSON 데이터를 스위프트에서 사용할 수 있는 배열 또는 딕셔너리로 변환할 때는 NSJSONSerialization 을 사용합니다. NSJSONSerialization.JSONObjectWithData()를 실행하는 것만으로 JSON 데이터가 파싱(해석)됩니다.

배열인지 딕셔너리인지는 마지막에 어떤 자료형을 지정할지의 차이입니다(지정한 자료형과 해석된 데 이터가 다르면 오류가 발생하므로 알맞은 자료형을 지정하는 것이 중요합니다)[3].

배열 파싱(해석)

JSON 데이터를 배열 데이터로 파싱할 때는 자료형을 NSArray로 지정해야 합니다. 따라서 마지막에 as! NSArray를 붙여줍니다.

> 서식

```
let <배열 이름> = NSJSONSerialization.JSONObjectWithData(<JSON 데이터>, options: nil, error: nil)
as! NSArray
```

딕셔너리 파싱(해석)

JSON 데이터를 딕셔너리 데이터로 파싱할 때는 자료형을 NSDictionary로 지정해야 합니다. 따라서 마지막에 as! NSDictionary를 붙여줍니다.

> 서식

```
let <딕셔너리 이름> = NSJSONSerialization.JSONObjectWithData(<JSON 데이터>, options: nil, error:
nil) as! NSDictionary
```

---

3 역주: JSON 데이터 내부에는 객체, 배열, 문자열, 숫자, 불 등이 모두 들어갈 수 있지만, 가장 외곽은 배열 또는 객체여야 합니다. 따라서 최종 결과가 배열인지 객체인지 구분하는 것이 중요합니다.

JSON 데이터 파싱(해석)을 위한 오류 처리

JSON 데이터가 배열 또는 딕셔너리로 제대로 변환되지 않으면 오류가 발생합니다. 또한, 데이터를 읽어 들였을 때 어떠한 문제가 발생해서 파싱 자체를 제대로 못 하는 경우도 있을 수 있습니다. 이러한 때는 do try catch 구문을 사용해야 합니다.

do try catch는 스위프트 2에서 새로 추가된 기능입니다. 오류가 발생할 수 있는 부분에 사용하며 만약 오류가 발생하면 오류 처리를 따로 분기해서 처리할 수 있는 명령입니다.

`서식`

```
do {
  try <오류가 발생할지도 모르는 처리>
  <오류가 발생하지 않았을 때의 처리>
} catch {
  <오류가 발생했을 때의 처리>
}
```

이러한 do try catch를 사용해서 JSON 데이터를 파싱한다면 다음과 같습니다.

`서식`

```
do {
  var <딕셔너리 이름> = try NSJSONSerialization.JSONObjectWithData(<JSON 데이터>, options: nil,
error: nil) as! NSDictionary
  <오류가 발생하지 않았을 때의 처리>
} catch {
  <오류가 발생했을 때의 처리>
}
```

`예` 배열 자료형의 JSON 데이터를 배열로 파싱(플레이그라운드에서 확인 가능)

플레이그라운드에서 간단하게 테스트해봅시다.

실제 웹에서 데이터를 받아온 상태로 파싱하는 것을 테스트하기 위해 JSON 문자열을 만들고 로우 데이터(NSData)로 변환해서 변수를 만들어 두겠습니다. 그리고 오류를 확인(try)하면서 JSON 데이터를 파싱합니다. 파싱이 되면 값을 출력합니다.

```
// 테스트 전용 JSON 데이터 준비
var jsonString1 = "[100, 200]"                                          "[100, 200]"
var jsonData1 = jsonString1.data(using: String.Encoding.utf8)          <5b313030 2c203230 305d>
// JSON 데이터 파싱
do {
    // 오류가 발생할지도 모르는 JSON 데이터 파싱 부분
    var array = try JSONSerialization.jsonObject(with: jsonData1!, options:   [100, 200]
        JSONSerialization.ReadingOptions.mutableContainers) as! NSArray
    // 파싱되면 출력
    print(array)                                                       "(\n  100,\n  200\n)\n"
} catch {
    print("error")
}
```

예 딕셔너리 자료형의 JSON 데이터를 딕셔너리 데이터로 파싱(플레이그라운드에서 확인 가능)

플레이그라운드에서 간단하게 테스트해봅시다.

실제 웹에서 데이터를 받아온 상태로 파싱하는 것을 테스트하기 위해 JSON 문자열을 만들고 로우 데이터(NSData)로 변환해서 변수를 만들어 두겠습니다. 그리고 오류를 확인(try)하면서 JSON 데이터를 파싱합니다. 파싱이 되면 값을 출력합니다. 그런데 추출된 딕셔너리 데이터는 Optional 자료형이므로 유의해야 합니다. 값을 제대로 추출했다면 출력합니다.

```
// 테스트 전용 JSON 데이터 준비
var jsonString2 = "{\"A\":100, \"B\":200}"                              "{"A":100, "B":200}"
var jsonData2 = jsonString1.data(using: String.Encoding.utf8)          <5b313030 2c203230 305d>
// JSON 데이터 파싱
do {
    // 오류가 발생할지도 모르는 JSON 데이터 파싱 부분
    var array = try JSONSerialization.jsonObject(with: jsonData2!, options:   [100, 200]
        JSONSerialization.ReadingOptions.mutableContainers) as! NSArray
    // 파싱되면 출력
    print(array)                                                       "(\n  100,\n  200\n)\n"
} catch {
    print("error")
}
```

SNS 글 작성

이번 장의 포인트 ■ 트위터 또는 페이스북에 글을 쓰는 대화 상자를 띄울 때는 소셜 프레임워크를 사용합니다.
■ 공유 액션 시트로 글쓰기 대화 상자를 띄울 때는 UIActivityViewController를 사용합니다.

트위터에 글쓰기

페이스북에 글쓰기

SNS에 글쓰기

애플리케이션에서 트위터나 페이스북에 글을 쓸 때는 글쓰기 대화 상자를 사용합니다.

글쓰기 대화 상자를 띄우는 방법은 2가지 있습니다. 글쓰기 대화 상자를 곧바로 띄우는 방법과 공유 액션 시트로 글쓰기 시트를 띄우는 방법입니다.

iOS 표준을 사용하므로 기본적인 오류 처리는 제공됩니다. 예를 들어 트위터와 페이스북 계정이 없는 상태에서 글을 올리면 자동으로 계정을 입력하는 대화 상자가 나옵니다.

[사용 방법] **글쓰기 대화 상자 띄우기**

트위터 버튼이나 페이스북 버튼 등의 공유 버튼을 만들고, 해당 버튼을 눌렀을 때 글쓰기 대화 상자를 띄우는 방법입니다. 필요할 때 곧바로 글쓰기 대화 상자를 띄울 수 있습니다.

1) Social 프레임워크 사용 준비

글쓰기 대화 상자를 사용하려면 Social 프레임워크를 임포트 해야 합니다.

`서식` Social 프레임워크 사용 준비

```
import Social
```

2) 글쓰기 다이얼로그 만들기

글쓰기 다이얼로그를 만들 때는 SLComposeViewController() 메서드를 사용합니다.

매개변수로 SLServiceTypeTwitter를 지정하면 트위터 대화 상자가 나오고, SLServiceTypeFacebook를 지정하면 페이스북 대화 상자가 나옵니다[1].

`서식` 트위터 글쓰기 대화 상자 만들기

```
let <글쓰기 대화 상자> = SLComposeViewController(forServiceType: SLServiceTypeTwitter)
```

`서식` 페이스북 글쓰기 대화 상자 만들기

```
let <글쓰기 대화 상자> = SLComposeViewController(forServiceType: SLServiceTypeFacebook)
```

---

1 역주: 이 이외에도 시나 웨이보를 지원하는 SLServiceTypeSinaWeibo와 텐센트 웨이보를 지원하는 SLServiceTypeTencentWeibo도 있습니다. 중국을 타켓으로 하는 애플리케이션을 만들 때 활용하기 바랍니다.

3) 공유할 문자, 이미지, URL 준비

필요에 따라서 공유할 문자, 이미지, URL을 글쓰기 대화 상자에 추가할 수 있습니다. 필요하지 않다면 처리하지 않아도 상관없습니다.

`서식` 글쓰기 대화 상자에 미리 문자 넣기

```
<글쓰기 대화 상자>.setInitialText(<문자열>)
```

`서식` 글쓰기 대화 상자에 미리 이미지 넣기

```
<글쓰기 대화 상자>.addImage(<UIImage>)
```

`서식` 글쓰기 대화 상자에 미리 URL 넣기

```
<글쓰기 대화 상자>.addURL(<URL>)
```

4) 글쓰기 대화상자 출력

준비된 글쓰기 대화 상자를 출력합니다.

`서식` 글쓰기 대화 상자 출력

```
self.present(<글쓰기 대화 상자>, animated: true, completion: nil)
```

`예` '글을 써봐요'라는 문자를 추가하고, 트위터에 트윗하는 다이얼로그 출력

```
import UIKit

// Social 사용 준비
import Social

class ViewController: UIViewController {

    @IBAction func tapTwitterBtn() {
        // 트위터 글쓰기 대화 상자 생성
        let cv = SLComposeViewController(forServiceType: SLServiceTypeTwitter)
        // 기본적으로 들어갈 글자 설정
        cv?.setInitialText("글을 써봐요")
        // 글쓰기 대화상자 출력
        self.present(cv!, animated: true, completion: nil)
    }
}
```

[사용 방법] 공유 액션 시트를 사용해서 글쓰기 대화상자 띄우기

공유 버튼을 만들고, 공유 버튼을 누르면 iOS 시스템에서 제공하는 공유 액션 시트를 출력하는 방법을 알아봅시다. 트위터에 글을 쓸지, 페이스북에 글을 쓸지는 사용자가 액션 시트에서 선택합니다.

공유 액션 시트를 띄울 때는 UIActivityViewController() 메서드를 사용합니다.

1) 공유할 문자, 이미지, URL을 배열로 준비

필요에 따라서 공유할 문자, 이미지, URL을 추가할 수 있습니다. 필요하지 않다면 처리하지 않아도 상관없습니다.

서식 공유할 문자, 이미지, URL을 배열에 넣음

```
let <공유 전용 배열> = [<String>,<URL>,<UIImage>]
```

2) 공유 액션 시트 만들기

공유 액션 시트를 만들 때는 UIActivityViewController() 메서드를 사용합니다. 매개변수에는 공유 전용 배열을 지정합니다.

서식 공유 액션 시트 만들기

```
let <공유 액션 시트> = UIActivityViewController(activityItems: <공유 전용 배열>,
applicationActivities: nil)
```

3) 표시하지 않을 버튼 지정

공유 액션 시트에는 다양한 버튼이 있으며, 원하는 버튼만 선택해서 출력할 수 있습니다. 모든 버튼을 출력할 예정이라면 이번 처리를 하지 않아도 상관없습니다.

표시하지 않고자 하는 버튼을 배열로 만듭니다.

```
let <표시하지 않고자 하는 버튼 배열> = [
    UIActivityType.saveToCameraRoll,        // 사진 라이브러리에 저장
    UIActivityType.print,                   // 인쇄
    UIActivityType.copyToPasteboard,        // 클립보드에 복사
    UIActivityType.airDrop,                 // AirDrop
    UIActivityType.assignToContact,         // 주소록
    UIActivityType.addToReadingList,        // Safari 읽어보기 목록에 추가
    UIActivityType.mail,                    // Mail
    UIActivityType.message                  // Message
]
```

표시하지 않고자 하는 버튼의 배열을 공유 액션 시트의 excludedActivityTypes 속성에 지정합니다.

서식 공유 액션 시트 출력

```
present(<공유 액션 시트>, animated: true, completion: nil)
<공유 액션 시트 이름>.excludedActivityTypes = <표시하지 않고자 하는 버튼 배열 이름>
```

예 '글을 써봐요'라는 문자를 공유하는 공유 액션 시트 출력

```swift
import UIKit

// Social 사용 준비
import Social

class ViewController: UIViewController {

    @IBAction func tapShareBtn() {
        // 공유할 문자를 배열에 넣습니다.
        let shareText = "글을 써봐요!"
        let shareItems = [shareText]
        // 공유 액션 시트를 생성하고 excludedActivityTypes 지정
        let avc = UIActivityViewController(activityItems: shareItems, applicationActivities: nil)
        avc.excludedActivityTypes = [
```

```
            UIActivityType.saveToCameraRoll,
            UIActivityType.airDrop,
            UIActivityType.assignToContact,
            UIActivityType.addToReadingList
        ]
        // 공유 액션 시트 출력
        present(avc, animated: true, completion: nil)
    }
```

이번 장에서 배운 내용을 활용해보는 예제는 부록에서 다루겠습니다.

화면이 여러 개 있는
애플리케이션 만들기:
UIViewController

이번 장의 개요

▪ 화면이 여러 개 있는 애플리케이션을 만드는 방법을 알아봅시다.

▪ 1개의 화면은 1개의 뷰 컨트롤러로 컨트롤합니다.

▪ 버튼, 탭, 테이블을 사용해서 여러 화면을 이동할 수 있습니다.

화면이 여러 개 있는 애플리케이션이란?

이번 장의 포인트
- 1개의 화면은 1개의 뷰 컨트롤러가 컨트롤합니다.
- 여러 개의 화면은 여러 개의 뷰 컨트롤러로 컨트롤합니다.

지금까지 화면이 하나만 있는 애플리케이션을 만드는 방법을 알아봤습니다. 이번 장에서는 여러 개의 화면이 있는 애플리케이션을 어떻게 만드는지 알아봅시다.

화면이 여러 개 있는 애플리케이션

화면이 여러 개 있는 애플리케이션은 여러 개의 화면을 준비하고, 화면과 화면을 연결해서 만듭니다. 여러 개의 화면을 만들 때는 다음 세 가지를 주의하면서 만들어야 합니다.

[1] 화면 변경 방법 결정

[2] 화면마다 뷰 컨트롤러 만들기

[3] 데이터 연동 방법 결정

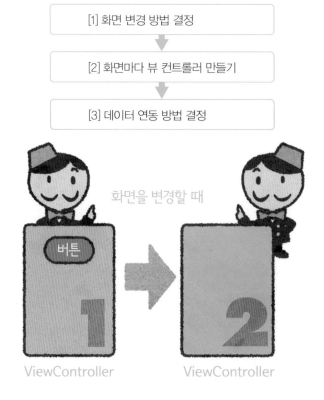

[1] 화면 변경 방법 결정

어떤 화면에서 어떤 화면으로 변경할지는 간단한 연결로 구현할 수 있습니다. 중요한 것은 이때 화면을
변경하는 방법입니다. 화면을 변경하는 방법은 세 가지가 있는데, 애플리케이션의 특징에 따라 적합한
방법을 선택하기 바랍니다.

- **화면 위에 띄워서 변경: Modal**

    화면 위에 화면을 띄우는 방법입니다. 일시적인 화면에 사용
    하는 방법입니다.

    화면 위에 있는 버튼을 탭하면 다른 화면으로 전환됩니다. 또
    한 돌아가기 버튼을 누르면 원래 화면으로 돌아갈 때도 사용
    합니다.

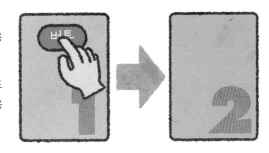

- **내비게이션으로 변경: Navigation Controller**

    애플리케이션에 내비게이션 바가 있고, 계층적으로 화면을
    전환하는 방법입니다. 여러 개의 화면을 계층적으로 구성하
    고 싶을 때 사용합니다.

    여러 개의 항목 중에서 하나를 탭하면 화면이 오른쪽에서
    왼쪽으로 밀리면서 전환되고, 해당 항목으로 계층이 깊게
    들어갑니다. 내비게이션 바 왼쪽에 있는 돌아가기 버튼을
    눌러서 원래 화면으로 돌아올 수 있습니다.

    Master-Detail Application 템플릿을 사용하면 쉽게 만들
    수 있습니다.

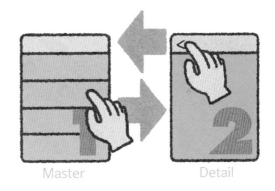

- **탭바로 변경: Tab Bar Controller**

    애플리케이션 아래에 탭바가 있고, 병렬
    적으로 화면을 전환하는 방법입니다. 여
    러 개의 화면을 병렬로 구성하고 싶을
    때 사용합니다.

    탭바에 있는 버튼 하나를 탭하면 탭바
    위에 있는 화면이 바뀝니다. 또 다른 버
    튼을 탭하면 다른 화면으로 바뀝니다.

    Tabbed Application 템플릿을 사용하
    면 쉽게 만들 수 있습니다.

화면 변경 방법은 세그웨이로 지정

어떤 화면에서 다른 화면으로 변경할 때는 세그웨이(segue)를 사용해서 연결합니다.

세그웨이란 음악 용어로 '어떤 악장에서 다른 악장으로 끊지 않고 진행하는 것'을 나타냅니다. Xcode의 세그웨이도 이와 비슷하게 어떤 화면에서 어떤 화면으로 끊지 않고 진행하는 것을 나타내는 기능이라고 할 수 있습니다.

인터페이스 빌더에서 화면과 화면을 연결하는 화살표 선이 바로 세그웨이입니다. 세그웨이는 어떤 화면에서 어떤 화면으로 이동할지와 어떤 방식으로 화면을 변경할지 지정합니다.

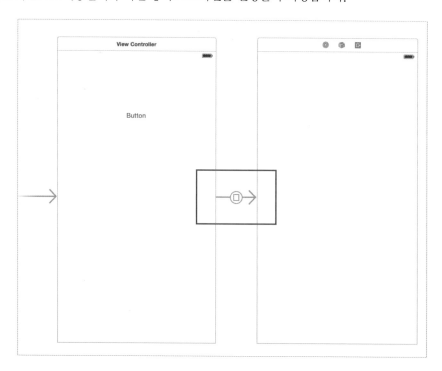

세그웨이의 종류

다양한 종류의 세그웨이가 있습니다.

Manual Segue

- show
  내비게이션 바로 화면을 옆으로 밀면서 변경할 때

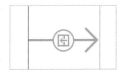

- show detail
  내비게이션 바로 화면을 변경할 때(아이패드 전용 애플리케이션에서는 화면의 오른쪽 부분을 변경할 때)

- present modally
  화면을 통째로 바꿀 때(일반적인 화면 전환에) 사용합니다. 원래 뷰 위에 새로운 화면을 띄웁니다.

- present as Popover
  팝 오버로 변경할 때(아이패드 전용)

- custom
  사용자 정의 방법을 사용해 변경할 때

Relationship Segue

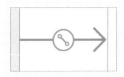

- view controllers
  탭 바로 화면을 변경할 때

[2] 화면마다 뷰 컨트롤러 만들기

1개의 화면은 1개의 뷰 컨트롤러로 컨트롤합니다.

지금까지 만들었던 애플리케이션의 프로그램은 ViewController.swift에 작성했습니다. 지금까지 만들었던 애플리케이션은 화면이 1개였기 때문에 해당 화면에 대응하는 ViewController.swift라는 뷰 컨트롤러 1개로 컨트롤 한 것입니다.

그런데 여러 개의 화면을 만들 때는 여러 개의 뷰 컨트롤러가 필요합니다. 화면을 추가하면 새로운 뷰 컨트롤러도 함께 만들어집니다. 두 번째 화면을 만든다면 secondViewController.swift라는 이름을 붙여주고, 지도를 출력하는 화면을 만든다면 mapViewController.swift라는 이름을 붙여 주는 것이 좋습니다.

1개의 화면(가게)은 1개의 뷰 컨트롤러(점장)에 맡김

1개의 화면(뷰)은 1개의 뷰 컨트롤러로 컨트롤합니다.

간단하게 예를 들어보겠습니다. 뷰는 가게, 뷰 컨트롤러는 해당 가게를 맡는 점장이라고 할 수 있습니다. 그리고 버튼 또는 레이블과 같은 객체는 해당 가게에서 일하는 아르바이트 점원이라고 할 수 있습니다.

가게(뷰)에 아르바이트 점원(객체)을 배치하는 것만으로는 가게가 제대로 기능하지 못합니다. 점장(뷰 컨트롤러)이 아르바이트 점원(객체)에게 '이러한 때는 이런 것을 해줘요'라고 지시해야만 가게가 제대로 운영됩니다.

뷰는 가게

ViewController

뷰 컨트롤러는 가게를 맡은 점장

예를 들어서 아르바이트 점원(객체)은 벨이 울리면 무언가를 할 수 있습니다. 이때 점장(뷰 컨트롤러)이 '벨이 울리면 주문을 받아주세요'라고 알려주면 주문 받는 일을 할 수 있게 됩니다.

실제 애플리케이션에서도 버튼은 버튼이 눌리면 무언가를 할 수 있습니다. 이때 뷰 컨트롤러가 '버튼이 눌리면 Hello라고 출력해주세요'라고 알려주면 화면에 문자를 출력하는 일을 할 수 있게 됩니다.

프로그램은 다양한 지시 사항을 모아 놓은 것이라고 할 수 있습니다. 각 객체에 '어떠한 때에 어떤 것을 해주세요'라고 지시할 것을 많이 만들어두면 애플리케이션 전체가 복잡한 일을 처리할 수 있게 됩니다.

델리게이트: 아르바이트 직원이 점장에게 일의 내용을 질문할 때 사용하는 것

아르바이트 점원(객체)은 기본적으로 단순한 일만 할 수 있습니다. 따라서 복잡한 일은 하기 어렵습니다. 단순한 일만 할 때는 괜찮지만, 복잡한 일을 할 때는 어떻게 해야 할지 당황할 수 있습니다. 따라서 이러한 때는 점장(뷰 컨트롤러)에게 무엇을 어떻게 해야 하는지 물어봐야 합니다.

이처럼 자신이 무엇을 어떻게 해야 할지 잘 모르는 것을 점장에게 물어서 맡기는 것을 델리게이트라고 부릅니다.

예를 들어서 아르바이트 점원(객체)은 대량의 물건을 정리하는 복잡한 일을 하기 어려울 수 있습니다. 이러한 때는 점장에게 '이건 어디에 놓아요?', '첫 번째 줄에는 무엇을 놓을까요?'라고 물으면서 일을 하면 됩니다.

마찬가지로 실제 애플리케이션 내부에서도 테이블 뷰는 리스트를 출력할 때, 델리게이트를 사용해서 뷰 컨트롤러에게 무엇을 해야 하는지 묻습니다. 예를 들어 '이건 몇 번째 줄에 출력할까요?', '첫 번째 줄에는 무엇을 출력할까요?'처럼 말이지요. 뷰 컨트롤러는 이런 질문을 받으면 '첫 번째 줄에 출력해주세요.', '첫 번째 줄에 이걸 출력해주세요'처럼 지시합니다.

단순한 일을 할 때는 필요 없지만, 복잡한 일을 할 때는 델리게이트를 사용해야 합니다.

여러 개의 화면(점원)이 있다면 뷰 컨트롤러(점장)도 여러 개

참고로 점원이 2명 있다면(2개의 화면이 있다면), 점장(뷰 컨트롤러)도 2명 있어야 합니다. 2명의 점장은 각각 자신의 가게에서 일하는 점원만 담당합니다.

만약 2개의 가게가 서로 연계해서 무언가를 하려면 연락을 해야 합니다. 이러한 때는 연락만 담당하는 사람을 사용해서 서로 상태를 주고받습니다.

실제 애플리케이션에서도 2개의 화면이 있을 때 뷰 컨트롤러는 서로의 상태를 모릅니다. 이러한 때는 연락 전용 속성을 만들어두고, 여기에 정보를 쓰거나 읽어서 서로 상태를 주고받아야 합니다.

더 많은 가게(화면)가 만들어지면 점장도 많아지며, 연락 방법도 복잡해집니다. 이러한 때는 중앙 센터(앱 델리게이트)를 사용해서 연락하는 것이 좋습니다.

각 점포가 공유할 정보는 중앙 센터에 저장해두고, 다른 점포에서 해당 정보가 필요할 때 중앙 센터에 연락해서 가져오는 방식입니다.

실제 애플리케이션에서도 여러 개의 화면을 다루는 경우에는 앱 델리게이트(AppDelegate)라는 중앙 센터 같은 것을 사용합니다. 앱 델리게이트에 연락 전용 속성을 만들어 두고, 이를 사용해서 다른 뷰 컨트롤러들이 속성을 공유해서 사용하는 것입니다. 이렇게 하면 여러 개의 뷰 컨트롤러끼리 정보를 쉽게 주고받을 수 있습니다.

[3] 데이터 연동 방법

화면이 여러 개 있는 애플리케이션에서 각 화면은 서로 다른 뷰 컨트롤러가 컨트롤 하므로 기본적으로는 서로 간의 정보를 알 수 없습니다. 화면을 서로 연동하려면 데이터를 주고받게 하거나 공유하게 해야 합니다.

데이터를 연동하는 방법에는 크게 2가지 방법이 있습니다. 첫 번째는 뷰 컨트롤러들이 직접 데이터를 주고받게 하는 방법이고, 두 번째는 앱 델리게이트를 사용해서 데이터를 공유하는 방법입니다.

방법 1 | 직접 데이터를 주고받는 방법

2개의 화면을 이동하는 단순한 전환에서는 '화면이 변경될 때 직접 데이터를 주고받는 간단한 방법을 사용합니다.

화면이 변경될 때 직접 전달하는 방법

❶ 다음 화면으로 변경할 때, 다음 화면에 데이터를 전달합니다.

❷ 원래 화면으로 돌아올 때, 다음 화면에서 데이터를 받습니다.

방법 2 | 앱 델리게이트를 사용해서 데이터를 공유하는 방법

2개 이상의 화면을 전환할 때는 1번 방법으로는 데이터를 주고받기 복잡합니다. 이러한 때는 앱 델리게이트를 사용해서 데이터를 공유하는 방법을 사용합니다.

앱 델리게이트를 사용해서 데이터를 공유하는 방법

❶ 앱 델리게이트에 속성을 만듭니다.

❷ 처음 화면에서 앱 델리게이트의 속성에 데이터를 저장합니다.

❸ 다음 화면에서 앱 델리게이트의 속성에서 데이터를 읽어 들입니다.

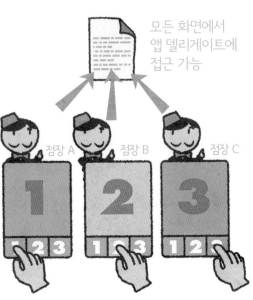

싱글 뷰 애플리케이션으로 화면이 여러 개 있는 애플리케이션 만들기(화면디자인)

이번 장의 포인트
- 싱글 뷰 애플리케이션 템플릿을 선택해서 만든 애플리케이션도 여러 개의 화면을 추가할 수 있습니다.
- 색상을 전달하는 애플리케이션 화면을 디자인하는 부분까지 만듭니다.

싱글 뷰 애플리케이션에 화면 추가

Single View Application 템플릿을 선택해서 만든 애플리케이션은 화면이 한 개만 있습니다. 여기에 화면을 추가하면 여러 개의 화면을 만들 수 있습니다.

새로운 화면 추가 방법

싱글 뷰 애플리케이션에 새로운 화면을 추가할 때는 다음과 같은 과정을 거칩니다.

[1] 인터페이스 빌더에서 새로운 화면을 추가합니다.

[2] 새로운 화면 전용 뷰 컨트롤러를 만들고 새로운 화면에 설정합니다.

[3] 세그웨이를 사용해서 첫 번째 화면과 새로운 화면을 연결합니다.

[4] 첫 번째 화면에 돌아올 수 있는 문을 만듭니다.

[5] 돌아올 수 있는 문을 사용해 새로운 화면과 첫 번째 화면을 연결합니다.

그럼 싱글 뷰 애플리케이션을 기반으로 SFSafariViewController 화면이 여러 개 있는 애플리케이션을 만들어 봅시다. 추가로 첫 번째 화면에서 두 번째 화면으로 데이터를 전달하는 방법도 살펴보겠습니다.

[튜토리얼] 색상을 전달하는 애플리케이션 만들기

[난이도] ★★★☆☆

어떤 애플리케이션?

화면이 2개인 애플리케이션입니다. 첫 번째 화면에는 RGB 값과 색상 보기라는 부품이 있습니다. RGB 값은 애플리케이션을 실행할 때 랜덤하게 생성되며 [색상 보기] 버튼을 탭하면 두 번째 화면으로 변경됩니다. 이때 두 번째 화면의 배경에 RGB 값에 있던 색을 칠합니다. 랜덤한 색상을 확인할 수 있는 간단한 학습 전용 애플리케이션입니다.

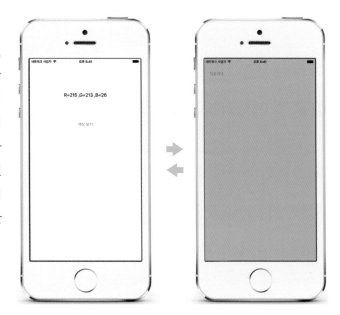

애플리케이션의 구조

❶ 화면1에 레이블과 [색상 보기] 버튼을 배치합니다.

❷ 화면2를 추가하고 [뒤로가기] 버튼을 배치합니다.

❸ 화면2 전용 뷰 컨트롤러인 ColorViewController.swift를 만들고, 화면2와 ColorViewController를 연결합니다.

❹ 화면1의 [색상 보기] 버튼과 화면2를 연결합니다.

❺ 화면1 전용 뷰 컨트롤러인 ViewController.swift에 돌아올 수 있는 문을 만듭니다.

❻ 화면2에서 화면1로 돌아올 수 있게 연결합니다.

❼ ColorViewController.swift에 배경 색상을 나타내는 변수를 만듭니다.

❽ ViewController.swift에서 랜덤한 색상을 만들고 변수에 저장합니다.

❾ 화면1에서 화면2로 변경할 때, ColorViewController.swift에 값을 전달합니다.

프로젝트 만들기

1 신규 프로젝트 생성

템플릿 선택 화면에서 Single View Controller를 선택해서 신규 프로젝트를 만듭니다.

2 프로젝트 기본 정보 입력

프로젝트의 기본 정보를 입력하는 화면으로 넘어가면 다음과 같이 입력합니다. 이어서 [Next] 버튼을 클릭해주세요.

- Product Name: dispColor

- Organization Name: myname

- Organization Identifier: com.myname

- Language: Swift

- Devices: iPhone

- Use Core Data: 해제

- Include Unit Tests: 해제

- Include UI Tests: 해제

화면 디자인

이번 애플리케이션에는 2개의 화
면이 있습니다.

화면1에는 RGB 값을 출력하는
레이블과 [색상 보기] 버튼을 배
치합니다. 화면 2에는 [뒤로가기]
버튼을 배치합니다. 간단하게 이
런 디자인을 기반으로 화면을 만
들어 봅시다.

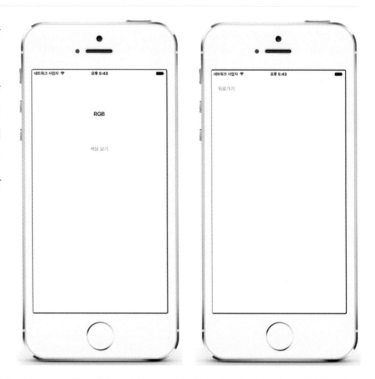

3 레이블 배치

라이브러리 패널에서 Label 1개를 화면에 배치하고 레이블의 왼쪽과 오른쪽을 드래그해서 가이드 라인
의 위치에 맞게 넓혀주세요.

문자를 더블 클릭하고, RGB라고 수정합니다. 이어서 어트리뷰트 인스펙터의 Alignment 속성을 가운
데 정렬로 설정합니다.

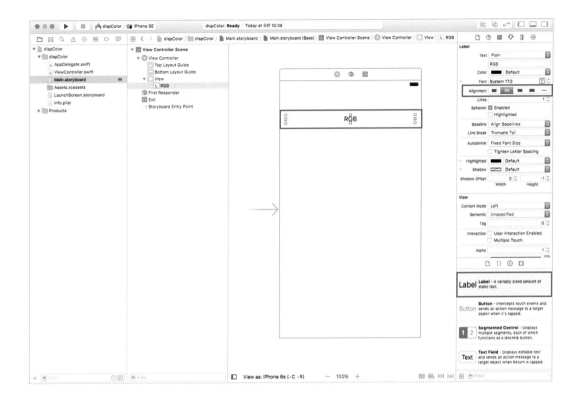

4　레이블을 화면의 위에서 100만큼 떨어진 위치, 화면의 왼쪽 오른쪽에서 0의 위치에 고정

레이블을 선택하고 [Pin] 버튼을 클릭합니다. 이어서 □ 위의 숫자에 20, □ 왼쪽 숫자에 0, □ 오른쪽 숫자에 0을 입력합니다. 입력하면 붉은색 점선이 실선으로 변경됩니다.

추가로 Height에 24라고 입력하고, [Add 4 Constraints] 버튼을 클릭합니다.

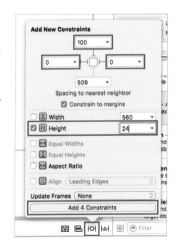

5 **[색상 보기] 버튼 배치**

라이브러리 패널에서 Button을
레이블 아래에 배치합니다. 문자
를 더블 클릭하고, 색상 보기로
수정합니다.

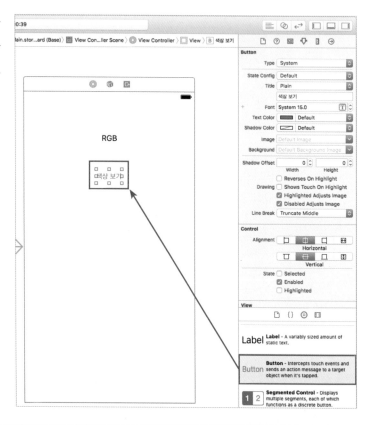

6 **[색상 보기] 버튼을 위에 있는 레이블에서 80만큼 떨어진 위치에 고정**

[색상 보기] 버튼을 선택하고
[Align] 버튼을 클릭합니다. 이
어서 Horizontally in Container
에 체크하고 [Add 1 Constraint]
버튼을 클릭합니다.

[Pin] 버튼을 클릭하고 □ 위의
숫자에 80을 입력합니다. 이어서
[Add 1 Constraint] 버튼을 클릭
합니다. 높이와 너비는 그냥 문
자의 크기에 맞게 알아서 설정되
게 하겠습니다.

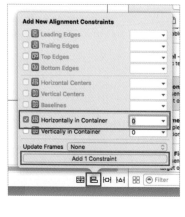
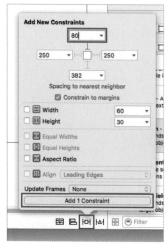

7 실행해서 결과 확인

[실행] 버튼을 클릭합니다.

확인

레이블과 버튼이 제대로 표시되는지 확인해주세요. 화면1을 모두 만들
었습니다. 확인을 완료했다면 [정지] 버튼을 눌러서 정지해주세요.

8 화면2 추가

라이브러리 패널에서 View Controller를 드래그해서, 화면1의 뷰 컨트롤러 옆에 배치합니다. 화면이
좁아서 배치하기 어렵다면 스크롤 한 다음에 배치해주세요.

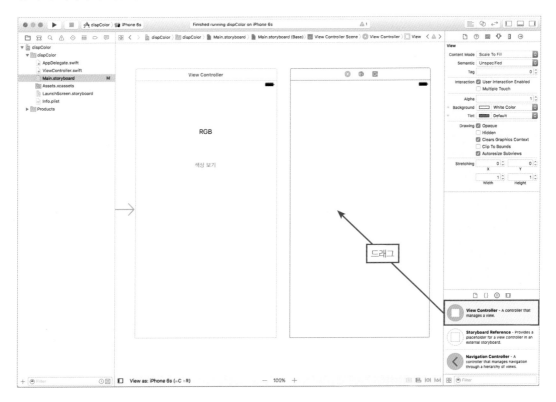

9 **[뒤로가기] 버튼 배치**

라이브러리 패널에서 Button을
화면의 왼쪽 위에 배치합니다.
이어서 문자를 더블 클릭하고,
뒤로가기라고 수정합니다.

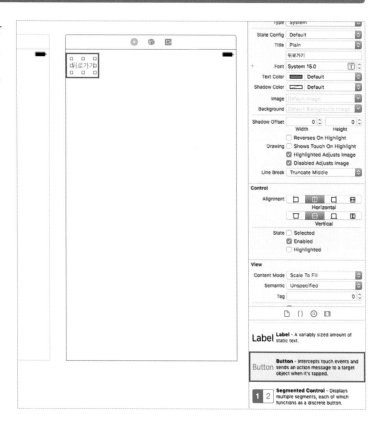

10 **[뒤로가기] 버튼을 화면의 왼쪽에서 0, 화면의 위에서 20만큼 떨어진 위치에 고정**

[뒤로가기] 버튼을 선택하고 [Pin] 버튼을 클릭합니다. 이어서 □ 왼쪽
의 숫자에 20, □ 위의 숫자에 20을 입력하고 [Add 2 Constraints]
버튼을 클릭합니다.

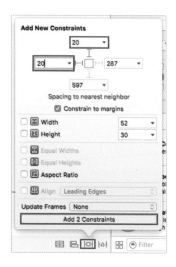

11 화면2 전용 뷰 컨트롤러인 ColorViewController.swift 만들기

프로젝트 내비게이터를 마우스 오른쪽
버튼으로 클릭(또는 control + 클릭)하
고, 팝업 메뉴에서 New File...을 선택
합니다.

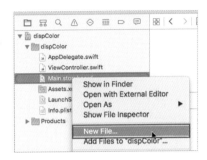

iOS 〉 Source 〉 Cocoa Touch Class를
선택하고, [Next] 버튼을 선택합니다.

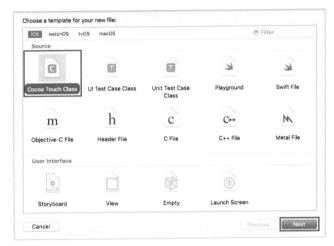

다음과 같이 설정하고, [Next] 버튼을
클릭합니다. 이어서 [Create] 버튼을
클릭합니다.

    ▪ Class: ColorViewController라고 입력

    ▪ Subclass of: UIViewController

    ▪ Also create XIB file: 체크 해제

    ▪ Language: Swift

ColorViewController.swift 파일이 생성됐습니다.

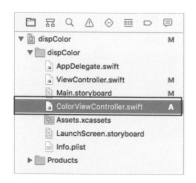

12 ColorViewController.swift를 화면2에 연결

Main.storyboard를 선택합니다. ViewController(위에 있는 3개의 아이콘 중에 제일 왼쪽에 있는 아이콘)를 선택하고, 아이덴티티 인스펙터의 Custom Class > Class를 ColorViewController로 지정합니다.

13 화면1의 [색상 보기] 버튼과 화면2 연결

화면1의 [색상 보기] 버튼을 마우스 오른쪽 버튼으로 클릭(또는 control + 클릭)해서 화면2까지 드래그 앤드 드롭합니다. 이어서 팝업 메뉴가 나오면 present modally를 선택합니다.

이렇게 하면 [색상 보기] 버튼을 눌렀을 때 화면2로 이동합니다.

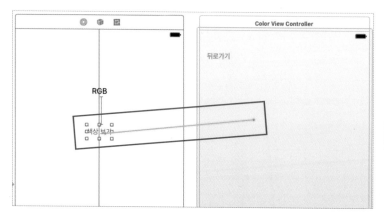
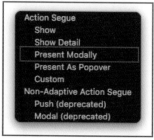

14 실행해서 결과 확인

[실행] 버튼을 클릭합니다.

확인

[색상 보기] 버튼을 탭하면 화면2로 변경됩니다. 그런데 아직 화면2의 [뒤로가기] 버튼이 작동하지 않습니다. 모두 확인했다면 [정지] 버튼을 눌러 정지해주세요.

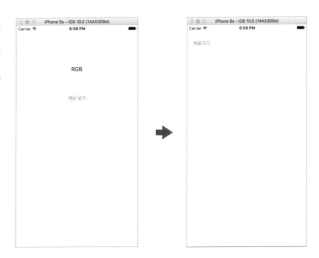

15 ViewController.swift에 돌아올 수 있는 문 만들기

다른 화면에서 특정 화면으로 돌아오려면 메서드를 만들어야 합니다. 일단 만드는 것이 중요하며, 내부에는 아무것도 입력하지 않아도 됩니다. 메서드를 만들기만 하면 자동으로 돌아올 수 있는 문이 만들어지는 것입니다. 이를 unwind segue라고 부릅니다.

서식 unwind segue

```
@IBAction func <메서드 이름>(segue: UIStoryboardSegue) {
```

ViewController.swift 파일을 선택하고, unwind segue를 입력합니다. 메서드 이름은 returnTop이라고 지정합니다.

```
import UIKit

class ViewController: UIViewController {

    override func viewDidLoad() {
        super.viewDidLoad()
```

```
        // Do any additional setup after loading the view, typically from a nib.
    }


    @IBAction func returnTop(segue: UIStoryboardSegue) {

    }
```

16 화면2에서 화면1로 연결

Main.storyboard를 선택합니다. 화면2의 [뒤
로가기] 버튼을 마우스 오른쪽 버튼으로 클릭(또
는 control + 클릭)해서 드래그하고, 화면 2의
Exit(위에 있는 3개의 아이콘 중에 제일 오른쪽에
있는 아이콘)에 드롭합니다.

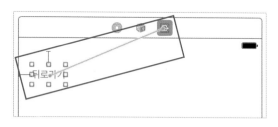

메뉴가 나오면 returnTop을 선택합니다. 이렇게
하면 해당 버튼을 눌렀을 때 이전 화면(현재 예제
에서는 화면1)으로 돌아갑니다.

17 실행해서 결과 확인

[실행] 버튼을 클릭합니다.

확인

[색상 보기] 버튼을 탭하면 화면2로 이동
합니다. 이어서 [뒤로가기] 버튼을 클릭하
면 원래 화면(화면1)으로 돌아옵니다. 간
단하게 2개의 화면을 오고가게 만들었습
니다. [정지] 버튼을 눌러서 정지해주세요.

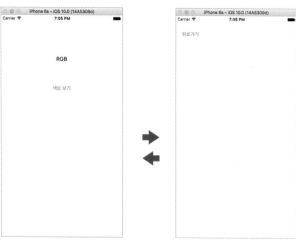

싱글 뷰 애플리케이션으로 화면이 여러 개 있는 애플리케이션 만들기(프로그램 제작)

이번 장의 포인트 ■ 프로그래밍해서 완성합니다.

[튜토리얼] 색상을 전달하는 애플리케이션 만들기(계속)

색상을 전달하는 애플리케이션의 화면을 구성했으므로 이어서 부품과 프로그램을 연결하고, 프로그램을 만들어 봅시다.

부품을 연결해서 프로그래밍

한 번에 만들지 말고 다음과 같은 과정을 거쳐 확인해보며 차근차근 만들어 봅시다.

- 화면1을 출력할 때 랜덤한 숫자 3개를 만들어서 RGB 값으로 출력하도록 프로그램 작성
- 화면2를 출력할 때 RGB 값을 기반으로 배경색을 칠하도록 프로그램 작성
- 화면1에서 화면2로 색상값을 전달하도록 프로그램 작성

화면1을 출력할 때 랜덤한 숫자 3개를 만들어서 RGB 값으로 출력하도록 프로그램 작성

일단 화면1에서 랜덤하게 색상을 만들도록 합시다. 빛의 3원색 붉은색(R), 초록색(G), 파란색(B)을 랜덤하게 구하고, 레이블에 출력합니다.

18 어시스턴트 에디터로 변경

툴바의 [어시스턴트 에디터] 버튼을 눌러서 어시스턴트 에디터로 변경합니다.

19 | **Label을 아울렛 연결하고 이름 붙이기**

화면1의 레이블을 마우스 오른쪽 버튼으로 클릭(또는 control + 클릭)해서 드래그하고, 오른쪽에 표시된 ViewController.swift에 드롭합니다.

이름은 colorLabel로 붙여줍니다.

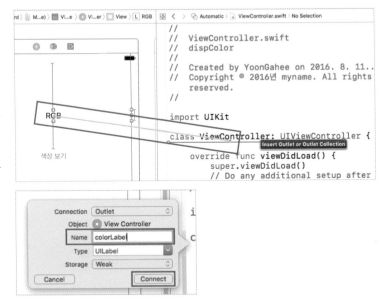

20 | **소스 에디터로 변경**

툴바의 [스탠다드 에디터] 버튼을 누르고, 내비게이터 영역에서 View Controller.swift 파일을 선택합니다.

21 | **랜덤한 숫자 3개 준비**

GameplayKit 프레임워크를 사용할 수 있게 임포트합니다.

클래스 앞부분에 GKARC4RandomSource() 메서드로 랜덤 객체를 생성합니다. 랜덤한 숫자가 필요하면 이 객체를 사용해 만들면 됩니다. 추가로 빛의 3원색을 저장할 변수(colorR, colorG, colorB)를 만듭니다. 일단 처음에는 0을 집어넣고, 이후에 랜덤한 값을 넣겠습니다.

```
import UIKit
// 랜덤 사용 준비
import GameplayKit

class ViewController: UIViewController {
    @IBOutlet weak var colorLabel: UILabel!
```

```
   // 랜덤 사용 준비
   let randomSource = GKARC4RandomSource()
   var colorR = 0
   var colorG = 0
   var colorB = 0
```

22 │ 화면을 출력할 때 랜덤한 값 생성

화면을 출력할 때는 viewWillAppear() 메서드가 호출됩니다. 이 메서드를 오버라이드해서 사용합니다.

서식 화면을 출력할 때 호출되는 메서드를 오버라이드해서 사용

```
override func viewWillAppear(animated: Bool) {

}
```

```
// 화면을 출력할 때 호출됩니다.
override func viewWillAppear(_ animated: Bool) {
    // 0~255 범위의 랜덤한 숫자 3개를 구합니다.
    colorR = randomSource.nextInt(upperBound: 256)
    colorG = randomSource.nextInt(upperBound: 256)
    colorB = randomSource.nextInt(upperBound: 256)
    // 3개의 값을 출력합니다.
    colorLabel.text = "R=\(colorR), G=\(colorG), B=\(colorB)"
}
```

23 │ 실행해서 결과 확인

[실행] 버튼을 클릭합니다.

확인

애플리케이션을 실행하면 랜덤한 RGB 값이 출력될 것입니다. 확인했다면 [정지] 버튼을 눌러 정지합니다.

화면2를 출력할 때 RGB 값을 기반으로 배경색을 칠하도록 프로그램 작성

이어서 화면2에서 RGB값을 사용해 배경색을 칠하게 프로그램을 만듭시다.

24   **3개의 변수를 준비하고 화면을 출력할 때 해당 색상으로 배경 칠하기**

ColorViewController.swift를 클릭해서 화면2의 프로그램을 엽니다.

일단 빛의 3원색 값을 전달받을 수 있게 변수를 만들고, 초깃값은 0으로 설정합니다. 그리고 화면을 출력할 때 호출되는 viewWillAppear() 메서드에서 3개의 값을 사용해 배경색을 설정합니다.

랜덤한 숫자는 0~255의 정수이지만, UIColor는 0.0~1.0 사이의 부동 소수점으로 만들어야 하므로 256으로 나눠서 사용해야 합니다. 추가로 UIColor는 부동 소수점으로 Double이 아니라 CGFloat 자료형을 사용하므로 변환해줘야 합니다.

서식 화면의 배경 색상 설정

```
view.backgroundColor = <UIColor>
```

```swift
import UIKit

class ColorViewController: UIViewController {

    // 삼원색을 나타내는 변수를 선언합니다.
    var colorR = 0
    var colorG = 0
    var colorB = 0

    // 화면을 출력할 때 호출됩니다.
    override func viewWillAppear(_ animated: Bool) {
        // RGB 값을 기반으로 색상을 만듭니다.
        let backColor = UIColor(
            red: CGFloat(colorR) / 256.0,
            green: CGFloat(colorG) / 256.0,
            blue: CGFloat(colorB) / 256.0,
            alpha: 1.0)
        // 만든 색상을 배경 색상으로 설정합니다.
        view.backgroundColor = backColor
    }
```

25 실행해서 결과 확인

[실행] 버튼을 클릭합니다.

확인

애플리케이션을 실행하면 랜덤한 RGB 값을 출력합니다. [색상 보기] 버튼을 누르면 화면이 변경되며 검은 화면이 출력됩니다.

이는 화면2에서 RGB의 초기값이 0이기 때문입니다. 확인했다면 [정지] 버튼을 눌러서 정지합니다.

화면1에서 화면2로 색상값을 전달하도록 프로그램 작성

그럼 마지막으로 화면1에서 화면2로 변경할 때, 색상값을 전달하도록 하겠습니다.

26 화면1에서 화면2로 색상값 전달

화면1에서 화면2로 변경하기 직전에 prepare() 메서드가 호출됩니다. 이 메서드를 오버라이드하면 화면1의 값을 화면2로 전달할 수 있습니다.

화면2의 변수에 값을 쓰려면 화면2에 접근할 수 있어야 합니다. prepare() 메서드의 segue.destination이 변경할 대상의 뷰 컨트롤러입니다. 이를 as! ColorViewController로 변환해서 사용하면 원하는 대로 사용할 수 있습니다. 이렇게 colorR, colorG, colorB의 값을 전달합니다.

서식 화면이 변경되기 직전에 호출되는 메서드

```
override func prepare(for segue: UIStoryboardSegue, sender: Any?){
  let <다음 화면> = segue.destination as! <다음 화면 클래스 이름>
  <다음 화면으로 데이터를 전달하는 처리>
}
```

```
// 화면이 변경될 때 호출됩니다.
override func prepare(for segue: UIStoryboardSegue, sender: Any?) {
    // 변경될 화면을 추출합니다.
    let nextvc = segue.destination as! ColorViewController
    // 변경될 화면에 있는 변수에 값을 전달합니다.
    nextvc.colorR = colorR
    nextvc.colorG = colorG
    nextvc.colorB = colorB
}

@IBAction func returnTop(segue: UIStoryboardSegue) {

}
```

27 실행해서 결과 확인

[실행] 버튼을 클릭합니다.

확인

[색상 보기] 버튼을 탭하면 RGB
값으로 만들어진 색상이 배경색
으로 출력될 것입니다. 이것으로
이번 애플리케이션을 완성했습
니다.

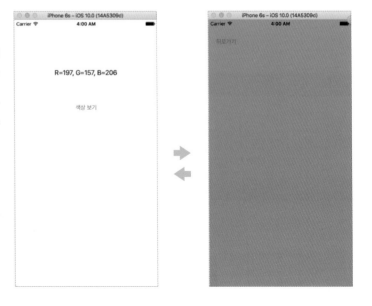

탭 기반 애플리케이션으로 화면이 여러 개 있는 애플리케이션 만들기(화면 디자인)

이번 장의 포인트
- 탭 기반 애플리케이션(Tabbed Application) 템플릿으로 화면이 여러 개 있는 애플리케이션을 만듭니다.
- 단위 환산 애플리케이션의 화면을 디자인하는 부분까지 만듭니다.

탭 기반 애플리케이션은 탭으로 여러 개의 화면을 전환하는 애플리케이션

신규 프로젝트에서 Tabbed Application 템플릿을 선택해서 프로젝트를 만들면 탭을 사용해 여러 개의 화면을 전환하는 애플리케이션을 간단하게 만들 수 있습니다. 이번 장에서는 Tabbed Application 템플릿으로 프로젝트를 만들고, 여러 개의 화면끼리 데이터를 공유하는 방법과 탭 화면을 추가하는 방법을 살펴보겠습니다.

[튜토리얼] 단위 환산 애플리케이션 만들기

[난이도] ★ ★ ★ ☆ ☆

어떤 애플리케이션?

화면이 여러 개 있는 단위 환산 애플리케이션입니다.

처음 화면에서 cm 단위를 입력하면 다른 탭에 inch와 척 단위로 환산된 결과를 출력합니다.

애플리케이션의 구조

❶ 탭 기반 애플리케이션에 있는 2개의 화면(화면1, 화면2)에 숫자를 입력할 곳과 입력 버튼을 만듭니다.

❷ 화면3을 추가하고, 숫자를 입력할 곳과 입력 버튼을 만듭니다.

❸ 화면3 전용 뷰 컨트롤러인 ThirdViewController.swift를 만들고, 화면3에 설정합니다.

❹ AppDelegate.swift에 공유할 변수를 만듭니다.

❺ 화면1에 공유한 변수를 출력하고, 값을 입력하면 변수를 변경하도록 프로그램을 만듭니다. 숫자 입력을 쉽게 할 수 있게 숫자 키보드(Number Pad)를 사용해 봅시다. [입력] 버튼을 누르면 키보드를 닫습니다.

❻ 화면2에 공유한 변수를 출력하고, 값을 입력하면 변수를 변경하도록 프로그램을 만듭니다.

❼ 화면3에 공유한 변수를 출력하고, 값을 입력하면 변수를 변경하도록 프로그램을 만듭니다.

프로젝트 만들기

1 신규 프로젝트 생성

템플릿 선택 화면에서 Tabbed Application을 선택하고, 신규 프로젝트를 생성합니다.

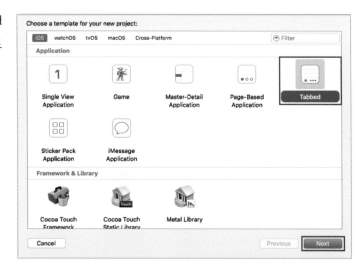

2 프로젝트 기본 정보 입력

프로젝트의 기본 정보를 입력하는 화면으로 넘어가면 다음과 같이 입력합니다. 이어서 [Next] 버튼을 클릭하고 저장해주세요.

- Product Name: convertUnit

- Organization Name: myname

- Organization Identifier: com.myname

- Language: Swift

- Devices: iPhone

- Use Core Data: 해제

- Include Unit Tests: 해제

- Include UI Tests: 해제

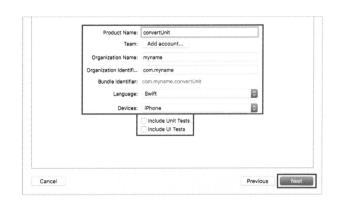

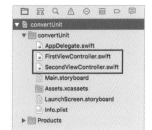

프로젝트 내비게이터에서 FirstView Controller.swift가 화면1 전용 프로그램 파일, SecondViewController.swift가 화면2 전용 프로그램 파일입니다.

Main.storyboard를 선택하면 화면이 3개 출력됩니다.

왼쪽의 Tab Bar Controller는 오른쪽에 있는 2개의 화면을 탭해서 전환하기 위한 컨트롤러입니다. 애플리케이션을 실행하면, Tab Bar Controller에 연결된 오른쪽의 화면 2개가 출력됩니다.

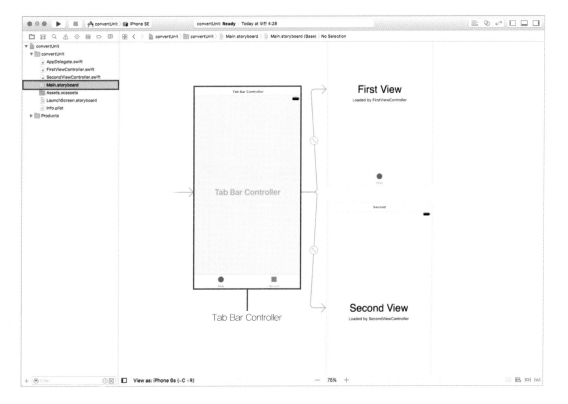

3 실행해서 결과 확인

[실행] 버튼을 클릭합니다.

확인

아래에 있는 탭을 탭하면 각각 2
개의 화면이 전환됩니다. 벌써 간
단하게 화면이 여러 개 있는 애플
리케이션이 만들어졌네요. 확인
했다면 [정지] 버튼을 눌러서 정
지합니다.

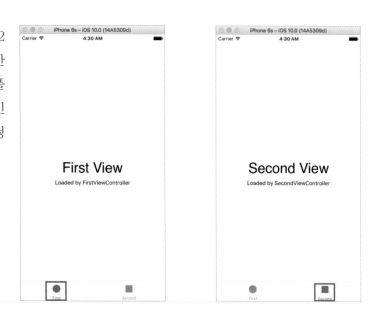

화면 디자인

애플리케이션의 화면을 3개 만듭니다. 화면1은 cm, 화면2
는 inch, 화면3은 척을 출력합니다.

각 화면에 숫자를 출력하고 입력할 수 있는 텍스트 필드와
버튼을 만듭니다.

간단하죠? 이런 디자인을 기반으로 화면을 만들어 봅시다.

4 | 화면1에 cm를 나타내는 텍스트 필드와 레이블 배치

일단 화면1에 배치된 2개의 레이블(First View와 Loaded by FirstViewController)은 필요 없으므로 선택한 상태로 delete 키를 눌러서 제거합니다.

라이브러리 패널에서 TextField를 드래그해서 화면에 배치하고, 텍스트 필드의 왼쪽과 오른쪽을 드래그해서 가이드 라인에 맞게 넓혀줍니다. 어트리뷰트 인스펙터의 Keyboard Type을 Number Pad로 설정해서 숫자 키패드를 출력하게 합니다.

라이브러리 패널에서 Label을 드래그해서 화면에 배치하고, 문자를 더블 클릭해서 cm로 수정합니다.

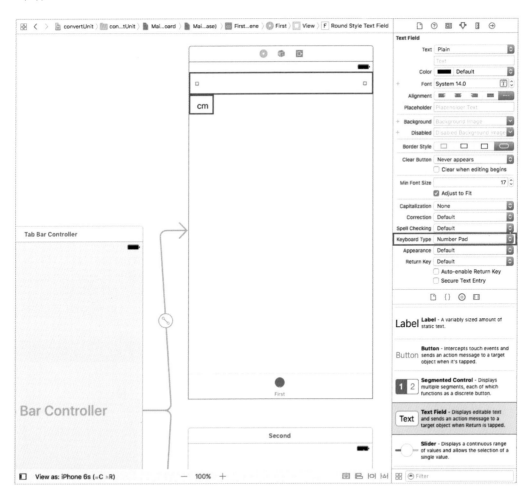

5 텍스트 필드는 화면 위에서 100만큼 떨어진 위치, 화면 왼쪽 오른쪽에서 0만큼 떨어진 위치에 고정하고, 레이블은 위에서 20만큼 떨어진 위치, 왼쪽에서 0만큼 떨어진 위치에 고정

텍스트 필드를 선택하고 [Pin] 버튼을 클릭합니다. ㅁ 위의 숫자에 100, ㅁ 왼쪽의 숫자에 0, ㅁ 오른쪽의 숫자에 0을 입력합니다. 입력했는데 붉은색 점선이 실선으로 변하지 않는다면 클릭해서 붉은색 실선으로 만들어주세요. 이어서 [Add 3 Constraints] 버튼을 클릭합니다.

레이블을 선택하고 [Pin] 버튼을 클릭합니다. ㅁ 위의 숫자에 20, ㅁ 왼쪽 숫자에 0을 입력합니다. 입력했는데 붉은색 점선이 실선으로 변하지 않는다면 클릭해서 붉은색 실선으로 만들어주세요. 이어서 [Add 2 Constraints] 버튼을 클릭합니다.

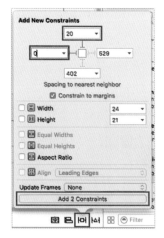

6 화면1에 [입력] 버튼 만들기

라이브러리 패널에서 Button을 드래그해서 텍스트 필드 아래에 배치합니다. 문자를 더블 클릭하고 '입력'이라고 수정합니다.

7 | **[입력] 버튼은 위에서 20만큼 떨어진 위치, 오른쪽에서 0만큼 떨어진 위치에 고정**

[입력] 버튼을 선택하고 [Pin] 버튼을 클릭합니다. ▢ 위의 숫자에 20, ▢ 오른쪽 숫자에 0을 입력합니다. 입력했는데 붉은색 점선이 실선으로 변하지 않는다면 클릭해서 붉은색 실선으로 만들고, [Add 2 Constraints] 버튼을 클릭합니다.

8 | **화면2 구성**

화면 2에도 마찬가지로 텍스트 필드와 레이블을 만들고 오토 레이아웃을 설정하겠습니다. 이때 레이블에는 inch라고 입력할 것입니다.

일단 화면2에 배치된 2개의 레이블(Second View와 Loaded by SecondViewController)을 선택한 상태로 delete 키를 눌러서 제거합니다. 이어서 텍스트 필드와 레이블을 배치합니다. 텍스트 필드를 선택한 상태로 어트리뷰트 인스펙터에서 Keyboard Type을 Number Pad로 설정하고, 레이블을 더블 클릭해서 글자를 inch로 수정합니다.

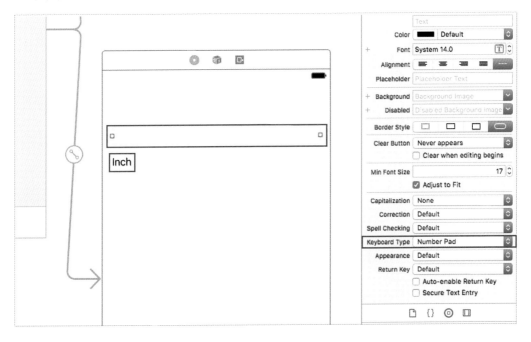

레이아웃은 화면1과 같은 방법으로 구성합니다. 텍스트 필드와 레이블에 이전과 같은 오토 레이아웃을 설정합니다.

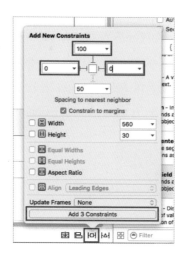

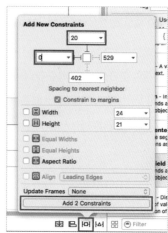

9 화면2에도 같은 방법으로 [입력] 버튼을 만들고 오토 레이아웃 설정

라이브러리 패널에서 Button을 텍스트 필드 아래에 배치하고, 글자를 입력이라고 수정합니다. 이어서 [입력] 버튼을 선택하고 [Pin] 버튼을 클릭합니다. □ 위의 숫자에 20, □ 오른쪽 숫자에 0을 입력합니다. 입력했는데 붉은색 점선이 실선으로 변하지 않는다면 클릭해서 붉은색 실선으로 만들고, [Add 2 Constraints] 버튼을 클릭합니다.

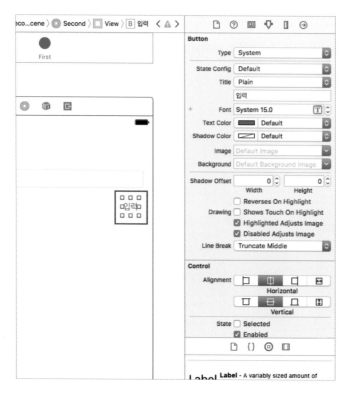

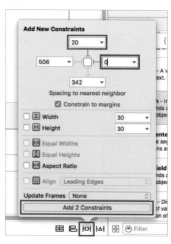

10 실행해서 결과 확인

[실행] 버튼을 클릭합니다.

확인

화면1, 화면2에 다음과 같은 화면이 구성
돼 있을 것입니다. 모두 확인했다면 [정
지] 버튼을 눌러서 정지해주세요.

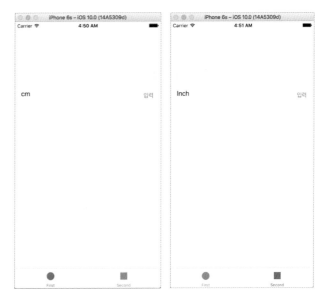

11 화면3 추가

라이브러리 패널에서 View
Controller를 드래그해서 화면
1의 뷰 컨트롤러 옆에 배치합
니다.

화면이 좁아서 배치하기 어렵
다면 스크롤한 다음에 배치해
주세요. 또는 유틸리티 영역을
닫고 배치해도 상관없습니다.

뷰 컨트롤러들이 엉켜있어서
보기 어려울텐데, 각 뷰 컨트롤
러를 선택하면 앞쪽에 표시됩
니다. 선택하고 적당한 위치로
이동시킨 다음에 작업을 계속
진행합니다.

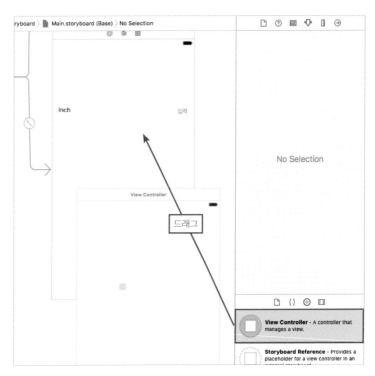

12 **Tab Bar Controller에서 화면3에 연결**

Tab Bar Controller를 마우스 오른쪽 버튼으로 클릭(또는 control + 클릭)하고, 새로 만든 화면3까지 드래그 앤드 드롭합니다.

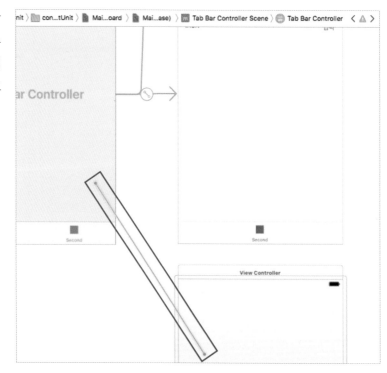

서브 메뉴가 나오면 Relationship Segue 〉 view controllers 를 선택합니다.

화살표로 연결되며 Tab Bar Controller에 탭이 하나 추가됩니다. 간단하게 화면3을 3번째 탭으로 만들었습니다.

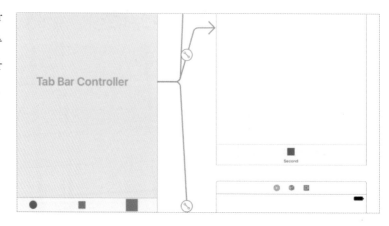

13　화면3도 같은 방법으로 텍스트 필드와 레이블을 만들고 오토 레이아웃 설정

텍스트 필드와 레이블을 배치합니다. 텍스트 필드를 선택하고 어트리뷰트 인스펙터에서 Keyboard Type을 Number Pad로 설정합니다. 레이블을 더블 클릭하고 척으로 수정하고, 이어서 화면1, 화면2 와 같은 방법으로 오토 레이아웃을 설정합니다.

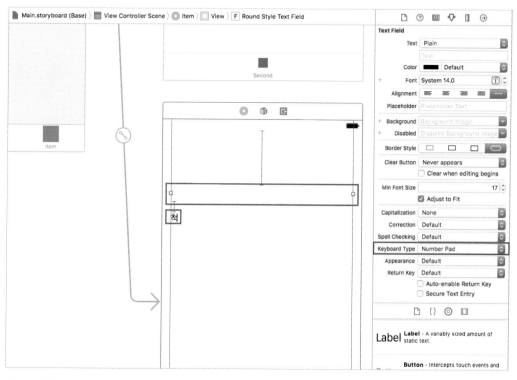

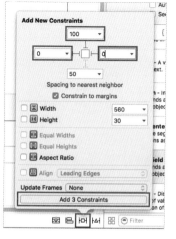

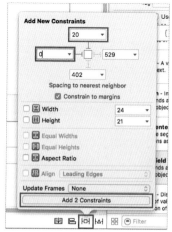

14 **화면3도 같은 방법으로 [입력] 버튼을 만들고 오토 레이아웃 설정**

라이브러리 패널에서 Button을 텍스트 필드 아래에 배치하고, 글자를 입력이라고 수정합니다.

이어서 입력 버튼을 선택하고 Pin 버튼을 클릭합니다. □ 위의 숫자에 20, □ 오른쪽 숫자에 0을 입력합니다. 입력했는데 붉은색 점선이 실선으로 변하지 않는다면 클릭해서 붉은색 실선으로 만들고 [Add 2 Constraints] 버튼을 클릭합니다.

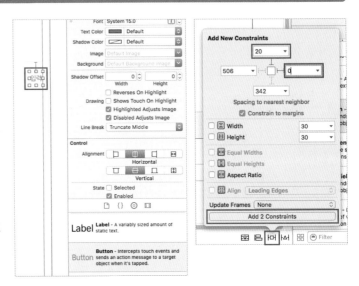

15 **화면3 전용 ThirdViewController.swift 만들기**

프로젝트 내비게이터를 마우스 오른쪽 버튼으로 클릭(또는 control + 클릭)하고, 팝업 메뉴에서 New File...을 선택합니다.

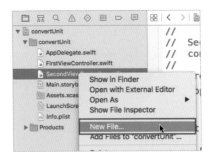

iOS 〉 Source 〉 Cocoa Touch Class를 선택하고 [Next] 버튼을 선택합니다.

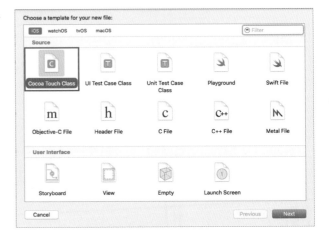

다음과 같이 설정하고 [Next] 버튼을
클릭합니다. 이어서 [Create] 버튼을
클릭합니다.

- Class: ThirdViewController라고 입력

- Subclass of: UIViewController

- Also create XIB file: 체크 해제

- Language: Swift

ThirdViewController.swift 파일이
생성됩니다.

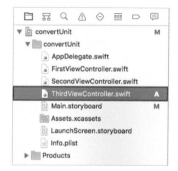

16 | ThirdViewController.swift를 화면3으로 설정

Main.storyboard를 선택한 다음 ViewController(위에 있는 3개의 아이콘 중에 제일 왼쪽에 있는 아이콘)을 선택하고 아이덴티티 인스펙터의 Custom Class 〉 Class를 ThirdViewController로 지정합니다.

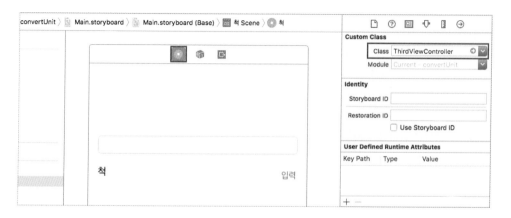

17 탭 이름 변경

탭의 이름을 변경하겠습니다. 화면
1 아래에 있는 탭 부분을 선택하고,
어트리뷰트 인스펙터의 Bar Item 〉
Title에 적혀있는 First를 cm로 변경
합니다.

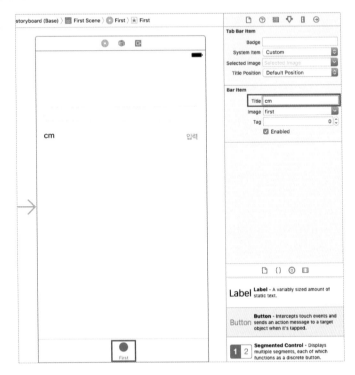

화면2 아래에 있는 탭 부분을 선택하
고 어트리뷰트 인스펙터의 Bar Item
〉 Title에 적혀있는 Second를 cm
로 변경합니다.

화면3 아래에 있는 탭 부분을 선택
하고 어트리뷰트 인스펙터의 Bar
Item 〉 Title에 적혀있는 Item를
cm로 변경합니다.

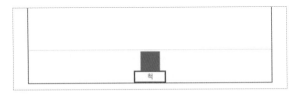

화면3은 아이콘 이미지가 없습니다.
아이콘을 직접 만들어서 설정할 수
도 있는데, 일단 지금은 화면2의 아
이콘과 같은 아이콘을 사용하겠습니
다. Bar Item 〉 Title의 Image에
second를 지정합니다.

18 실행해서 결과 확인

[실행] 버튼을 클릭합니다.

확인

탭이 3개 만들어졌습니다. 각 탭을 탭해서 화면1, 화면2, 화면3으로 전환되는지 확인해보세요. 이것으로 화면 디자인을 완료했습니다. 확인했다면 [정지] 버튼을 눌러서 정지해주세요.

6-5 탭 기반 애플리케이션으로 화면이 여러 개 있는 애플리케이션 만들기(프로그램 제작)

이번 장의 포인트 ■ 단위 환산 애플리케이션을 프로그래밍해서 완성합니다.

[튜토리얼] 단위 환산 애플리케이션 만들기(계속)

단위 환산 애플리케이션의 화면을 구성했으므로 이어서 부품과 프로그램을 연결하고, 프로그램을 만들어 봅시다.

부품을 연결해서 프로그래밍

한 번에 만들지 말고, 다음과 같은 과정을 거쳐 확인해보며 차근차근 만들어 봅시다.

- 화면1, 화면2, 화면3의 텍스트 필드와 버튼을 연결
- AppDelegate.swift에 공유할 데이터를 변수로 만듭니다.
- 화면1에서 공유해서 사용하는 데이터를 출력하고, 값을 입력하면 변수를 변경하게 프로그램 작성
- 화면2와 화면3에서 공유해서 사용하는 데이터를 출력하고, 값을 입력하면 변수를 변경하게 프로그램 작성

화면1, 화면2, 화면3의 텍스트 필드와 버튼을 연결

19 어시스턴트 에디터로 변경

툴바의 [어시스턴트 에디터] 버튼을 눌러서 어시스턴트 에디터로 변경합니다.

20 화면1의 텍스트 필드를 아울렛 연결하고 이름 붙이기

텍스트 필드를 아울렛 연결하고, dataTextField라고 이름을 지정합니다.

21 화면1의 버튼을 액션 연결하고 메서드 만들기

버튼을 액션 연결하고, tabInput이라는 메서드를 만듭니다.

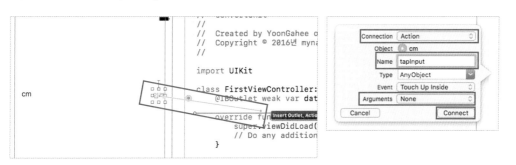

22 화면2의 텍스트 필드를 아울렛 연결하고 이름 붙이기

화면1과 같은 방법으로 설정합니다.

텍스트 필드를 아웃렛 연결하고, dataTextField라고 이름을 지정합니다.

23 화면2의 버튼을 액션 연결하고 메서드 만들기

버튼을 액션 연결하고, tabInput이라는 메서드를 만듭니다.

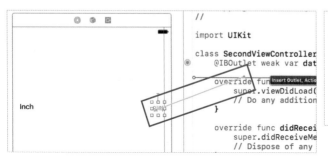

24 화면3의 텍스트 필드를 아울렛 연결하고 이름 붙이기

화면1과 같은 방법으로 설정합니다.

텍스트 필드를 아웃렛 연결하고, dataTextField라고 이름을 지정합니다.

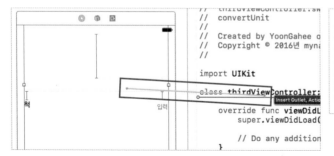

25 화면3의 버튼을 액션 연결하고 메서드 만들기

버튼을 액션 연결하고, tabInput이라는 메서드를 만듭니다.

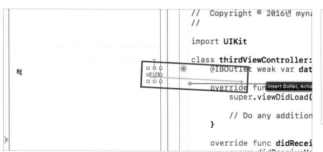

AppDelegate.swift에 공유할 데이터를 변수로 만들기

3개의 화면에서 같은 값을 공유해서 사용할 수 있게 앱 델리게이트에 변수를 만듭니다. 앱 델리게이트에 변수를 만들면 3개의 화면에서 모두 접근해서 사용할 수 있습니다.

26 | 소스 에디터로 변경

툴바의 [스탠다드 에디터] 버튼을 누르고, 내비게이터 영역에서 App delegate.swift 파일을 선택합니다.

27 | AppDelegate.swift에 공유할 변수 만들기

앱 델리게이트 클래스에 공유할 데이터를 변수로 만듭니다. 단위를 환산하면 부동 소수점이 나올 수 있으므로 Double 자료형을 사용합니다. cm, inch, 척 등의 단위 중에 마음에 드는 것을 사용하면 되는데, 이 애플리케이션에서는 cm 단위를 기준으로 값을 저장하겠습니다.

```swift
import UIKit
@UIApplicationMain
class AppDelegate: UIResponder, UIApplicationDelegate {
    var window: UIWindow?

    // 공유할 변수
    var cmValue:Double = 1.0
    func application(_ application: UIApplication, didFinishLaunchingWithOptions launchOptions:
[NSObject: AnyObject]?) -> Bool {
        // Override point for customization after application launch.
        return true
    }
```

화면1에 공유해서 사용하는 데이터를 출력하고, 값을 입력하면 변수를 변경하도록 프로그램 작성

화면1을 출력할 때 앱 델리게이트의 공유 변수를 텍스트 필드에 출력하게 합시다. 공유 변수에는 cm 단위로 값이 들어있으므로 그대로 출력합니다.

그리고 사용자가 입력 버튼을 누르면 텍스트 필드의 값을 Double 자료형으로 변환하고 앱 델리게이트의 공유 변수에 집어넣습니다.

28 **화면1을 출력할 때 값을 출력**

화면1의 프로그램을 만들 것이므로 FirstViewController.swift 파일을 선택합니다.

앱 델리게이트에 접근하려면 앱 델리게이트 객체를 추출해야 합니다. 화면을 출력할 때 앱 델리게이트 객체를 추출하고, 공유를 위해 만든 변수의 값을 텍스트 필드에 출력합니다.

> 서식 앱 델리게이트 추출

```
let <AppDelegate 객체> = UIApplication.shared.delegate as! AppDelegate
```

```
import UIKit

class FirstViewController: UIViewController {
    @IBOutlet weak var dataTextField: UITextField!

    // AppDelegate에 접근할 수 있게 객체를 만듭니다.
    let ap = UIApplication.shared.delegate as! AppDelegate
    // 화면을 출력할 때 호출됩니다.
    override func viewWillAppear(_ animated: Bool) {
        // 공유 변수의 값을 텍스트 필드에 설정합니다.
        dataTextField.text = String(ap.cmValue)
    }


    @IBAction func tapInput() {
    }
```

29 버튼을 탭하면 값을 변경

버튼을 탭하면 키보드를 닫습니다. 추가로 텍스트 필드의 값을 Double 자료형으로 변환하고, 앱 델리게이트에 공유를 위해 만든 변수에 넣습니다.

```
@IBAction func tapInput() {
    // 키보드를 닫습니다.
    dataTextField.resignFirstResponder()
    if let text = dataTextField.text {
        // 텍스트 필드에 값이 있을 때
        if let cmValue = Double(text) {
            // 부동소수 값으로 변환할 수 있다면, 공유 변수에 값을 적습니다.
            ap.cmValue = cmValue
        }
    }
}
```

30 실행해서 결과 확인

[실행] 버튼을 클릭합니다.

확인

텍스트 필드를 탭하면 키보드가 나옵니다. 값을 입력하고, 입력 버튼을 누르면 키보드가 닫히는 모습을 확인할 수 있습니다. 모두 확인했다면 [정지] 버튼을 눌러서 정지합니다.

> 화면2와 화면3에서 공유해서 사용하는 데이터를 출력하고, 값을 입력하면 변수를 변경하게
> 프로그램 작성

화면2 또는 화면3을 출력할 때, 공유 변수를 텍스트 필드에 출력합니다.

화면2를 출력할 때는 cm를 inch로 변환해서 텍스트 필드에 출력하고, 화면3을 출력할 때는 cm를 척
으로 변환해서 출력합니다. 그리고 사용자가 입력 버튼을 누르면 화면2와 화면3에 있는 텍스트 필드의
값을 각각 cm로 변환해서 앱 델리게이트의 공유 변수에 집어넣습니다.

31 | 화면2를 출력할 때 값 출력

화면2의 프로그램을 만들 것이므로 SecondViewController.swift 파일을 선택합니다.

일단 앱 델리게이트에 접근할 수 있게 앱 델리게이트 객체를 추출하고, 화면을 출력할 때 공유 변수의
값을 텍스트 필드에 출력합니다. 이때 cm를 inch로 환산합니다.

서식 cm를 inch로 환산하는 계산

```
let <inch 값> = <cm 값> * 0.3937
```

```swift
import UIKit

class SecondViewController: UIViewController {
    @IBOutlet weak var dataTextField: UITextField!

    // AppDelegate에 접근할 수 있게 객체를 만듭니다.
    let ap = UIApplication.shared.delegate as! AppDelegate
    // 화면을 출력할 때 호출됩니다.
    override func viewWillAppear(_ animated: Bool) {
        // 공유 변수의 값을 텍스트 필드에 설정합니다.
        let inchValue = ap.cmValue * 0.3937
        dataTextField.text = String(inchValue)
    }

    @IBAction func tapInput() {
    }
```

32　버튼을 탭하면 값 변경

버튼을 탭하면 키보드를 닫게 합니다.

추가로 텍스트 필드의 값을 Double 자료형으로 변환합니다. 이때 inch를 cm로 환산해서 앱 델리게이트에 공유를 위해 만든 변수에 넣습니다.

서식　inch를 cm로 환산하는 계산

```
let <cm 값> = <inch 값> / 0.3937
```

```
@IBAction func tapInput() {
    // 키보드를 닫습니다.
    dataTextField.resignFirstResponder()
    if let text = dataTextField.text {
        // 텍스트 필드에 값이 있을 때
        if let inchValue = Double(text) {
            // 부동소수 값으로 변환할 수 있다면, cm로 변환해서 공유 변수에 값을 적습니다.
            ap.cmValue = inchValue / 0.3937
        }
    }
}
```

33　화면3을 출력할 때 값 출력

화면3의 프로그램을 만들 것이므로 ThirdViewController.swift 파일을 선택합니다.

일단 앱 델리게이트에 접근할 수 있게 앱 델리게이트 객체를 추출하고, 화면을 출력할 때 공유 변수의 값을 텍스트 필드에 출력합니다. 이때 cm를 척으로 환산합니다.

서식　cm를 척으로 환산하는 계산

```
let <척 값> = <cm 값> * 0.33
```

```
import UIKit
class thirdViewController: UIViewController {
    @IBOutlet weak var dataTextField: UITextField!

    // AppDelegate에 접근할 수 있게 객체를 만듭니다.
    let ap = UIApplication.shared.delegate as! AppDelegate
    // 화면을 출력할 때 호출됩니다.
    override func viewWillAppear(_ animated: Bool) {
        // 공유 변수의 값을 텍스트 필드에 설정합니다.
        let sunValue = ap.cmValue * 0.33
        dataTextField.text = String(sunValue)
    }
```

34 버튼을 탭하면 값 변경

버튼을 탭하면 키보드를 닫게 합니다.

추가로 텍스트 필드의 값을 Double 자료형으로 변환합니다. 이때 척을 cm로 환산해서 앱 델리게이트에 공유를 위해 만든 변수에 넣습니다.

서식 척을 cm로 환산하는 계산

```
let <cm 값> = <척 값> / 0.33
```

```
@IBAction func tapInput() {
    // 키보드를 닫습니다.
    dataTextField.resignFirstResponder()
    if let text = dataTextField.text {
        // 텍스트 필드에 값이 있을 때
        if let sunValue = Double(text) {
            // 부동소수 값으로 변환할 수 있다면, cm로 변환해서 공유 변수에 값을 적습니다.
            ap.cmValue = sunValue / 0.33
        }
    }
}
```

35 실행해서 결과 확인

[실행] 버튼을 클릭합니다.

확인

화면1에 1.0cm라고 출력된 상태에서, 화면2로 전환하면 0.3937inch, 화면3으로 전환하면 0.33척이라고 출력됩니다.

  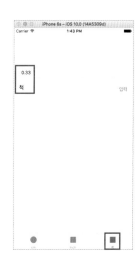

화면3에서 텍스트 필드에 1이라고 입력하고, 입력 버튼을 누르면 키보드가 닫힙니다. 이후에 화면2로 전환하면 1.193inch, 화면1로 전환하면 3.0303cm라고 출력됩니다.

이것으로 간단하게 단위 환산 애플리케이션을 완성했습니다.

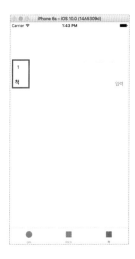  

기본적인 부품으로 애플리케이션 만들기: UIKit

이번 장의 개요

- 데이터가 많을 때는 리스트 형식의 테이블로 출력하는 것이 좋습니다

- 테이블 셀은 자유롭게 구성할 수 있습니다.

- Master-Detail과 테이블을 사용하면 상세 화면으로 전환하는 애플리케이션을 만들 수 있습니다.

UITableView: 리스트를 출력할 때

여러 개의 데이터를
리스트로 출력해봐요!

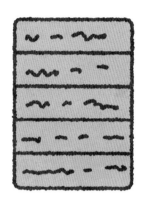

UITableView란?

테이블 뷰(UITableView)는 값이 여러 개 있는 리스트를 출력할 때 사용하며, 데이터는 델리게이트 (delegate)를 사용해 출력합니다.

점장님
이거 어디에 놓아요?

3번째 줄에 놓으면
됩니다.

ViewController

테이블 뷰의 구조

테이블 뷰 내부에는 섹션(section)이라고 불리는 큰 구분이 있으며, 섹션 내부에는 행(Row)이 들어갑니다. 섹션 수는 기본적으로 1개이 므로 일반적인 테이블 뷰는 행이 뭉쳐있는 것 정도로만 보입니다.

각각의 행 내부는 셀(Cell)이라고 부르며, 여기에 문자, 아이콘, 스위 치 등을 출력합니다.

테이블 출력 형식에는 일반 형식(Plain)과 그룹으로 나누어 출력하 는 그룹 형식(Grouped)이 있습니다. 출력 형식은 테이블 뷰를 생성 할 때 선택해야 하며, 생성한 다음에는 변경할 수 없습니다.

어트리뷰트 인스펙터

[사용 방법] 인터페이스 빌더에서 설정하는 방법

화면에 배치한 테이블 뷰는 어트리뷰트 인스펙터에서 속성을 설정합니다.

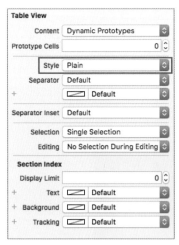

어트리뷰트 인스펙터

Style	출력 스타일(Plain/Grouped)

일반 형식(Plain)

그룹 형식(Grouped)

[사용 방법] 테이블 뷰 사용 방법

테이블 뷰의 출력은 조금 복잡한 부품이므로 레이블이나 버튼처럼 단순한 부품과는 사용 방법이 약간 다릅니다.

테이블 뷰는 델리게이트를 사용해서 출력하거나 선택할 때의 처리를 지정합니다. 테이블 뷰가 어떠한 일을 할 때 애플리케이션 화면과 관련된 처리를 대리자(delegate)인 뷰 컨트롤러에게 물어보는 것입니다.

테이블 뷰가 데이터를 출력할 때 '몇 개의 데이터를 출력해야 해요?', '첫 번째 행에는 뭘 넣을까요?' 등을 뷰 컨트롤러에게 물으면 '10개의 데이터를 출력할 거예요', '이걸 첫 번째 행에 넣어주세요'라고 대답해줘야 합니다. 이러한 처리는 UITableViewDataSource와 UITableViewDelegate라는 프로토콜을 사용합니다.

프로토콜이란 '약속한 것들을 모아 정리한 것'이라는 의미입니다. 여기에서는 테이블 뷰와 뷰 컨트롤러 사이에 약속해야 하는 것들을 모아 정리한 것이라고 할 수 있습니다.

UITableViewDataSource는 테이블 뷰에 데이터를 출력할 때, 어떤 데이터인지 뷰 컨트롤러에게 질문할 때에 사용하는 프로토콜입니다.

UITableViewDelegate는 테이블 뷰를 조작할 때, 어떤 처리를 해야 하는지 뷰 컨트롤러에게 질문할 때 사용하는 프로토콜입니다.

※ 스타워즈에 등장하는 C-3PO(금색의 인간형 로봇)은 프로토콜 드로이드라고 부릅니다. 통역 또는 외교적인 역할을 하는 안드로이드이기 때문입니다. 다른 종족 또는 문화와의 중개자 역할을 하는 것도 프로토콜이라고 할 수 있습니다.

프로토콜 사용 방법

프로토콜을 사용하려면 2가지 설정을 해야 합니다.

1) 일단 인터페이스 빌더의 테이블 뷰에서 뷰 컨트롤러에 연결하고, 데이터 소스와 델리게이트를 설정합니다.

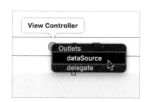

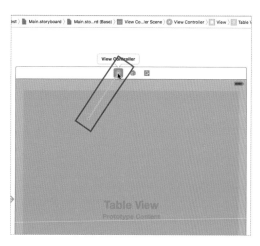

2) 이어서 뷰 컨트롤러 클래스에 2개의 프로토콜(UITableViewDataSource, UITableViewDelegate)을 추가합니다.

```
import UIKit

class ViewController: UIViewController, UITableViewDataSource, UITableViewDelegate {
```

반드시 사용해야 하는 메서드

테이블 뷰를 사용할 때는 반드시 행 수와 셀에 출력할 내용을 지정해야 합니다.

행 수

몇 행을 출력할지 지정합니다.

서식

```
func tableView(_ tableView: UITableView, numberOfRowsInSection section: Int) -> Int {
    return 행 수
}
```

셀에 출력할 내용

특정한 행(indexPath.row)에 어떤 내용의 셀을 출력할지 지정합니다.

서식

```
func tableView(_ tableView: UITableView, cellForRowAt indexPath: IndexPath) -> UITableViewCell {
    let cell = UITableViewCell(style: .default, reuseIdentifier: "myCell")
    cell.textLabel?.text = "문자열"
    return cell
}
```

사용해도 되고 안 해도 되는 메서드

필요한 때만 사용하면 되는 메서드입니다. 지정하지 않으면 기본 값이 사용됩니다.

섹션 수

테이블 뷰에 섹션을 몇 개 만들지 지정합니다. 지정하지 않으면 1이 지정됩니다.

`서식`

```
func numberOfSections(in tableView: UITableView) -> Int {
    return 섹션 수
}
```

섹션 타이틀

특정한 섹션(section)에 어떤 타이틀 문자를 출력할지 지정합니다. 지정하지 않으면 출력되지 않습니다.

`서식`

```
func tableView(_ tableView: UITableView, titleForHeaderInSection section: Int) -> String? {
    return "타이틀 문자열"
}
```

섹션 타이틀의 높이

특정 섹션(section)의 타이틀 높이를 지정합니다.

`서식`

```
func tableView(_ tableView: UITableView, heightForHeaderInSection section: Int) -> CGFloat {
    return 타이틀 높이
}
```

섹션 푸터

특정 섹션(section)에 어떤 푸터 문자를 출력할지 지정합니다. 지정하지 않으면 섹션 푸터 자체가 출력되지 않습니다.

`서식`

```
func tableView(_ tableView: UITableView, titleForFooterInSection section: Int) -> String? {
    return "푸터 문자열"
}
```

섹션 푸터의 높이

특정 섹션(section) 푸터의 높이를 지정합니다.

[서식]

```
func tableView(_ tableView: UITableView, heightForFooterInSection section: Int) -> CGFloat {
    return 푸터 높이
}
```

셀의 높이

특정 행(indexPath.row)의 셀 높이를 지정합니다.

[서식]

```
func tableView(_ tableView: UITableView, heightForRowAt indexPath: IndexPath) -> CGFloat {
    return 셀 높이
}
```

선택할 때 호출할 메서드

테이블 뷰에서 특정 행(indexPath.row)을 선택했을 때 호출할 메서드를 지정합니다.

[서식]

```
func tableView(_ tableView: UITableView, didSelectRowAt indexPath: IndexPath) {
    // 실행할 것
}
```

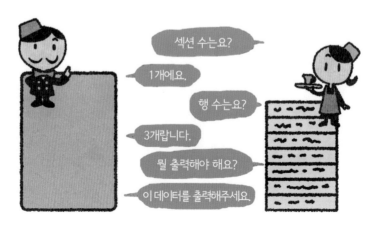

UITableViewCell: 셀을 변경하고 싶을 때

이번 장의 포인트 ▪ 셀의 종류나 출력은 원하는 대로 변경할 수 있습니다.

UITableViewCell이란?

테이블 뷰(UITableView)에 출력하는 행 내부를 UITableViewCell(셀)이라고 부릅니다.

셀 내부에는 레이블이나 이미지 등을 출력할 수 있으며, 출력 방법이나 레이아웃 등은 원하는 대로 변경할 수 있습니다.

이를 변경하는 방법은 크게 두 가지입니다.

❶ 기본적으로 제공되는 셀을 사용하는 방법

❷ 셀을 직접 만들어서 변경하는 방법

일단은 기본적으로 제공되는 셀을 사용하는 방법을 살펴봅시다.

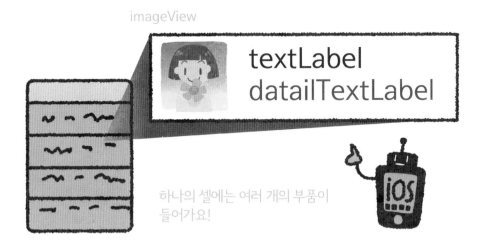

imageView

textLabel
datailTextLabel

하나의 셀에는 여러 개의 부품이 들어가요!

기본적으로 제공되는 셀을 사용하는 방법

셀을 만들 때 종류 지정: UITableViewCell(style: UITableViewCellStyle, reuseIdentifier: String?)

기본적으로 네 가지 종류의 셀이 제공됩니다.

UITableViewCell() 메서드로 셀을 만들 때 style 매개변수로 셀의 종류를 지정합니다.

`서식`

```
var 〈셀 이름〉 = UITableViewCell(style: 〈셀 종류〉, reuseIdentifier: 〈셀 ID〉 )
```

UITableViewCellStyle.default	**textLabel** textLabel이 왼쪽에 출력되며, detailTextLabel은 출력되지 않습니다.
UITableViewCellStyle.value1	**textLabel**　　　　　　　detailTextLabel textLabel이 왼쪽에 출력되고, detailTextLabel이 오른쪽에 연한 색상으로 출력됩니다.
UITableViewCellStyle.value2	textLabel **detailTextLabel** textLabel이 왼쪽에 파란색으로 출력되고, detailTextLabel이 가운데 출력됩니다.
UITableViewCellStyle.subtitle	**textLabel** detailTextLabel textLabel이 위에 출력되고, detailTextLabel이 아래에 출력됩니다.

`예` UITableViewCellStyle.subtitle 지정

```
var cell = UITableViewCell(style: UITableViewCellStyle.subtitle, reuseIdentifier: "myCell")
```

셀 속성

셀의 속성을 설정하면 출력을 변경할 수 있습니다.

셀의 높이 설정: var rowHeight: CGFloat

셀의 높이를 설정할 때는 셀이 아니라 셀을 출력하는 테이블 뷰의 rowHeight 속성을 설정합니다.

서식

```
<테이블 뷰 이름>.rowHeight = <높이>
```

예 셀의 높이를 100으로 설정

```
tableView.rowHeight = 100
```

문자 내용 설정: var textLabel, detailTextLabel: UILabel?

일반적인 글자를 설정할 때는 textLabel의 text 속성을 설정하고, 서브 텍스트를 설정할 때는 detailTextLabel의 text 속성을 설정합니다.

서식

```
<셀 이름>.textLabel?.text = "<문자열>"
```

```
<셀 이름>.detailTextLabel?.text = "<문자열>"
```

※textLabel 또는 detailTextLabel 뒤에 ?가 붙어 있는 이유는 셀의 종류에 따라서 textLabel 또는 detailTextLabel이 없을 수도 있기 때문입니다. 뒤에서 설명하는 imageView도 셀의 종류에 따라 없을 수 있으므로 ?를 붙여서 사용한답니다.

예 detailTextLabel에 서브 텍스트를 출력

```
cell.detailTextLabel?.text = "서브 텍스트"
```

셀에 이미지 설정: var imageView.image: UIImage?

셀에 이미지를 설정할 때는 imageView. image 속성에 이미지를 UIImage로 설정합니다.

 textLabel

서식

```
<셀 이름>.imageView?.image = <UIImage>
```

예 셀에 이미지 설정

```
cell.imageView?.image = UIImage(named: "berry.png")
```

문자 색상 설정: var textColor: UIColor!

셀에 있는 문자의 색상을 설정할 때는 일반 텍스트 레이블(textLabel?) 또는 상세 텍스트 레이블 (detailTextLabel?)의 textColor 속성에 색을 UIColor로 설정합니다.

서식

```
<셀 이름>.textLabel?.textColor = <색상>
```

```
<셀 이름>.textLabel?.textColor = <색상>
```

예 상세 텍스트 레이블의 문자 색을 파란색으로 설정

```
cell.textLabel?.textColor = UIColor.blue
```

셀의 배경 색상 설정: var backgroundColor: UIColor?

backgroundColor 속성으로 배경 색상을 설정합니다.

서식

```
<셀 이름>.backgroundColor = <색상>
```

예 셀의 배경 색상을 검은색으로 설정

```
cell.backgroundColor = UIColor.black
```

폰트 또는 크기 설정: var textLabel.font: UIFont!

레이블의 폰트 또는 글자 크기를 설정할 때는 일반 텍스트 레이블(textLabel?) 또는 상세 텍스트 레이 블(detailTextLabel?)의 font 속성에 폰트를 UIFont로 설정합니다.

서식

```
<셀 이름>.textLabel?.font = <폰트 이름>
```

서식

```
〈셀 이름〉.detailTextLabel?.font = 〈폰트 이름〉
```

예 시스템 폰트, 폰트 크기 24로 출력

```
cell.textLabel?.font = UIFont.systemFont(ofSize: 24)
```

셀 액세서리 설정: UITableViewCellAccessoryType

셀의 오른쪽 끝에 상세 버튼이나 체크 마크를 출력할 때는 accessoryType 속성에 액세서리 타입을 설정합니다.

서식

```
〈셀 이름〉.accessoryType = 〈액세서리 타입〉
```

UITableViewCellAccessoryType.none	textLabel 없음
UITableViewCellAccessoryType.disclosureIndicator	textLabel　　　　　　　　　〉 오른쪽 방향 화살표
UITableViewCellAccessoryType.detailDisclosureButton	textLabel　　　　　　　ⓘ 〉 상세 버튼
UITableViewCellAccessoryType.checkmark	textLabel　　　　　　　　　✓ 체크 마크

예 체크 마크 붙이기

```
cell.accessoryType = UITableViewCellAccessoryType.checkmark
```

UITableViewCell: 셀의 레이아웃을 자유롭게 구성

이번 장의 포인트   ■ 인터페이스 빌더를 사용해 셀을 자유롭게 구성할 수 있습니다.
                     ■ 태그를 사용해 객체에 접근합니다.

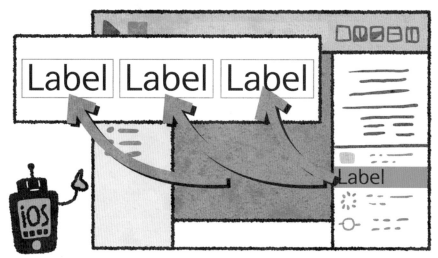

자유롭게 레이아웃을 구성할 수 있습니다.

셀의 레이아웃을 자유롭게 구성하는 방법

셀의 레이아웃을 자유롭게 구성하는 방법은 크게 다음과 같은 두 가지로 구분할 수 있습니다.

❶ 부품에 태그를 붙여 태그로 접근하는 방법

❷ 사용자 정의 셀 클래스를 만들고, 접근하는 방법

일단은 부품에 태그를 붙이고, 태그로 접근하는 방법을 살펴봅시다.

부품에 태그를 붙이고, 태그로 접근하는 방법

사용자 정의 셀을 추가하면 셀의 레이아웃을 자유롭게 구성할 수 있습니다.

이때 추가한 부품에 태그라는 번호를 붙이고, 프로그램에서는 태그 번호를 사용해 부품에 접근하는 방법입니다.

일반적으로 다음과 같은 과정으로 사용합니다.

❶ 테이블 뷰에 사용자 정의 셀을 추가합니다.

❷ 추가한 셀에 Identifier를 붙입니다.

❸ 추가한 셀 내부에 부품(레이블 등)을 추가합니다.

❹ 추가한 부품에 태그(Tag)를 붙입니다.

❺ 프로그램에서 태그를 사용해 객체에 접근합니다.

[사용 방법] 태그로 접근하는 셀 만들기

1 테이블 뷰에 사용자 정의 셀 추가

라이브러리 패널에서 Table View Cell을 선택하고, 테이블 뷰에 드래그 앤드 드롭합니다.

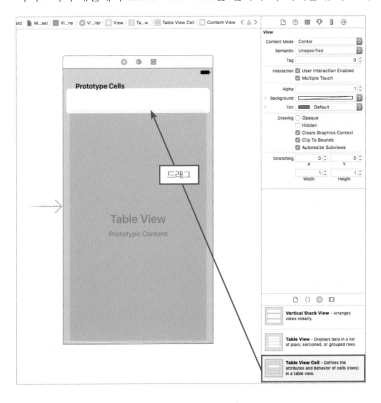

2   **추가한 셀에 Identifier 붙이기**

셀을 선택하고, 어트리뷰트 인스펙터의 Identifier에 셀 ID를 설정합니다. 셀 ID는 문자열로 자유롭게 설정할 수 있습니다(예: myCell).

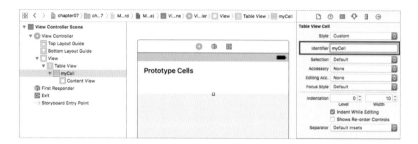

여러 개의 부품이 중첩되면 테이블 셀을 선택하기가 어렵습니다. 이 때는 shift 키와 control 키를 누른 상태로 클릭하면 다음과 같은 메 뉴가 나옵니다. 여기서 Table View Cell을 선택하면 쉽게 셀을 선택 할 수 있습니다.

3   **추가한 셀 내부에 부품 추가**

라이브러리 패널에서 레이블 등을 선택 하고, 셀 내부에 드래그해서 자유롭게 레이아웃을 구성할 수 있습니다.

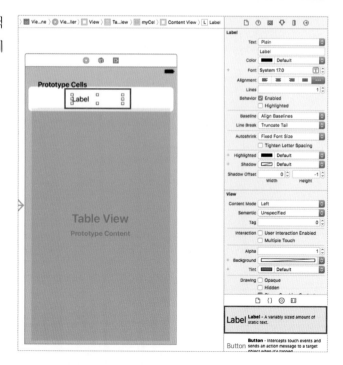

4 **추가한 부품에 태그(Tag) 붙이기**

레이블을 선택하고, 어트리뷰트 인스
펙터의 View 〉 Tag에 태그(일련번호)
를 입력합니다. 셀 내부에 배치한 객체
에는 이때 설정한 태그로 접근합니다.
따라서 여러 개의 객체가 있을 때 태그
가 중첩되면 안 됩니다.

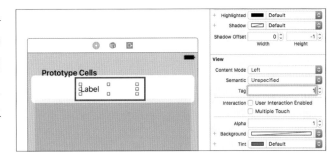

5 **프로그램에서 태그를 사용해 객체에 접근**

태그 번호를 사용해 객체를 추출해서 접근합니다.

서식

```
〈객체 이름〉 = cell.viewWithTag(〈태그 번호〉) as? UILabel
```

예 myCell로 만든 셀에서 태그 번호 1인 레이블에 '안녕하세요'라고 출력

```swift
func tableView(_ tableView: UITableView, cellForRowAt indexPath: IndexPath) -> UITableViewCell {
    // 사용자 정의 셀 객체 생성
    let cell = tableView.dequeueReusableCell(withIdentifier: "myCell", for: indexPath)

    // 태그 번호로 객체에 접근
    if let label = cell.viewWithTag(1) as? UILabel {
        label.text = "안녕하세요!"
    }
    return cell
}
```

[사용 방법] 사용자 정의 셀 클래스를 만들고 접근하는 방법

객체지향 프로그래밍 언어는 원래 있던 클래스를 기반으로 새로운 클래스를 만드는 기능이 있습니다.
이를 상속이라고 부르는데, 상속을 사용하면 기존 클래스의 기능을 모두 가진 상태로 새로운 기능을 추
가한 클래스를 만들 수 있습니다. 이 책에서는 이렇게 상속을 사용해 만든 새로운 클래스를 사용자 정의
클래스라고 부르겠습니다.

일단 셀을 추가하고, 부품을 배치하겠습니다. 이어서 UITableViewCell을 상속받아 사용자 정의 클래
스를 만들고, 부품들과 연결하는 방법을 알아보겠습니다.

다음과 같은 과정으로 사용합니다.

❶ 테이블 뷰에 사용자 정의 셀을 추가합니다.

❷ 추가한 셀에 Identifier(셀의 ID)를 붙입니다.

❸ 추가한 셀 내부에 부품(레이블 등)을 추가합니다.

❹ UITableViewCell을 상속받아 사용자 정의 클래스를 만듭니다.

❺ 사용자 정의 셀과 사용자 정의 클래스를 연결합니다.

❻ 셀에서 레이블을 아울렛 연결하고, 레이블에 이름을 붙입니다.

❼ 프로그램에서 레이블 이름을 사용해 객체에 접근합니다.

사용자 정의 클래스를 사용해 셀을 만드는 방법

1 테이블 뷰에 사용자 정의 셀 추가

라이브러리 패널에서 Table View Cell을 선택하고, 테이블 뷰에 드래그 앤드 드롭합니다.

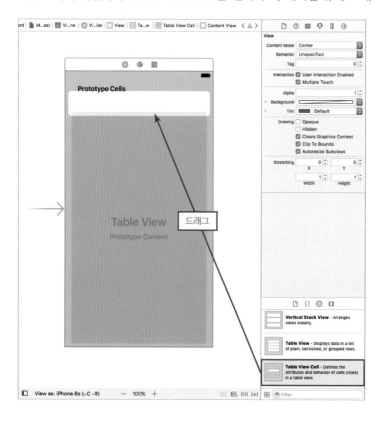

2 추가한 셀에 Identifier 붙이기

셀을 선택하고, 어트리뷰트 인스펙터의 Identifier에 셀 ID를 설정합니다. 셀 ID는 문자열로 자유롭게
설정할 수 있습니다(예: myCell).

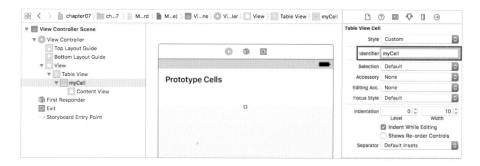

3 추가한 셀 내부에 부품 추가

라이브러리 패널에서 레이블 등을 선택하고, 셀 내부에 드래그해서 자유롭게 레이아웃을 구성할 수 있
습니다.

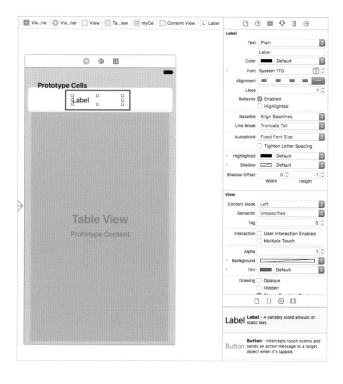

4 UITableViewCell을 상속받아 사용자 정의 클래스 만들기

프로젝트 내비게이터를 마우스 오른쪽 버튼
으로 클릭(또는 control + 클릭)하고, New
File...을 선택합니다.

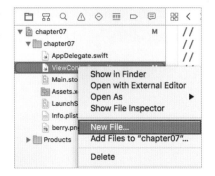

iOS 〉 Source 〉 Cocoa Touch Class를 선
택하고, Next 버튼을 선택합니다.

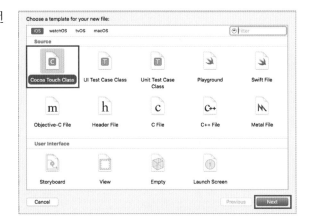

다음과 같이 설정하고, [Next] 버튼을 클릭합
니다. 이어서 [Create] 버튼을 클릭합니다.

- Class: 〈사용자 정의 클래스 이름〉 입력(예: MyTable
  ViewCell)

- Subclass of: UITableViewCell

- Also create XIB file: 체크 해제

- Language: Swift

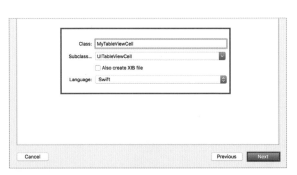

MyTableViewCell.swift 파일이 생성됐습니
다.

5 사용자 정의 셀과 사용자 정의 클래스 연결

myCell((TableViewCell)을 선택하고 아이덴티티 인스펙터의 Custom Class 〉 Class를 MyTable
ViewCell로 설정합니다.

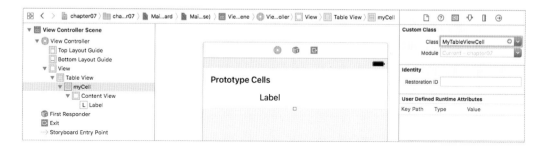

셀을 선택하고, 어트리뷰트 인스펙터의 Identifier에 셀 ID를 설정합니다. 셀 ID는 문자열로 자유롭게
설정할 수 있습니다(예: myCell). 이전에 설정한 내용이 그대로 들어가 있다면 따로 설정하지 않아도
괜찮습니다.

6 셀에서 레이블을 아울렛 연결하고, 레이블에 이름 붙이기

라이브러리 패널에서 레이블을 셀에 드래그해서
배치합니다.

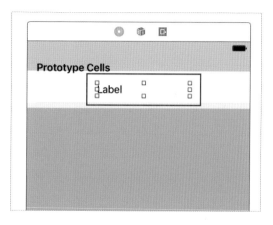

[어시스턴트 에디터] 버튼을 클릭해 어시스턴드 에디터로 변경합니다. 이때 오른쪽에 ViewController. swift가 표시되면 MyTableViewCell.swift로 변경해야 합니다. 오른쪽 위의 점프 바에 있는 Automatic을 선택한 다음 MyTableViewCell.swift를 선택해주세요.

이어서 레이블을 드래그해서 아울렛 연결하고, 레이블에 이름을 붙입니다(예: myLabel).

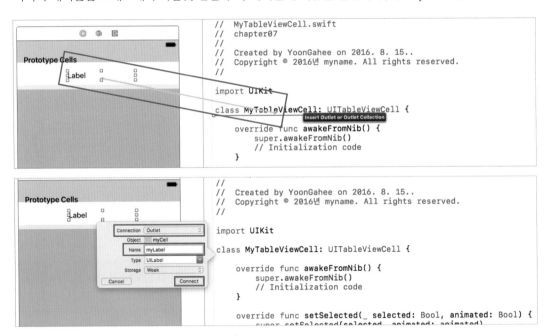

7 프로그램에서 레이블 이름을 사용해 객체에 접근

사용자 정의 클래스에서 레이블을 사용해 레이블에 접근할 수 있습니다.

서식 사용자 정의 클래스에서 만든 셀 객체 생성

```
let <셀 이름> = self.tableView.dequeueReusableCell(withIdentifier: "<셀 ID>", for: indexPath) as!
<사용자 정의 클래스 이름>
```

서식 사용자 정의 클래스의 레이블에 문자열 설정

```
<셀 이름>.<레이블 이름>.text = "<문자열>"
```

예 사용자 정의 셀에 만든 레이블에 '안녕하세요'라고 출력

```
// 셀을 출력할 때 호출
func tableView(_ tableView: UITableView, cellForRowAt indexPath: IndexPath) -> UITableViewCell {
    // 사용자 정의 셀 객체 생성
    let cell = tableView.dequeueReusableCell(withIdentifier: "myCell", for: indexPath) as! My-
TableViewCell

    // 사용자 정의 클래스(셀)의 레이블에 접근
    cell.myLabel.text = "안녕하세요!"

    return cell
}
```

테이블로 애플리케이션 만들기

이번 장의 포인트   ▪ UITableView를 사용해 폰트를 출력하는 애플리케이션을 만듭니다.

UITableView로 애플리케이션 만들기

그럼 UITableView를 사용해서 실제로 애플리케이션을 만들어 봅시다.

[튜토리얼] 폰트를 출력하는 애플리케이션 만들기

[난이도] ★★☆☆☆

어떤 애플리케이션?

테이블 뷰로 iOS에서 사용하는 폰트를 모두 출력하는 애플리케이션
입니다.

애플리케이션의 구조

❶ 폰트를 출력하는 테이블 뷰를 만듭니다.

❷ 테이블 뷰를 출력하기 위한 프로토콜을 설정합니다.

❸ 폰트를 배열에 넣어둡니다.

❹ 행 수를 폰트 이름의 갯수로 지정합니다.

❺ 셀에 출력할 내용을 지정합니다.
  배열에 들어 있는 폰트 이름과 해당 폰트를 사용한 샘플을 출력하게 지정합니다.

그럼 만들어 봅시다.

프로젝트 만들기

1 신규 프로젝트 생성

템플릿 선택 화면에서 Single View
Application을 선택하고, 신규 프로젝
트를 생성합니다.

2 프로젝트 기본 정보 입력

프로젝트의 기본 정보를 입력하는 화면으로 넘어가면 다음과 같이 입력해 설정합니다. 이어서 [Next]
버튼을 클릭하고 저장해주세요

- Product Name: fontList

- Organization Name: myname

- Organization Identifier: com.myname

- Language: Swift

- Devices: iPhone

- Use Core Data: 해제

- Include Unit Tests: 해제

- Include UI Tests: 해제

화면 디자인

애플리케이션의 화면을 오른쪽과 같이 만듭니다.

테이블 뷰를 화면의 가이드 라인에 맞게 놓은 것뿐입니다.

3 | 테이블 뷰를 배치하고, 화면에 꽉 채우기

라이브러리 패널에서 Table View를 드래그해서 배치합니다.

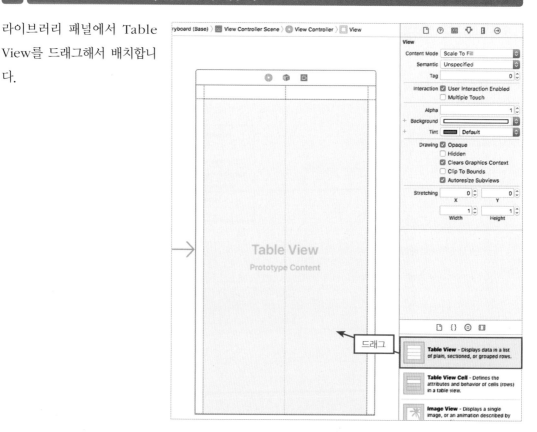

Pin 버튼을 클릭하고 □ 위의 숫자에 0, 왼쪽 숫자에 0, 오른쪽 숫자에 0, 아래 숫자에 0을 입력합니다. 이어서 [Add 4 Constraints] 버튼을 클릭합니다.

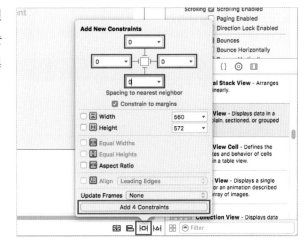

4 실행해서 결과 확인

[실행] 버튼을 클릭합니다.

확인

화면에 아무것도 없는 리스트가 출력됩니다. 확인했다면 [정지] 버튼을 눌러 정지합니다.

프로토콜 설정

5 테이블 뷰로 데이터 소스와 델리게이트 설정

Main.storyboard를 선택합니다.

일단 테이블 뷰를 뷰 컨트롤러에 연결하고, 데이터 소스를 설정합니다.

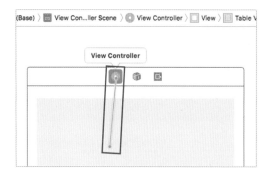 

다시 한 번 테이블 뷰를 뷰 컨트롤러에 연결하고, 델리게이트를 설정합니다.

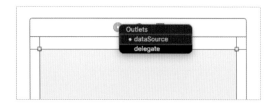

테이블 뷰를 마우스 오른쪽 버튼으로 클릭(또는 control + 클릭)하면 연결됐음을 확인할 수 있습니다.

6 | 클래스에 2개의 프로토콜 추가

ViewController.swift 파일을 선택합니다.

ViewController.swift 클래스에 2개의 프로토콜(데이터 소스와 델리게이트)을 추가합니다.

```
import UIKit
class ViewController: UIViewController, UITableViewDataSource, UITableViewDelegate {
    override func viewDidLoad() {
        super.viewDidLoad()
        // Do any additional setup after loading the view, typically from a nib.
    }
}
```

※ 붉은색으로 ! 오류가 출력되는데. 이는 행 수와 셀에 출력할 내용을 아직 전달하지 않았기 때문입니다. 이후에 프로그램을 작성하면 오류
가 사라집니다.

프로그래밍

폰트를 출력하는 애플리케이션의 화면을 구성했으므로 이어서 부품과 프로그램을 연결하고 프로그램을
만들어 봅시다. 한 번에 만들지 말고, 다음과 같은 과정을 거쳐 확인해보면서 차근차근 만들겠습니다.

- 화면을 초기화할 때 폰트 이름을 배열로 만들기
- 테이블 뷰에 행 수를 전달
- 테이블 뷰에 셀에 출력할 내용을 전달

화면을 초기화할 때 폰트 이름을 배열로 만들기

UI 폰트의 UIFont.familyNames를 사용하면 iOS에서 사용할 수 있는 폰트 패밀리의 배열을 가져올
수 있습니다. 그리고 이러한 폰트 패밀리 이름을 UIFont.fontNamesForFamilyName()의 매개변수로
전달하면 폰트 이름을 가져올 수 있습니다.

이와 같은 방법으로 폰트 이름이 들어있는 배열을 구할 수 있으므로 배열을 만들고, 배열에 폰트 이름을
저장하기만 하면 됩니다.

7 화면을 초기화할 때 폰트 이름을 배열로 만들기

```
import UIKit

class ViewController: UIViewController, UITableViewDataSource, UITableViewDelegate {

    // 폰트 이름을 넣을 배열(문자열 자료형 배열)을 준비합니다.
    var fontNameArray:[String] = []

    override func viewDidLoad() {
        super.viewDidLoad()
        // 폰트 패밀리 이름을 모두 탐색합니다.
        for fontFamilyName in UIFont.familyNames {
            // 해당 폰트 패밀리를 기반으로 폰트를 탐색합니다.
            for fontName in UIFont.fontNames(forFamilyName: fontFamilyName as String) {
                // 폰트 이름을 배열에 넣습니다.
                fontNameArray.append(fontName as String)
            }
        }
    }
```

테이블 뷰에 행 수 전달

폰트 이름의 개수는 〈폰트 이름 배열〉.count로 쉽게 알아낼 수 있습니다. 따라서 이를 테이블 뷰의 행 수로 지정합니다.

8 테이블 뷰에 행 수 전달

```
func tableView(_ tableView: UITableView, numberOfRowsInSection section: Int) -> Int {
    return fontNameArray.count
}
```

테이블 뷰에 셀에 출력할 내용 전달

9 | 테이블 뷰에 셀에 출력할 내용 전달

일단 textLabel과 detailTextLabel이 있는 셀(UITableViewCellStyle.Subtitle)을 만듭니다.

몇 번째 셀을 출력하는지는 indexPath.row에 들어있으므로 indexPath.row를 사용해서 폰트 이름을 배열에서 하나 꺼내면 됩니다.

이 폰트 이름을 사용해서 textLabel의 폰트를 지정합니다. 또한, 샘플 문자열도 설정합니다. 이렇게 하면 지정한 폰트로 샘플 문자가 출력됩니다. 그리고 폰트 이름 자체는 detailTextLabel의 text에 설정해서 출력하게 만듭시다.

이러한 과정이 폰트 이름이 들어있는 배열을 반복하면서 수행되므로 iOS에서 사용할 수 있는 폰트를 목록으로 모두 출력하게 됩니다.

```
// 셀에 출력할 내용을 정의합니다.
func tableView(_ tableView: UITableView, cellForRowAt indexPath: IndexPath) -> UITableViewCell {
    // 셀을 만듭니다(textLabel과 detailTextLabel로 구성되는 subtitle 스타일을 지정합니다).
    let cell = UITableViewCell(style: UITableViewCellStyle.subtitle, reuseIdentifier: "myCell")
    // 해당 셀에 출력할 폰트 이름을 추출합니다.
    let fontName = fontNameArray[indexPath.row]
    // 텍스트 레이블에 지정한 폰트로 샘플 문자를 출력합니다.
    cell.textLabel?.font = UIFont(name: fontName, size: 18)
    cell.textLabel?.text = "ABCDE abcde 012345 가나다라마"
    // 서브 텍스트 레이블에 폰트 이름을 출력합니다.
    cell.detailTextLabel?.textColor = UIColor.brown
    cell.detailTextLabel?.text = fontName
    return cell
}
```

[실행] 버튼을 클릭합니다.

확인

어떤가요? 간단하게 폰트를 출력하는 애플리케이션을 완성했습니다.

Master-Detail 애플리케이션으로
애플리케이션 만들기(템플릿)

이번 장의 포인트
- Master-Detail 애플리케이션은 목록 화면과 상세 화면을 전환하는 애플리케이션에 사용합니다.
- 템플릿을 사용해서 Master-Detail 애플리케이션을 만듭니다.

목록 화면과 상세 화면을 전환합니다.

Master-Detail 애플리케이션은 테이블 뷰를 사용한 애플리케이션

Master-Detail 애플리케이션 템플릿을 선택해서 프로젝트를 만들면 마스터 화면(목록 화면)과 디테일 화면(상세 화면)을 전환하는 애플리케이션을 만들 수 있습니다.

마스터 화면은 테이블 뷰로 만든 화면으로 한 개의 행을 선택하면 화면이 슬라이드 되면서 상세 화면으로 전환됩니다. 여기에서 뒤로가기 버튼을 누르면 화면이 전환되면서 마스터 화면으로 돌아옵니다. 이러한 계층적인 구조로 전환하는 것을 내비게이션 컨트롤이라고 부릅니다.

Master-Detail 애플리케이션 템플릿은 기본적으로 테이블 뷰에 날짜를 추가하고 확인하는 간단한 샘플 애플리케이션입니다. 이를 변경해서 사진을 볼 수 있는 애플리케이션을 만들어 봅시다.

[튜토리얼] 사진 목록 애플리케이션 만들기

[난이도] ★★★☆☆

어떤 애플리케이션?

마스터 화면에 사진 이름을 출력하고, 그중에서 한 개를 선택하면 상세 화면으로 전환하며 사진을 출력하는 애플리케이션입니다.

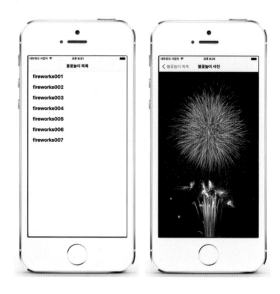

애플리케이션의 구조

❶ Master-Detail 애플리케이션 템플릿을 사용해 프로젝트를 만듭니다.

❷ 리스트 편집 기능은 필요 없으므로 제거합니다.

❸ 프로젝트에 출력할 사진 이미지 파일을 추가합니다.

❹ 마스터 화면에서 사진 이름을 배열로 만들고, 테이블 뷰에 출력하는 프로그램을 만듭니다.

❺ 상세 화면에서 화면을 꽉 채우는 이미지 뷰에 사진을 출력하는 프로그램을 만듭니다.

❻ 마스터 화면에서 사용자가 한 행을 선택하면 해당 이름의 사진을 상세 화면에 전달하고 전환하도록 프로그램을 만듭니다.

프로젝트 만들기

1 신규 프로젝트 생성

템플릿 선택 화면에서 Master-Detail 애플리케이션을 선택하고 신규 프로젝트를 생성합니다.

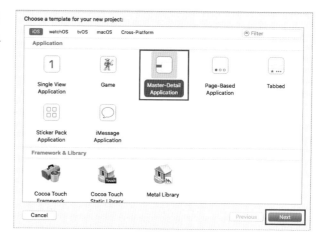

2 프로젝트 기본 정보 입력

프로젝트의 기본 정보를 입력하는 화면으로 넘어가면 다음과 같이 입력해 설정합니다. 이어서 [Next] 버튼을 클릭하고 저장해주세요

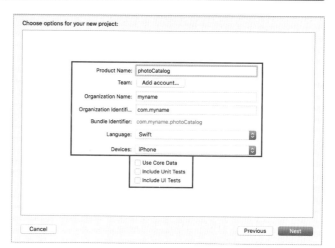

- Product Name: photoCatalog

- Organization Name: myname

- Organization Identifier: com.myname

- Language: Swift

- Devices: iPhone

- Use Core Data: 해제

- Include Unit Tests: 해제

- Include UI Tests: 해제

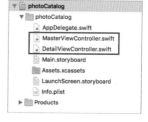

프로젝트 내비게이터의 MasterViewController.swift가 마스터 화면 전용 프로그램 파일이고 DetailViewController.swift가 상세 화면 전용 프로그램 파일입니다.

3 | **템플릿의 기본 실행 상태 확인**

[실행] 버튼을 클릭합니다.

확인

비어있는 테이블 뷰가 출력되며, 여기가 마스터 화
면입니다. 오른쪽 위에 있는 [+] 버튼을 탭하면 현
재 시각이 추가됩니다.

추가한 행을 선택하면 화면이 슬라이드 되면서 상
세 화면으로 전환됩니다. 왼쪽 위의 [〈 Master] 버
튼을 누르면 원래 화면으로 돌아옵니다.

왼쪽 위의 [Edit] 버튼을 누르면 제거 버튼이 나옵니다. 클릭하면 각 행을 제
거할 수 있습니다. 다시 왼쪽 위의 [Done] 버튼을 누르면 원래 화면으로 돌
아옵니다.

이것이 Master-Detail 애플리케이션의 기본적인 기능입니다. 확인했다면
[정지] 버튼을 눌러서 정지합니다.

리스트 편집 기능 제거

Master-Detail 애플리케이션 템플릿에는 각 데이터를 추가하거나 제거할 수 있는 편집 기능이 있습니다. 이번 절부터 만드는 사진 목록 애플리케이션에는 편집 기능이 필요 없으므로 제거하도록 하겠습니다.

4 **편집 기능을 주석으로 제거**

MasterViewController.swift를 선택합니다.

viewDidLoad()의 super.viewDidLoad() 이외 부분을 모두 제거합니다. 제거하고 싶은 부분을 주석 구문으로 만들어서 실행되지 않게 합시다.

이렇게 하면 [Edit] 버튼과 [+] 버튼이 표시되지 않습니다.

```swift
override func viewDidLoad() {
    super.viewDidLoad()
    // Do any additional setup after loading the view, typically from a nib.
    /*
    self.navigationItem.leftBarButtonItem = self.editButtonItem()

     let addButton = UIBarButtonItem(barButtonSystemItem: .add, target: self, action: #selec-
tor(insertNewObject(_:)))
    self.navigationItem.rightBarButtonItem = addButton
    if let split = self.splitViewController {
        let controllers = split.viewControllers
        self.detailViewController = (controllers[controllers.count-1] as! UINavigationController).
topViewController as? DetailViewController
    }
    */
}
```

데이터를 편집하는 메서드도 필요 없으므로 다음과 같은 3개의 메서드 모두 제거합니다.

```swift
func insertNewObject(_ sender: AnyObject) { }
```

```swift
override func tableView(_ tableView: UITableView, canEditRowAt indexPath: IndexPath) -> Bool { }
```

```swift
override func tableView(_ tableView: UITableView, commit editingStyle:
UITableViewCellEditingStyle, forRowAt indexPath: IndexPath) { }
```

```
/*
func insertNewObject(_ sender: AnyObject) {
    objects.insert(NSDate(), at: 0)
    let indexPath = IndexPath(row: 0, section: 0)
    self.tableView.insertRows(at: [indexPath], with: .automatic)
}
*/
```

```
/*
override func tableView(_ tableView: UITableView, canEditRowAt indexPath: IndexPath) -> Bool {
    // Return false if you do not want the specified item to be editable.
    return true
}

override func tableView(_ tableView: UITableView, commit editingStyle: UITableViewCellEditingStyle,
forRowAt indexPath: IndexPath) {
    if editingStyle == .delete {
        objects.remove(at: indexPath.row)
        tableView.deleteRows(at: [indexPath], with: .fade)
    } else if editingStyle == .insert {
        // Create a new instance of the appropriate class, insert it into the array, and add a new
row to the table view.
    }
}
*/
```

[실행] 버튼을 클릭해서 확인해봅시다.

확인

내비게이션 바의 왼쪽과 오른쪽에 있던 [Edit] 버튼과 [+] 버튼이 사라
졌을 것입니다. 따라서 편집 기능이 없어진 것입니다. 확인했다면 [정
지] 버튼을 눌러서 정지합니다.

테스트 데이터 출력

빈 테이블 뷰는 제대로 작동하고 있는지 알 수 없으므로 테스트 데이터를 출력해서 테이블 뷰가 정상적으로 작동하는지 확인해봅시다.

5 테스트 전용 문자열 배열 추가

objects가 출력할 데이터 배열입니다. 따라서 이를 출력하고 싶은 문자열 데이터의 배열로 수정합니다.

```
// 초기 데이터
var objects = ["사과", "바나나", "배", "귤", "감", "토마토"]

override func viewDidLoad() {
    super.viewDidLoad()
}
```

6 문자열 데이터를 다루도록 수정

템플릿의 프로그램은 [+] 버튼을 누를 때 날짜를 추가하고 출력하므로 기본적으로 날짜 데이터(NSData)를 다루게 되어 있습니다. 배열에 문자열을 넣었으므로 문자열 데이터를 다루도록 프로그램을 수정해봅시다.

행이 선택될 때 호출되는 prepare() 메서드 내부에서 날짜 데이터를 사용하는 부분이 있으므로 수정합니다.

```
let object = objects[indexPath.row] as! NSDate
```

```
let object = objects[indexPath.row]
```

```
override func prepare(for segue: UIStoryboardSegue, sender: Any?) {
    if segue.identifier == "showDetail" {
        if let indexPath = self.tableView.indexPathForSelectedRow {
            // 문자열 데이터로 수정
            let object = objects[indexPath.row]
            let controller = (segue.destination as! UINavigationController).
                topViewController as! DetailViewController
            controller.detailItem = object as AnyObject?
            controller.navigationItem.leftBarButtonItem = self.splitViewController?.displayModeBut-
tonItem
            controller.navigationItem.leftItemsSupplementBackButton = true
        }
    }
}
```

func tableView(tableView: UITableView, cellForRowAtIndexPath) 내부에도 objects 배열을 다루는 부분이 있으므로 다음과 같이 두 부분을 수정합니다.

```
let object = objects[indexPath.row] as! NSDate
```

```
let object = objects[indexPath.row]
```

```
cell.textLabel!.text = object.description
```

```
cell.textLabel!.text = object
```

```
override func tableView(_ tableView: UITableView, cellForRowAt indexPath: IndexPath) -> UI-
TableViewCell {
    let cell = tableView.dequeueReusableCell(withIdentifier: "Cell", for: indexPath)

    // 문자열 데이터로 수정
    let object = objects[indexPath.row]
    // 문자열 데이터로 수정
    cell.textLabel!.text = object
    return cell
}
```

DetailViewController.swift를 선택합니다.

행을 선택했을 때 나오는 상세 화면에서도 날짜 데이터를 사용하는 부분이 있으므로 문자열 데이터를
다루도록 수정합니다.

```
var detailItem: NSData? { }
```

```
var detailItem: AnyObject? { }
```

```
var detailItem: AnyObject? {
    didSet {
        // Update the view.
        self.configureView()
    }
}
```

```
label.text = detail.description
```

```
label.text = detail as! String
```

```
func configureView() {
    // Update the user interface for the detail item.
    if let detail = self.detailItem {
        if let label = self.detailDescriptionLabel {
            label.text = detail as! String
        }
    }
}
```

7 **실행해서 결과 확인**

[실행] 버튼을 클릭합니다.

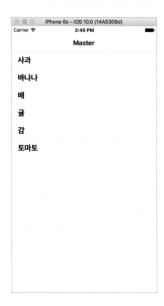

확인

애플리케이션을 실행하면 과일 이름이 출력됩니다.

각 행을 선택하면 상세 화면으로 전환됩니다. 상세 화면에서는 선택한
과일 이름이 출력됩니다. 확인했다면 [정지] 버튼을 눌러서 정지해주세
요.

Master-Detail 애플리케이션으로
애플리케이션 만들기(프로그램 제작)

이번 장의 포인트
- Master-Detail 애플리케이션은 목록 화면과 상세 화면을 전환하는 애플리케이션에 사용합니다.
- 템플릿을 사용해서 Master-Detail 애플리케이션을 완성합니다.

[튜토리얼] 사진 목록 애플리케이션 만들기(계속)

Master-Detail 애플리케이션으로 테스트 전용 문자열을 출력해봤습니다. 이번 장에서는 이미지를 추가하고 이미지 목록을 출력하도록 애플리케이션을 수정해봅시다. 추가로 이미지 파일 이름 목록에서 행하나를 클릭하면 상세 화면에 해당 파일을 출력하게 합시다.

사진 목록 애플리케이션 수정

한 번에 만들지 말고, 다음과 같은 과정을 거쳐 확인해보며 차근차근 만들겠습니다.

- 프로젝트에 이미지를 추가하고, 배열을 파일 이름으로 수정
- 상세 화면의 레이블을 제거하고, 이미지 뷰 추가
- 이미지를 출력하도록 프로그램 작성

프로젝트에 이미지를 추가하고, 배열을 파일 이름으로 수정

8 | 프로젝트에 이미지 파일 추가

출력할 이미지 파일을 준비하고, 프로젝트 내비게이터에 드래그해서 추가합니다. 이번 예제에서는 fireworks001.jpg~fireworks007. jpg 이미지 7장을 사용하겠습니다.

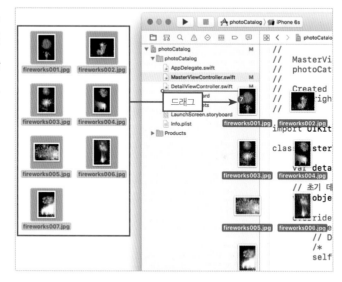

9 | 배열의 문자열을 이미지 파일 이름으로 수정

objects 배열의 문자열을 수정합니다.

```swift
// 파일 이름 배열을 준비합니다.
var objects = [
    "fireworks001", "fireworks002", "fireworks003", "fireworks004",
    "fireworks005", "fireworks006", "fireworks007"]

override func viewDidLoad() {
    super.viewDidLoad()
}
```

또한, 마스터 화면의 타이틀을 불꽃놀이 목록으로 변경합니다.

서식 마스터 화면의 타이틀 설정

```swift
self.title = <타이틀 이름>
```

```
override func viewDidLoad() {
    super.viewDidLoad()
    // 마스터 화면의 타이틀 문자
    self.title = "불꽃놀이 목록"
}
```

[실행] 버튼을 클릭합니다.

확인

애플리케이션을 실행하면 사진 파일의 목록이 출력됩니다.

각 행을 선택하면 상세 화면으로 전환되고, 상세 화면에서는 선택한 파일 이름이 출력됩니다. 확인했다면 [정지] 버튼을 눌러서 정지해주세요.

상세 화면의 레이블을 제거하고 이미지 뷰 추가

현재 애플리케이션은 상세 화면에 파일 이름이 출력됩니다. 이를 변경해서 상세 화면에 이미지가 출력되게 합시다. 일단 상세 화면의 레이블을 제거하고 이미지 뷰를 추가합니다.

10 레이블 제거

Main.storyboard를 선택합니다.

Detail View content goes here 레이블을 선택하고 delete 키를 눌러 제거합니다.

11 레이블 이름 제거

DetailViewController.swift를 선택하고 레이블 이름을 제거합니다. @IBOutlet weak var detail DescriptionLabel: UILabel!을 주석 처리해주세요.

```
class DetailViewController: UIViewController {

//    @IBOutlet weak var detailDescriptionLabel: UILabel!
```

12　이미지 뷰 추가

Main.storyboard를 선택하고 라이브러리 패널에서 ImageView를 Detail 화면에 드래그해 배치합니다.

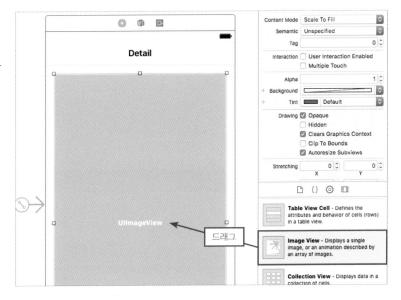

[Pin] 버튼을 클릭하고 Contrains to margin의 체크를 해제합니다. 이렇게 하면 화면의 마진 부분까지 꽉 채우게 만들 수 있습니다.

□ 위에 0, □ 왼쪽에 0, □ 오른쪽에 0, □ 아래에 0을 입력하고 [Add 4 Constraints] 버튼을 클릭합니다. 그 다음 [Resolve Auto Layout Issue] 버튼을 클릭하고 Update Frames를 선택합니다.

이렇게 하면 이미지 뷰가 화면을 꽉 채우게 됩니다.

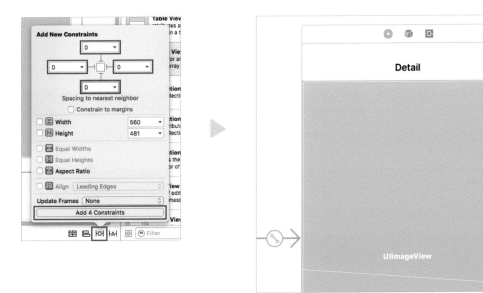

어트리뷰트 인스펙터의
View 〉 Mode의 Aspect
Fill을 선택합니다.

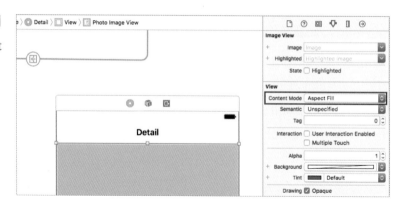

13 | 어시스턴트 에디터로 변경

툴바의 [어시스턴트 에디터] 버튼을 눌러서 어시스턴트 에디터로 변경합
니다.

14 | 이미지 뷰를 아울렛 연결하고 이름 붙이기

이미지 뷰를 아울렛 연결하고 이름을 설정합니다. 이름은 photoImageView로 설정해주세요.

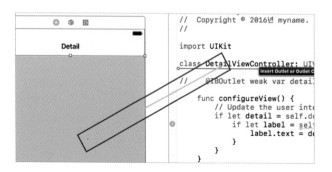 

이미지를 출력하도록 프로그램 작성

마지막으로 DetailViewController.swift에서 이미지를 출력하도록 프로그램을 작성합니다.

15 | 소스 에디터로 변경

툴바의 [스탠다드 에디터] 버튼을 누르고, 내비게이터 영역에서 Detail
ViewController.swif] 파일을 선택합니다.

16 문자를 출력하는 프로그램을 이미지를 출력하는 프로그램으로 변경

configureView() 메서드를 보면 detailItem의 데이터가 nil이 아니고, detailDescriptionLabel이라는 레이블이 존재할 때 레이블에 detail 값을 출력하게 되어 있습니다.

```
// 수정 전
func configureView() {
    // Update the user interface for the detail item.
    if let detail = self.detailItem {
        if let label = self.detailDescriptionLabel {
            label.text = detail as! String
        }
    }
}
```

이를 이미지를 출력하게 변경해봅시다.

detailItem의 데이터가 nil이 아니고, photoImageView라는 이미지 뷰가 존재할 때 detailItem으로 파일 이름을 만들고, 이미지 뷰에 출력하게 합니다.

```
// 수정 후
func configureView() {
    // Update the user interface for the detail item.
    if let detail = self.detailItem {
        if let imageView = self.photoImageView {
            let fileName = "\(detail).jpg"
            imageView.image = UIImage(named: fileName)
        }
    }
}
```

또한, 상세 화면의 타이틀을 불꽃놀이 사진으로 변경하기 위해 viewDidLoad() 메서드 내부에서 타이틀을 설정합니다.

```
override func viewDidLoad() {
    super.viewDidLoad()
    // Do any additional setup after loading the view, typically from a nib.
    self.configureView()

    // 상세 화면의 타이틀 문자
    self.title = "불꽃놀이 사진"
}
```

17 실행해서 결과 확인

[실행] 버튼을 클릭합니다.

확인

애플리케이션을 실행하면 불꽃 사진 목록이 출력됩니다.

각 행을 선택하면 상세 화면으로 전환되며, 상세
화면에서는 선택한 이미지를 출력합니다. 이것으
로 사진 목록 애플리케이션도 완성입니다!

CHAPTER

08

게임 애플리케이션
만들기: SpriteKit

l번 장의 개요

SpriteKit은 2D 게임과 같은 애플리케이션을 만들 때 사용합니다.

파티클을 사용해서 불꽃 또는 화염과 같은 이펙트를 만들 수 있습니다.

물리 시뮬레이션도 쉽게 구현할 수 있습니다.

SpriteKit이란?

CHAPTER 8-1

이번 장의 포인트 ■ SpriteKit은 2D 캐주얼 게임 전용 프레임워크입니다.

지금까지는 일반적인 애플리케이션을 만드는 방법을 살펴봤습니다. 이번 장에서는 게임 애플리케이션을 만드는 방법을 살펴보겠습니다.

많은 그림을 빠르게
움직여요.

SpriteKit은 2D 게임에 사용하는 프레임워크

화면을 디자인할 때 사용하는 버튼이나 레이블을 말하는 UIKit은 일반적인 애플리케이션을 만들 때 사용하는 부품입니다.

하지만 게임 애플리케이션에서는 더 자유롭게 움직이는 캐릭터가 등장하고, 게임 애플리케이션은 자유롭게 움직이는 캐릭터, 화면 연출을 위한 파티클 등을 사용하므로 만드는 방법이 조금 다릅니다.

Xcode에서는 이러한 게임 애플리케이션을 만들 때 적합한 몇 가지 Game Technology를 제공합니다. 신규 프로젝트를 만들 때 Game 템플릿을 선택하면 사용할 수 있답니다.

이러한 Game Technology에는 여러 가지 종류가 있습니다.

Game Technology의 종류[1]

SceneKit	3D 캐주얼 게임 전용 프레임워크입니다. 비교적 간단한 게임을 만들 때 사용합니다.
SpriteKit	2D 캐주얼 게임 전용 프레임워크입니다. 비교적 간단한 게임을 만들 때 사용합니다.
Open GL ES	iOS7에서 사용됐던 3D 게임 프레임워크입니다. 이전 게임과의 호환성을 가지게 할 때 사용합니다. 상급자 전용이라고 할 수 있답니다.
Metal	보다 본격적인 3D 게임 전용 프레임워크입니다. 상급자 전용이라고 할 수 있답니다.

이 책에서는 이 중에서 비교적 간단한 SpriteKit을 살펴봅시다.

SpriteKit은 문자 또는 이미지를 출력하고, 움직임을 자유롭게 적용할 수 있습니다. 파티클을 사용하면 불꽃 또는 화염과 같은 이펙트도 쉽게 만들 수 있습니다. 또한 2D 물리 엔진도 사용할 수 있으므로 문자 또는 이미지를 화면에서 실제 물체처럼 낙하시키거나, 충돌하고 튕기게 만들 수도 있습니다.

---

1 역주: 사실 게임을 만들 때 맥이나 iOS만 타겟으로 하는 경우는 거의 없을 것입니다. 맥, iOS를 포함해 안드로이드, 윈도 등을 모두 지원하는 범용 게임을 소규모의 팀으로 만들 때는 언리얼 엔진 또는 유니티 엔진을 살펴보세요. 물론 바로 그러한 엔진을 살펴보면 조금 어려울 수 있으니 이 책 정도의 내용은 살펴보도록 합시다.

SpriteKit의 3단계 구조

그럼 SpriteKit의 구조를 살펴보겠습니다.

SpriteKit은 3단계 구조로 만들어져 있습니다.

1단계: SKView

가장 아래에 있는 단계는 SKView입니다. SKView는 UIImageView 또는 UIWebView처럼 애플리케이션의 화면에 배치해서 사용하는 부품입니다.

UIImageView는 그림을, UIWebView는 웹 페이지를 출력하는 것처럼 SKView는 게임 화면을 출력할 때 사용합니다.

※ 일반적으로 게임 애플리케이션은 화면 전체를 사용하지만, 기본적인 애플리케이션을 만들 때 사용했던 것들과 함께 사용할 수도 있습니다. 화면 내부에서 게임적인 연출을 하는 부분을 SKView로 배치하고, 거기에서만 게임 객체들을 움직이게 만들 수 있습니다.

인터페이스 빌더로 화면에 배치한 다음에 오토 레이아웃을 설정하고, 어시스턴트 에디터에서 이름을 붙여 프로그램에서 접근할 수 있습니다. 사용 방법 자체는 UIKit과 같지만, SKView 내부에는 SpriteKit의 세계가 만들어져 있답니다.

2단계: SKScene

SKView의 위에 있는 계층을 씬(SKScene)이라 부릅니다. 바로 게임 화면이라고 할 수 있습니다.

게임에는 타이틀 화면, 메인 게임 화면, 게임 오버 화면 등의 다양한 화면이 있습니다. 그리고 이러한 상태를 적절하게 변환하며 게임을 진행하게 됩니다. 이때 각 화면(상태)을 씬(SKScene)이라 부릅니다.

SKView 위에 씬(SKScene)을 올려서 게임 화면을 만듭니다. 게임 화면을 변환할 때는 씬(SKScene)을 변경합니다. 이때 페이드인하거나 문이 열리는 것처럼 변환하게 하는 트랜지션을 적용할 수 있습니다.

3단계: SKNode

씬 위에 있는 계층을 노드(SKNode)라고 부릅니다. 이는 게임에 등장하는 요소입니다.

게임 화면에는 자유롭게 움직이는 캐릭터, 점수와 메시지 같은 문자, 불꽃 또는 화면과 같은 이펙트 등의 여러 가지 요소가 올라갑니다. 이러한 것들을 모두 노드(SKNode)라고 부른답니다.

노드는 출력 내용에 따라 다양한 종류가 있답니다. 예를 들어 자유롭게 움직이는 캐릭터는 스프라이트 노드(SKSpriteNode)라고 부릅니다. 점수와 메시지 같은 문자는 레이블 노드(SKLabelNode)라고 부릅니다. 불꽃 또는 화면과 같은 이펙트는 이미터 노드(SKEmitterNode)라고 부릅니다.

※노드는 정점 또는 분기점이라는 의미입니다. SpriteKit의 노드는 씬에 배치된 요소를 다루기 위한 정점이라는 뜻입니다.

이처럼 SpriteKit은 애플리케이션 위에 SKView라는 부품을 올리고, 그 위에 씬(SKScene)이라는 게임 화면을 올리고, 그 위에 노드(SKNode)라는 요소를 올리는 형태로 구성돼 있습니다.

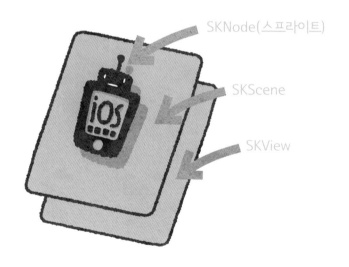

노드(SKNode)는 움직임을 추가해서 움직이게 만듦

SpriteKit으로 만든 게임 애플리케이션의 주인공은 노드(SKNode)입니다. 그런데 노드는 움직이는 방법이 약간 독특하답니다. 노드를 움직일 때는 미리 결정된 움직임을 만들어두고, 이를 노드에 설정해서 움직이게 합니다. 이처럼 미리 결정된 움직임을 SKAction이라고 부릅니다.

SKAction으로 만든 움직임은 몇 초 동안 어디로 움직인다거나 몇 초 동안 얼마만큼의 각도로 회전한다거나 몇 초 동안 얼마만큼의 크기로 확대하는 등의 단순한 움직임입니다.

하지만 이러한 단순한 움직임을 조합해서 복잡한 움직임을 만들 수 있습니다. 단순한 움직임을 순서대로 재생하면 이동한 다음 회전하는 움직임을 만들 수도 있습니다. 또한, 여러 개의 움직임을 동시에 재생해서 회전하면서 확대하는 움직임도 만들 수 있습니다.

움직임(SKAction)을 적용   움직인다!

SpriteKit 템플릿 실행해보기

이번 장의 포인트
- SpriteKit 템플릿을 그대로 실행해봅시다.
- 불필요한 부분을 제거해서 빈 SpriteKit 애플리케이션으로 만들어 봅시다.

SpriteKit 템플릿 실행

일단은 SpriteKit 템플릿을 사용해 봅시다.

신규 프로젝트 만들 때 Game 템플릿을 선택하고, Game Technology의 SpriteKit으로 시작하면 SpriteKit을 사용한 애플리케이션이 만들어집니다.

[튜토리얼] SpriteKit 템플릿 사용해보기

[난이도] ★☆☆☆☆

어떤 애플리케이션?

템플릿을 그대로 실행하면 화면을 터치했을 때 네모가 나타나고, 네모 모양이 회전하는 애플리케이션이 나옵니다.

애플리케이션의 구조

일단은 SpriteKit 템플릿을 그대로 실행해봅시다.

'Hello, World!'라고 출력되고, 터치하면 해당 위치에 네모 모양이 나타납니다. SpriteKit으로 어떠한 것을 할 수 있는지 간단하게 보여주는 테스트 템플릿이라고 할 수 있습니다.

하지만 기존에 있는 이러한 기능은 새로운 게임을 만들 때는 필요 없습니다. 따라서 새로운 게임을 만들 수 있게 불필요한 기능을 제거해서 빈 SpriteKit 애플리케이션으로 만들어 봅시다.

프로젝트 만들기

1 신규 프로젝트 생성

템플릿 선택 화면에서 [Game]을 선택
하고 신규 프로젝트를 생성합니다.

2 프로젝트 기본 정보 입력

프로젝트의 기본 정보를 입력하는 화면으로 넘어가면 다음과 같이 입력해 설정합니다. 이어서 [Next]
버튼을 클릭하고 저장해주세요.

- Product Name: sampleGame

- Organization Name: myname

- Organization Identifier: com.myname

- Language: Swift

- Game Technology: SpriteKit

- Devices: iPhone

- Include Unit Tests: 해제

- Include UI Tests: 해제

Game 템플릿은 다른 템플릿과 다르게 Game Technology라는 목록이 있으므로 주의해주세요.

프로젝트 내비게이터의 GameViewController.swift는 애플리케이션 화면을 컨트롤하는 프로젝트 파일로 여기에서 SKView를 설정합니다.

GameScene.swift는 게임 씬(SKScene)을 컨트롤하는 프로그램 파일로 여기에 게임 프로그램을 작성합니다.

GameScene.sks는 게임 씬(SKScene)을 디자인하는 파일로 인터 페이스 빌더처럼 라이브러리 패널에서 부품을 드래그해서 배치할 수 있습니다. 하지만 게임에서의 요소는 움직이는 경우가 많으므로 이 책에서는 GameScene.sks를 사용하지 않는 방법으로 설명하겠습니다.

3 | **템플릿을 곧바로 실행해서 결과 확인**

[실행] 버튼을 클릭합니다.

확인

애플리케이션을 실행하면 Hello World!라고 출력됩니다. 또한, 화면을 터치하면 터치한 위치에 네모 모양이 나타나서 회전합니다. 확인했다면 [정지] 버튼을 눌러 정지합니다.

불필요한 부분 제거

Hello, World!라고 출력하고 터치하면 네모 모양이 나타나는 기능은 새로운 게임을 만들 때는 필요 없는 부분입니다. 따라서 이러한 불필요한 기능을 제거하는 방법을 알아봅시다.

4 GameViewController.swift 파일 수정

viewDidLoad() 메서드 내부에는 GameScene.sks 파일의 디자인을 읽어 들여 게임 씬을 만드는 부분이 있습니다. 이 책에서는 GameScene.sks를 사용하지 않는 방법을 알아볼 것이므로 viewDidLoad() 메서드를 수정하겠습니다.

씬은 고정된 크기로 만듭니다. 일단 아이폰 4인치(640×1136)로 만들겠습니다. 하지만 그냥 그렇게 실행해버리면 4.7인치와 5.5인치 등에서 실행할 때 여백이 생깁니다. 따라서 화면 모드를 화면 크기에 맞게 확대하거나 축소하는 모드(AspectFit)로 설정합니다. 그리고 이렇게 설정한 씬을 SKView에 출력합니다.

서식 SKView에 씬 출력

```
<SKView 이름>.presentScene(<씬 이름>)
```

```swift
import UIKit
import SpriteKit
import GameplayKit
class GameViewController: UIViewController {
    override func viewDidLoad() {
        super.viewDidLoad()

        // 640x1136 크기의 게임 씬을 만듭니다.
        let scene = GameScene(size: CGSize(width: 640, height: 1136))
        // Main.storyboard의 View를 SKView로 변환합니다.
        let skView = self.view as! SKView
        // 화면 모드를 화면 크기에 맞게 확대축소하는 모드로 설정합니다.
        scene.scaleMode = .aspectFit
        // SKView에 씬을 출력합니다.
        skView.presentScene(scene)
    }
    override func shouldAutorotate() -> Bool {
        return true
    }
}
```

5 GameScene.sks 파일 제거

GameScene.sks 파일을 사용하는 코드가 없어졌으므로 파일을 제거해도 상관없습니다.

프로젝트 내비게이터의 GameScene.sks를 마우스 오른쪽 버튼으로 클릭(또는 control + 클릭)하고, 메뉴에서 Delete를 선택합니다. 이어서 [Move to Trash] 버튼을 눌러서 휴지통에 버립니다.

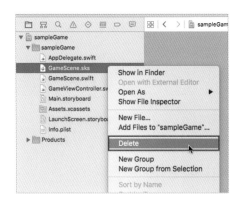

6 GameScene.swift 파일 수정

일단 Hello, World!라고 출력하는 부분을 제거합니다.

GameScene.swift 파일을 선택하고 didMoveToMove() 메서드 내부를 제거합니다. 주석 구문으로 처리해도 상관없지만 그냥 깔끔하게 제거하겠습니다.

```swift
import SpriteKit
import GameplayKit

class GameScene: SKScene {

    // 수정 전
    private var label : SKLabelNode?
    private var spinnyNode : SKShapeNode?

    override func didMove(to view: SKView) {
```

```
        // Get label node from scene and store it for use later
        self.label = self.childNode(withName: "//helloLabel") as? SKLabelNode
        if let label = self.label {
            label.alpha = 0.0
            label.run(SKAction.fadeIn(withDuration: 2.0))
        }

        /* 생략 */
    }
```

```
import SpriteKit
class GameScene: SKScene {

    // 수정 후
    override func didMove(to view: SKView) {
    }
```

이어서 터치하면 네모 모양을 나타나게 하는 부분을 제거하기 위해 touchDown(), touchMoved(), touchUp(), touchesBegan(), touchesMoved(), touchesEnded(), touchesCancelled() 메서드를 제거 합니다.

```
import SpriteKit

class GameScene: SKScene {

    // 수정 후
    override func didMove(to view: SKView) {

    }

    override func update(_ currentTime: TimeInterval) {
        // Called before each frame is rendered
    }
}
```

7 실행해서 결과 확인

[실행] 버튼을 클릭합니다.

확인

애플리케이션을 실행하면 검은색 화면이 나옵니다. 또한, 화면을 터치해도 네모 모양이 나타나지 않습니다. 따라서 빈 SpriteKit이 된 것이지요. 확인했다면 [정지] 버튼을 눌러 정지합니다.

객체 출력: 레이블, 스프라이트, 셰이프

이번 장의 포인트
- 문자는 레이블 노드(SKLabelNode)로 만듭니다.
- 이미지는 스프라이트 노드(SKSpriteNode)로 만듭니다.
- 도형은 셰이프 노드(SKShapeNode)로 만듭니다.
- 씬에 addChild로 추가해서 출력합니다.

레이블 노드 만들기: SKLabelNode

문자를 출력할 때는 레이블 노드(SKLabelNode)를 사용합니다. 레이블 노드는 문자, 색, 위치를 설정하고 씬에 추가해서 출력합니다.

문자를 출력합니다.

문자를 기반으로 레이블 노드 만들기: SKLabelNode(text: String?)

레이블을 만들 때 문자를 설정합니다.

서식

```
let <레이블 노드 이름> = SKLabelNode(text: "<문자열>")
```

예 'Hello' 레이블 만들기

```
let myLabel = SKLabelNode(text: "Hello")
```

문자 출력: var text: String?

text 속성으로 문자를 설정합니다.

서식

```
<레이블 노드 이름>.text = "<문자열>"
```

예 레이블의 문자를 'Hello World'로 설정

```
myLabel.text = "Hello World"
```

폰트 설정: var fontName: String?

fontName 속성으로 문자의 폰트를 설정합니다.

서식

```
<레이블 노드 이름>.fontName = "<폰트 이름>"
```

예 레이블의 폰트를 'Papyrus'로 설정합니다.

```
myLabel.fontName = "Papyrus"
```

문자 크기 설정: var fontSize: CGFloat

fontSize 속성으로 폰트 크기를 설정합니다.

서식

```
<레이블 노드 이름>.fontSize = <폰트 크기>
```

예 레이블의 폰트 크기를 36으로 설정

```
myLabel.fontSize = 36
```

문자 색상 설정: var fontColor: UIColor?

fontColor 속성으로 문자 색상을 설정합니다.

서식

```
<레이블 노드 이름>.fontColor = <문자 색상>
```

예 레이블의 문자 색상을 파란색으로 설정

```
myLabel.fontColor = UIColor.blue
```

문자 위치 설정: var position: CGPaint

position 속성으로 문자의 위치를 설정합니다. 지정한 위치가 문자의 정중앙이 됩니다.

서식

```
<레이블 노드 이름>.position = <위치>
```

예 100, 100의 위치에 출력

```
myLabel.position = CGPoint(x: 100, y: 100)
```

> **TIPS**
>
> **SpriteKit의 좌표계**
>
> SpriteKit의 SKScene은 UIView의 좌표계와 다릅니다.
>
> 레이블 또는 버튼을 배치하는 UIView는 왼쪽 위가 원점(0, 0)입니다. 그리고 오른쪽 또는 아래로 갈수록 값이 증가하는 좌표계입니다.
>
> SKScene은 왼쪽 아래가 원점(0, 0)입니다. 그리고 오른쪽 또는 위로 갈수록 값이 증가하는 좌표계입니다.

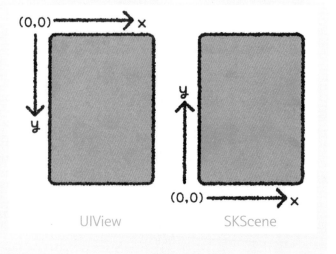

UIView   SKScene

---

1 역주: 전문 용어로 표현하면 UIView는 화면 좌표계, SKScene은 데카르트 좌표계입니다.

스프라이트 노드 만들기: SKSpriteNode

이미지를 출력할 때는 스프라이트 노드(SKSpriteNode)를 사용합니다. 스프라이트 노드는 이미지, 크기, 위치를 설정하고 씬에 추가해서 출력합니다.

이미지를 기반으로 스프라이트 노드 만들기: SKSpriteNode(imageNamed: String)

이미지를 기반으로 스프라이트 노드를 만듭니다.

`서식`

```
let <스프라이트 노드 이름> = SKSpriteNode(imageNamed: <이미지 이름>)
```

`예` 'iOSrobot.png'라는 이미지를 기반으로 스프라이트 노드 만들기

```
let mySprite = SKSpriteNode(imageNamed: "iOSrobot.png")
```

텍스처를 기반으로 스프라이트 노드 만들기: SKSpriteNode(texture: SKTexture?, size: CGSize)

이미지를 기반으로 텍스처를 만들고, 텍스처와 크기를 지정해서 스프라이트 노드를 만듭니다.

서식

```
<텍스처 이름> = SKTexture(imageNamed: <이미지 이름>)
<스프라이트 노드 이름> = SKSpriteNode(texture: <텍스처 이름>, size: <크기>)
```

예 'iOSrobot.png'라는 이미지를 기반으로 텍스처를 만들고, 해당 텍스처를 기반으로 350×350 크기의 스프라이트 노드 만들기

```
let myTexture = SKTexture(imageNamed: "iOSrobot.png")
let mySprite = SKSpriteNode(texture: myTexture, size: CGSize(width: 350, height: 350))
```

스프라이트 노드의 크기 설정: var size: CGSize

size 속성으로 크기를 설정합니다.

서식

```
<스프라이트 노드 이름>.size = <크기>
```

예 200×200으로 설정

```
mySprite.size = CGSize(width: 200, height: 200)
```

스프라이트 노드의 위치 설정: var position: CGPoint

position 속성으로 스프라이트 노드의 위치를 설정합니다. 지정한 위치가 스프라이트 노드의 정중앙이 됩니다.

서식

```
<스프라이트 노드 이름>.position = <위치>
```

예 100, 100의 위치에 출력

```
mySprite.position = CGPoint(x: 100, y: 100)
```

셰이프 노드 만들기: SKShapeNode

도형을 출력할 때는 셰이프 노드(SKShapeNode)를 사용합니다. 셰이프 노드는 원, 삼각형 등의 형태를 만들고, 내부에 칠할 색상과 테두리 색상/두께 등을 설정한 다음 씬에 추가해서 출력합니다.

원 모양의 셰이프 노드 만들기: SKShapeNode(circleOfRadius: CGFloat)

원 모양의 셰이프 노드를 만듭니다.

서식

```
let 〈셰이프 노드 이름〉 = SKShapeNode(circleOfRadius: 〈반경〉)
```

예 크기가 반경 20인 원을 나타내는 셰이프 노드 만들기

```
let myShape = SKShapeNode(circleOfRadius: 20)
```

사각형 모양의 셰이프 노드 만들기: SKShapeNode(rectOfSize: CGSize)

사각형 모양의 셰이프 노드를 만듭니다.

서식

```
let 〈셰이프 노드 이름〉 = SKShapeNode(rectOfSize: CGSize(width: 〈너비〉, height: 〈높이〉))
```

예 크기가 너비 100, 높이 50인 사각형을 나타내는 셰이프 노드 만들기

```
let myShape = SKShapeNode(rectOf: CGSize(width: 100, height: 50))
```

내부 색상 설정: var fillColor: UIColor

fillColor 속성으로 내부 색상을 설정합니다.

서식

```
〈셰이프 노드 이름〉.fillColor = 〈내부 색상〉
```

테두리 색상 설정: var strokeColor: UIColor

strokeColor 속성으로 테두리 색상을 설정합니다.

서식

```
<셰이프 노드 이름>.strokeColor = <테두리 색상>
```

테두리 두께 설정: var lineWidth: CGFloat

lineWidth 속성으로 테두리 두께를 설정합니다.

서식

```
<셰이프 노드 이름>.lineWidth = <테두리 두께>
```

씬에 출력: self.addChild(SKNode)

레이블 노드, 스프라이트 노드 등은 만들었다고 곧바로 출력되는 것이 아닙니다. 씬(self)에 추가해야 출력되며 self.addChild() 메서드를 사용합니다.

서식

```
self.addChild(<노드>)
```

예 'Hello'라는 레이블 노드 출력

```
let myLabel = SKLabelNode(text: "Hello")
myLabel.position = CGPoint(x: 50, y: 50)
myLabel.fontSize = 48
self.addChild(myLabel)
```

노드에 노드 추가: addChild(SKNode)

여러 개의 노드를 1개의 캐릭터로 만들어서 한꺼번에 움직이고 싶을 수도 있습니다. 여러 개의 노드를 한꺼번에 움직이고 싶을 때는 노드에 노드를 추가해서 하나로 만든 다음 한꺼번에 움직일 수 있으며, addChild() 메서드를 사용합니다.

씬에 노드를 출력하는 방법과 메서드 이름이 같은데, 이번에는 self가 아니라 노드를 대상으로 한다는 점이 다릅니다. 씬(self)에 추가하면 씬 위에 등장해서 출력됩니다. 노드에 추가하면 1개의 노드로 합쳐집니다. 1개의 노드로 합쳐지면 한꺼번에 움직이거나 회전시킬 수 있답니다.

서식

```
<노드>.addChild(<노드>)
```

예 크기가 반경 50인 원을 나타내는 세이프 노드 위에 'Hello' 레이블 노드를 추가해서 출력

```
let myShape = SKShapeNode(circleOfRadius: 50)
myShape.fillColor = UIColor.blue
let myLabel = SKLabelNode(text: "Hello")
myShape.addChild(myLabel)
self.addChild(myShape)
myShape.position = CGPoint(x: 320, y:320)
```

파티클

이번 장의 포인트
- 파티클이란 화염, 연기, 불꽃 등을 표현할 때 사용하는 기술입니다.
- SpriteKit Particle은 이미터를 사용해 시각적으로 만듭니다.
- 파티클은 입자의 집합을 하나의 객체로 씬에 배치합니다.

파티클이란?

파티클이란 화염, 연기, 불꽃 등을 표현할 때 사용하는 기술입니다. 작고 단순한 입자를 규칙에 따라 여러 개 방출하면서 자연 현상과 유사한 모양을 만들어냅니다.

많은 입자의 움직임을 매개변수로 하는 것뿐이지만 설정하는 매개변수에 따라 화염, 연기, 불꽃 등 다양한 표현을 할 수 있습니다.

파티클은 SKEmitter 노드라는 이미터 객체를 만들어서 출력합니다. 이미터란 발생 장치라는 의미로 이미터에서 다양한 입자를 방출해서 화염 또는 연기를 만들어냅니다.

실행 예

많은 매개변수가 있으므로 생각한 그대로를 파티클로 만들어내는 것은 굉장히 어렵습니다. 따라서 Xcode의 프리뷰를 보면서 이미터를 만드는 것이 일반적입니다.

.sks 파일이라는 파티클 전용 파일(SpriteKit Particle File)을 사용해서 파티클을 만들어 봅시다.

[튜토리얼] 파티클 만들기: SpriteKit Particle File

파티클 파일을 사용해서 파티클을 만들어 봅시다.

1 프로젝트 내부에 SpriteKit Particle 파일 만들기

프로젝트 내비게이터를 마우스 오른쪽
버튼으로 클릭(또는 control + 클릭)
하고, New File...을 선택합니다.

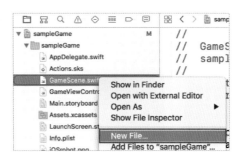

iOS ⟩ Resource ⟩ SpriteKit Particle
File을 선택하고, [Next] 버튼을 선택
합니다.

일단 Particle template에 만들고자
하는 파티클과 비슷한 템플릿을 선택
합니다. 이어서 파일 이름을 지정하고
Create 버튼을 선택합니다.

템플릿의 예

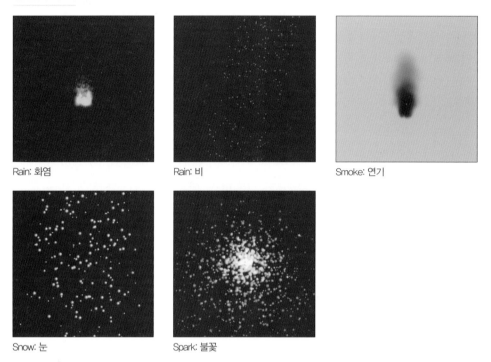

Rain: 화염

Rain: 비

Smoke: 연기

Snow: 눈

Spark: 불꽃

2 매개변수 변경

프로젝트 내비게이터에서 SpriteKit Particle(.sks) 파일을 선택하면 프리뷰 화면이 나옵니다. 오른쪽에는 SKNode 인스펙터가 표시됩니다. 여기에서 매개변수를 변경할 수 있습니다.

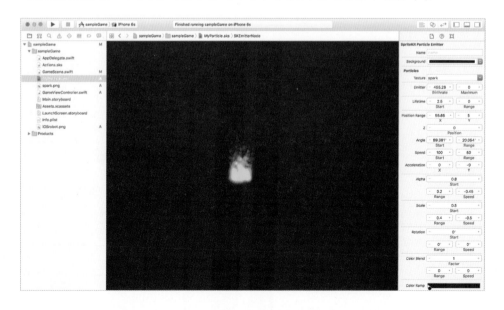

파티클에서는 다양한 입자가 랜덤하게 발생합니다. 이러한 입자를 어떻게 발생시킬 것인지 지정합니다.

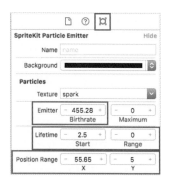

- Particles의 Birthrate로 방출하는 입자의 수를 지정합니다.

- Lifetime으로 파티클의 수명을 지정합니다.

- Position Range로 입자의 발생 위치 범위를 지정합니다.

프리뷰 화면 내부를 드래그하면 이미터의 위치를 변경할 수 있습니다. 움직이면서 파티클의 방출을 확인할 수 있으므로 화염 또는 연기의 움직임에 따라 파티클이 어떻게 되는지도 확인할 수 있습니다.

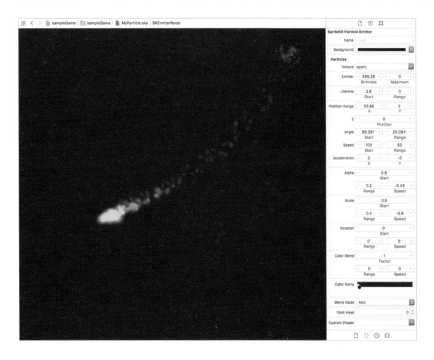

[튜토리얼] 파티클 사용하기: SKEmitterNode()

파티클 파일을 만들었으므로 이를 사용하는 프로그램을 만들어 봅시다.

GameScene.swift 파일 내부에 프로그램을 작성합니다.

1 **이미터 만들기: SKEmitterNode(fileNamed: String)**

SKEmitterNode() 메서드로 파티클 파일 이름을 기반으로 파티클 이미터를 만듭니다.

서식

```
<이미터 이름> = SKEmitterNode(fileNamed: <파티클 파일 이름>)
```

2 **파티클 출력: addChild(SKNode!)**

이미터의 위치를 지정하고 addChild하면 해당 위치에 파티클이 출력됩니다.

서식

```
<이미터 이름> = SKEmitterNode(fileNamed: <파티클 파일 이름>)
```

서식

```
<이미터 이름>!.position = <위치>
```

서식

```
self.addChild(<이미터 이름>!)
```

예 320, 400의 위치에 파티클 출력

```
override func didMove(to view: SKView) {
    // 파티클 시스템으로 이미터 생성
    if let myEmitter = SKEmitterNode(fileNamed: "MyParticle.sks") {
        // 이미터의 위치 지정
        myEmitter.position = CGPoint(x: 320, y: 400)
        // 이미터 출력
        self.addChild(myEmitter)
    }
}
```

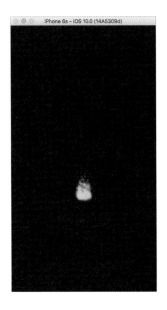

3 파티클의 발생 위치 변경: var position: CGPoint

이미터의 위치(position)를 지정하면 입자의 전체적인 공간을 이동시킬 수 있습니다. 이를 변경하면 화면을 드래그해도 전체적인 공간이 움직이는 것이므로 흔들리며 움직이지 않습니다.

만약 파티클을 흔들거리면서 이동시키고 싶다면 particlePosition이라는 파티클 발생 위치를 이동시켜야 합니다.

서식 입자의 전체적인 공간 이동

```
<이미터 이름>.position = <위치>
```

서식 입자의 발생 위치만 이동

```
<이미터 이름>.particlePosition = <위치>
```

스프라이트에 움직임 적용

SKAction으로 움직임을 만들고 runAction 메서드로 노드에 움직임을 적용

노드(SKNode)에 움직임을 적용하고 싶을 때는 SKAction을 사용합니다.

SKAction으로 움직임을 만들고, runAction() 메서드로 움직임을 노드에 적용합니다. 움직임을 객체로 만들면 움직임을 관리하기 쉽습니다.

많은 스프라이트를 동시에 움직이거나 1개의 스프라이트에 같은 움직임을 여러 번 반복할 때 편리합니다.

서식 움직임 만들기

```
let 〈액션 이름〉 = SKAction.〈움직임의 종류〉
```

서식 노드에 움직임 적용

```
〈노드 이름〉.run(〈액션 이름〉)
```

SKAction으로는 이동 움직임, 회전 움직임, 확대 축소 움직임 등의 다양한 움직임을 만들 수 있습니다.

움직임(SKAction) 적용　　　　　　움직여요!

이동 움직임

지정한 위치로 이동: SKAction.move(to: CGPoint, duration: TimeInterval)

지정한 위치로 일정 시간 동안 움직이는 액션을 만듭니다.

서식

```
let 〈액션 이름〉 = SKAction.move(to: 〈이동 대상 위치〉, duration: 〈몇 초〉)
```

예 스프라이트 노드에 100, 100부터 500, 500의 위치로 1초 동안 이동하는 움직임 적용

```
// 스프라이트 생성
let mySprite = SKSpriteNode(imageNamed: "iOSrobot.png")
// 위치 지정
mySprite.position = CGPoint(x: 100, y: 100)
// 스프라이트 출력
addChild(mySprite)
// 지정한 위치로 이동하는 움직임 생성
let action = SKAction.move(to: CGPoint(x: 500, y: 500), duration: 1)
// 움직임 적용
mySprite.run(action)
```

지정한 양만큼 이동: SKAction.move(by: CGVector, duration: TimeInterval)

현재 위치에서 지정한 거리만큼 일정 시간 동안 이동하는 액션을 만듭니다. 조금씩 이동시키고 싶을 때
사용합니다.

서식

```
let 〈액션 이름〉 = SKAction.move(by: 〈이동 양〉, duration: 〈몇 초〉)
```

예 스프라이트 노드에 초기 위치에서 +300, +500의 위치로 1초 동안 이동하는 움직임 적용

```
// 스프라이트 생성
let mySprite = SKSpriteNode(imageNamed: "iOSrobot.png")
// 위치 지정
mySprite.position = CGPoint(x: 100, y: 100)
// 스프라이트 출력
addChild(mySprite)
// 지정한 만큼 이동하는 움직임 생성
let action = SKAction.move(by: CGVector(dx: 300, dy: 500), duration: 1)
// 움직임 적용
mySprite.run(action)
```

회전 움직임

회전하는 애니메이션이에요!

지정한 각도까지 회전: SKAction.rotate(toAngle: CGFloat, duration: TimeInterval)

지정한 각도까지 일정 시간 동안 회전하는 액션을 만듭니다.

서식

```
let <액션 이름> = SKAction.rotate(toAngle: <각도>, duration: <몇 초>)
```

※각도는 라디안으로 지정합니다.

예 스프라이트 노드에 45도까지 1초 동안 회전하는 움직임 적용

```
// 스프라이트 생성
let mySprite = SKSpriteNode(imageNamed: "iOSrobot.png")
// 위치 지정
mySprite.position = CGPoint(x: 400, y: 400)
// 스프라이트 출력
addChild(mySprite)
// 지정한 만큼 회전하는 움직임 생성
let action = SKAction.rotate(toAngle: CGFloat(45 * M_PI / 180), duration: 1)
// 움직임 적용
mySprite.run(action)
```

지정한 각도만큼 추가로 회전: SKAction.rotate(byAngleCGFloat, duration: TimeInterval)

현재 각도에서 지정한 각도만큼 일정 시간 동안 회전하는 액션을 만듭니다. 조금씩 회전시키고 싶을 때 사용합니다.

서식

```
let <액션 이름> = SKAction.rotate(byAngle: <각도>, duration: <몇 초>)
```

※각도는 라디안으로 지정합니다.

예 스프라이트 노드에 초기 각도에서 추가로 60도만큼 1초 동안 회전하는 움직임 적용

```
// 스프라이트 생성
let mySprite = SKSpriteNode(imageNamed: "iOSrobot.png")
// 위치 지정
mySprite.position = CGPoint(x: 400, y: 400)
// 스프라이트 출력
addChild(mySprite)
// 지정한 만큼 추가로 회전하는 움직임 생성
let action = SKAction.rotate(byAngle: CGFloat(60 * M_PI / 180), duration: 1)
// 움직임 적용
mySprite.run(action)
```

확대 축소 움직임

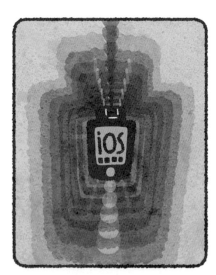

확대 축소하는 애니메이션이에요!

지정한 배율로 확대하거나 축소: SKAction.scale(to: CGFloat, duration: TimeInterval)

지정한 배율까지 일정 시간 동안 확대하거나 축소하는 액션을 만듭니다.

서식

```
let <액션 이름> = SKAction.scale(to: <배율>, duration: <몇 초>)
```

※기본 배율은 1.0입니다.

예 스프라이트 노드에 3배 크기로 1초 동안 확대하는 움직임 적용

```
// 스프라이트 생성
let mySprite = SKSpriteNode(imageNamed: "iOSrobot.png")
// 위치 지정
mySprite.position = CGPoint(x: 320, y: 500)
// 스프라이트 출력
addChild(mySprite)
// 지정한 배율로 확대/축소하는 움직임 생성
let action = SKAction.scale(to: 3, duration: 1)
// 움직임 적용
mySprite.run(action)
```

지정한 크기까지 확대 축소: SKAction.resize(toWidth: CGFloat, height: CGFloat, duration: TimeInterval)

지정한 크기까지 일정 시간 동안 확대하거나 축소하는 액션을 만듭니다. 특정한 크기로 만들 때 사용합니다.

서식

```
let 〈액션 이름〉 = SKAction.resize(toWidth〈너비〉, height: 〈높이〉, duration: 〈몇 초〉)
```

예 스프라이트 노드에 너비 100, 높이 100의 크기로 1초 동안 확대하는 움직임 적용

```
// 스프라이트 생성
let mySprite = SKSpriteNode(imageNamed: "iOSrobot.png")
// 위치 지정
mySprite.position = CGPoint(x: 320, y: 500)
// 스프라이트 출력
addChild(mySprite)
// 지정한 크기로 확대/축소하는 움직임 생성
let action = SKAction.resize(toWidth: 100, height: 100, duration: 1)
// 움직임 적용
mySprite.run(action)
```

움직임에 가속, 감속 지정: var timingMode: SKActionTimingMode

스프라이트에는 가속 또는 감속 방식을 지정할 수 있습니다. 참고로 따로 지정하지 않으면 일정한 속도로 움직입니다.

움직임 액션을 만들고 timingMode 속성으로 가속, 감속의 종류를 지정합니다.

`서식`

```
<액션 이름>.timingMode = <가속 감속의 종류>
```

가속, 감속의 종류

SKActionTimingMode.linear	일정한 속도로 움직임
SKActionTimingMode.easeIn	처음에는 느렸다가 점점 빨라지게 가속
SKActionTimingMode.easeOut	처음에는 빨랐다가 점점 느려지게 가속
SKActionTimingMode.easeInEaseOut	처음에는 느렸다가, 중간에 가속했다가, 나중에 느려지게 가속

`예` 스프라이트 노드에 100, 100에서 500, 500의 위치로 3초 동안 점점 느려지게 가속 적용

```
// 스프라이트 생성
let mySprite = SKSpriteNode(imageNamed: "iOSrobot.png")
// 위치 지정
mySprite.position = CGPoint(x: 320, y: 500)
// 스프라이트 출력
addChild(mySprite)
// 지정한 만큼 이동하는 움직임 생성
let action = SKAction.move(by: CGVector(dx: 300, dy: 500), duration: 1)
// 점점 느려지게 가속 적용
action.timingMode = SKActionTimingMode.easeOut
// 움직임 적용
mySprite.run(action)
```

움직임 조합

이번 장의 포인트
- repeatAction은 액션을 반복할 때 사용합니다.
- group은 여러 개의 액션을 평행하게 실행할 때 사용합니다.
- sequence는 여러 개의 액션을 차례대로 실행할 때 사용합니다.
- waitForDuration은 특정 시간 동안 대기할 때 사용합니다.

여러 개의 움직임 적용

단순한 움직임을 조합해서 복잡한 움직임을 만들어 낼 수 있습니다.

단순한 움직임들을 만들고, 이러한 것을 사용해 움직임의 집합을 만들어냅니다. 이렇게 만들어진 움직임의 집합을 run() 메서드로 적용하면 여러 개의 움직임이 합쳐진 복잡한 움직임이 실행됩니다.

이때 여러 번 같은 움직임을 반복하게 하거나 다른 움직임을 순서대로 실행하게 할 수 있습니다.

움직임 반복: SKAction.repeat(SKAction, count: Int)

반복 횟수를 지정하고 같은 움직임을 지정한 횟수만큼 반복하는 액션을 만들 때 사용합니다.

액션을 반복합니다!

서식

```
let <액션 이름> = SKAction.repeat(<반복할 액션>, count: <횟수>)
```

예 스프라이트 노드에 '360도 회전하는 움직임을 3회 반복'하게 설정

```
// 스프라이트 생성
let mySprite = SKSpriteNode(imageNamed: "iOSrobot.png")
// 위치 지정
mySprite.position = CGPoint(x: 320, y: 500)
// 스프라이트 출력
addChild(mySprite)
// 360도 회전하는 움직임 생성
let action = SKAction.rotate(byAngle: CGFloat(360 * M_PI / 180), duration: 1)
// 3회 반복하는 움직임 생성
let actionRepeat = SKAction.repeat(action, count: 3)
// 움직임 적용
mySprite.run(actionRepeat)
```

계속 반복: SKAction.repeatForever(SKAction)

특정 움직임을 계속 반복하는 액션을 만들 때 사용합니다.

서식

```
let <액션 이름> = SKAction.repeatForever(<반복할 액션>)
```

예 스프라이트 노드에 360도로 계속 회전하는 움직임 적용

```
// 스프라이트 생성
let mySprite = SKSpriteNode(imageNamed: "iOSrobot.png")
// 위치 지정
mySprite.position = CGPoint(x: 320, y: 500)
// 스프라이트 출력
addChild(mySprite)
// 360도 회전하는 움직임 생성
let action = SKAction.rotate(byAngle: CGFloat(360 * M_PI / 180), duration: 1)
// 계속 반복하는 움직임 생성
let actionRepeat = SKAction.repeatForever(action)
// 움직임 적용
mySprite.run(actionRepeat)
```

동시에 움직이기: SKAction.group([SKAction])

여러 개의 움직이는 액션을 배열로 지정하고 동시에 움직이는 액션을 만들 때 사용합니다.

서식

```
let 〈액션 이름〉 = SKAction.group(〈액션의 배열〉)
```

예 스프라이트 노드에 90도 회전하는 움직임과 400, 400으로 이동하는 움직임을 동시에 실행하게 적용

```
// 스프라이트 생성
let mySprite = SKSpriteNode(imageNamed: "iOSrobot.png")
// 위치 지정
mySprite.position = CGPoint(x: 100, y: 100)
// 스프라이트 출력
addChild(mySprite)
// 360도 회전하는 움직임 생성
let action1 = SKAction.rotate(byAngle: CGFloat(360 * M_PI / 180), duration: 1)
// 400, 400으로 이동하는 움직임 생성
let action2 = SKAction.move(to: CGPoint(x: 400, y: 400), duration: 1)
// 2개의 움직임을 동시에 실행하는 움직임 생성
let actionGroup = SKAction.group([action1, action2])
// 움직임 적용
mySprite.run(actionGroup)
```

차례대로 움직이기: SKAction.sequence([SKAction])

여러 개의 움직이는 액션을 배열로 지정하고 차례대로 움직이는 액션을 만들 때 사용합니다.

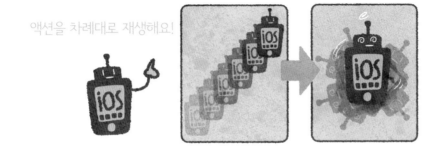

서식

```
let <액션 이름> = SKAction.sequence(<액션의 배열>)
```

예 스프라이트에 90도 회전하고 400, 400으로 이동하라는 움직임을 순서대로 적용

```
// 스프라이트 생성
let mySprite = SKSpriteNode(imageNamed: "iOSrobot.png")
// 위치 지정
mySprite.position = CGPoint(x: 100, y: 100)
// 스프라이트 출력
addChild(mySprite)
// 360도 회전하는 움직임 생성
let action1 = SKAction.rotate(byAngle: CGFloat(360 * M_PI / 180), duration: 1)
// 400, 400으로 이동하는 움직임 생성
let action2 = SKAction.move(to: CGPoint(x: 400, y: 400), duration: 1)
// 2개의 움직임을 차례대로 실행하는 움직임 생성
let actionSequence = SKAction.sequence([action1, action2])
// 움직임 적용
mySprite.run(actionSequence)
```

특정 시간 동안 대기: SKAction.wait(forDuration: TimeInterval)

움직임을 순서대로 진행하다가 중간에 잠시 대기하고 싶을 때를 위해 특정 시간 동안 대기하는 액션이 제공됩니다.

서식

```
let <액션 이름> = SKAction.wait(forDuration: <몇 초>)
```

예 스프라이트 노드에 360도 회전하고, 1초 동안 대기하고, 400, 400으로 이동하라는 움직임을 순서대로 적용

```
// 스프라이트 생성
let mySprite = SKSpriteNode(imageNamed: "iOSrobot.png")
// 위치 지정
mySprite.position = CGPoint(x: 100, y: 100)
// 스프라이트 출력
addChild(mySprite)
// 360도 회전하는 움직임 생성
let action1 = SKAction.rotate(byAngle: CGFloat(360 * M_PI / 180), duration: 1)
// 1초 동안 대기하는 움직임 생성
let wait = SKAction.wait(forDuration: 1)
// 400, 400으로 이동하는 움직임 생성
let action2 = SKAction.move(to: CGPoint(x: 400, y: 400), duration: 1)
// 3개의 움직임을 차례대로 실행하는 움직임 생성
let actionSequence = SKAction.sequence([action1, wait, action2])
// 움직임 적용
mySprite.run(actionSequence)
```

랜덤한 시간 동안 대기: SKAction.wait(forDuration: TimeInterval, withRange: TimeInterval)

특정한 시간 동안 대기하는 것이 아니라 랜덤한 시간 동안 대기하게 만들 수도 있습니다. 특정한 시간을 중심으로 변동 폭을 설정하면 변동 폭 내부에 있는 랜덤한 시간만큼 기다리게 됩니다.

서식

```
let <액션 이름> = SKAction.wait(forDuration: <몇 초>, withRange:<변동 폭>)
```

예를 들어 1초를 중심으로 2초의 변동 폭을 설정하면 0~2초 사이의 랜덤한 시간만큼 기다리게 됩니다.

예 랜덤한 시간(0.0~2.0초)만큼 기다립니다.

```
// 랜덤한 시간동안 대기하는 움직임 생성
let waitRandom = SKAction.wait(forDuration: 1.0, withRange: 2.0)
```

사용자 터치를 확인하는 메서드: touchesBegan

SpriteKit은 사용자로부터의 조작을 확인할 때 touchesBegan() 메서드를 사용합니다.

사용자가 화면을 터치하면 touchesBegan() 메서드가 호출되며, 매개변수로 전달되는 touches로 터치와 관련된 정보(위치 정보 등)가 들어옵니다.

그런데 아이폰은 멀티 터치를 지원합니다. 따라서 매개변수로 전달되는 touches에는 여러 개의 터치 정보가 들어있답니다. 따라서 touchesBegan()에서는 일단 for touch in touches {} 등을 사용해서 터치 정보를 한 개씩 추출해야 합니다. 그리고 추출한 터치 정보의 locationInNode(self)를 사용하면 위치를 확인할 수 있답니다.

한 개의 손가락으로 터치할 때도 이러한 과정을 모두 처리해줘야 합니다. 사실 멀티 터치를 지원하지만, 기본적으로는 멀티 터치 기능이 꺼져 있습니다. 따라서 터치 정보가 1개만 전달됩니다.

여러 개의 손가락을 모두 확인하고 싶을 때는 SKView의 isMultipleTouchEnabled를 true로 해야 합니다.

```
override func didMove(to view: SKView) {
    // 멀티 터치 기능 활성화
    self.view?.isMultipleTouchEnabled = true
}
```

이렇게 하면 멀티 터치 기능이 활성화되어 여러 개의 손가락 정보를 모두 확인할 수 있습니다(손가락을 하나만 받아도 된다면 이러한 설정을 하지 않아도 됩니다).

서식 사용자가 터치한 위치 확인

```
for touch in touches {
    let <터치한 위치> = touch.location(in: self)
}
```

예 사용자가 터치한 위치를 디버그 영역에 출력

```
// 사용자가 터치했을 때 호출
override func touchesBegan(_ touches: Set<UITouch>, with event: UIEvent?) {
    // 터치 정보 추출
    for touch in touches {
        // 씬에서의 위치 추출
        let location = touch.location(in: self)
        // 위치 출력
        print(location)
    }
}
```

```
(403.993560791016, 379.916320800781)
(99.9677734375, 80.0128479003906)
(139.130432128906, 975.08544921875)


All Output ⌄                                    🗑 | ☐☐
```

디버그 영역

※ 터치할 때에 호출되는 메서드는 touchesBegan()이지만, 이 이외에도 터치와 관련된 메서드가 더 있습니다.

터치한 손가락을 이동할 때는 touchesMoved() 메서드가, 터치한 손가락을 뗄 때는 touchesEnded() 메서드가 호출됩니다. 모두 매개변수로 touches가 전달되며, 사용 방법도 같습니다.

터치된 노드를 확인하는 방법

터치한 위치에 있는 노드를 확인할 때는 nodes() 메서드를 사용합니다.

지정한 위치에 있는 노드를 배열로 반환해주므로 for 반복문을 사용해야 배열에 있는 노드를 하나하나 추출하고, 적절한 처리를 해줄 수 있습니다.

서식 지정한 위치에 있는 노드를 모두 확인

```
let <노드 배열> = self.node(at: <위치>)
for <해당 위치의 노드> in <노드 배열> {
    <해당 위치의 노드에 적용할 처리>
}
```

예 사용자가 터치한 위치에 있는 노드를 디버그 영역에 출력

```swift
// 사용자가 터치했을 때 호출
override func touchesBegan(_ touches: Set<UITouch>, with event: UIEvent?) {
    // 터치 정보 추출
    for touch in touches {
        // 씬에서의 위치 추출
        let location = touch.location(in: self)
        // 해당 위치에 있는 노드 확인
        let touchNodes = self.nodes(at: location)
        // 노드 확인
        for touchNode in touchNodes {
            // 위치 출력
            print(touchNode)
        }
    }
}
```

노드에는 다양한 정보가 들어있으므로 다양한 정보가 출력됩니다.

```
<SKSpriteNode> name:'(null)' texture:[<SKTexture>
'iOSrobot.png' (350 x 350)] position:{400, 400} scale:{1.00,
1.00} size:{350, 350} anchor:{0.5, 0.5} rotation:6.28


All Output ◇                                            🗑 | ☐ ☐
```

디버그 영역

2D 게임 만들기

SpriteKit으로 2D 게임 애플리케이션 만들기

그럼 SpriteKit을 사용해서 게임 애플리케이션을 만들어 봅시다.

[튜토리얼] 다른 글자 찾기 게임

[난이도] ★★★★☆

어떤 애플리케이션?

게임이 시작되면 여러 개의 글자가 위에서 아래로 이동합니다. 모두 같은 글자처럼 보이지만, 1개는 다른 글자입니다. 다른 글자를 찾아 탭하면 되는 게임이랍니다.

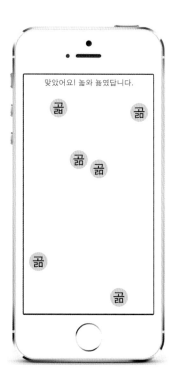

애플리케이션의 구조

❶ 화면 위에 메시지를 출력하는 레이블 노드 만들기

처음에 '다른 글자를 터치해주세요!'라는 메시지를 출력하게 만듭니다. 이후에 글자를 터치할 때 정답인지 아닌지 판정하고, '맞았어요!' 또는 '틀렸어요!'를 출력할 때도 사용합니다.

❷ 문제를 만드는 메서드 만들기

문자를 터치해서 맞았는지 틀렸는지 출력하고, 다음 문제를 계속해서 내는 게임입니다.

따라서 문제를 만드는 메서드를 만들어 둡니다. 게임을 시작할 때 호출하고, 정답을 판정한 이후에 다시 호출해서 계속해서 진행하게 합니다.

❸ 문제를 만드는 메서드를 사용해 문자를 공(원) 위에 중첩해서 출력하기

문제를 출제하면 여러 개의 공(원)에 글자를 중첩해서 출력합니다. 공에는 위에서 아래로 랜덤한 속도로 이동하는 움직임을 적용해서 이동시킵니다. 이동하면 문자를 읽기 어려워지므로 게임의 난이도가 올라갑니다.

❹ 문제를 만드는 메서드를 사용해 여러 개의 공 중에서 1개를 다른 글자로 설정

문제를 만들 때 랜덤하게 숫자를 선택하고, 이 번호의 공에 다른 글자를 출력합니다. 이후에 정답을 판정할 때도 이 번호를 사용합니다.

❺ 공을 터치하면 정답인지 판정하기

탭할 때 공을 탭했는지 확인하고, 해당 공의 번호를 확인해서 정답인지 판정합니다. 그리고 정답이라면 '맞았어요!', 틀렸다면 '틀렸어요!'를 레이블에 출력합니다.

❻ 문제 수 늘리기

빈 SpriteKit 애플리케이션 만들기

일단 CHAPTER 8-2의 과정 1~8(337쪽~342쪽)을 참고해서 빈 SpriteKit 애플리케이션을 만듭니다. 프로젝트를 만들 때 Product Name은 touchMistake로 설정합니다.

게임 애플리케이션 만들기

애플리케이션의 화면은 오른쪽 그림처럼 글자가 적혀있고, 지름이 90(반지름 45)인 크기의 공이 위에서 아래로 움직이게 합니다. 셰이프 노드와 레이블 노드를 합친 하나의 객체를 사용해 공을 만듭니다.

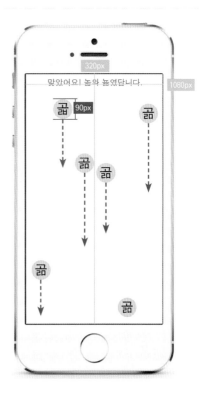

9 **메시지를 출력하는 레이블 노드 만들기**

GameScene.swift 파일을 선택합니다.

메시지 레이블과 레이블 위에 적을 글자를 변수로 만들고, 화면을 출력할 때(didMove) 레이블에 문자를 설정해 출력합니다.

```swift
import SpriteKit

class GameScene: SKScene {

    // 메시지를 출력할 레이블 노드를 만듭니다.
    let msgLabel = SKLabelNode(fontNamed: "AppleGothic")
    var msg:String = "다른 글자를 터치해주세요."

    override func didMove(to view: SKView) {
        // 배경을 흰색으로 설정합니다.
```

```
        self.backgroundColor = UIColor.white
        // 메시지 레이블을 출력합니다.
        msgLabel.text = msg
        msgLabel.fontSize = 36
        msgLabel.fontColor = UIColor.red
        msgLabel.position = CGPoint(x: 320, y: 1080)
        self.addChild(msgLabel)
    }
```

10 │ 문제 만드는 메서드 만들기

공의 갯수를 결정합니다(일단 6개로 합니다). 추가로 이후에 공을 터치했을 때 확인할 수 있게 공을 저
장하는 배열을 만들어야 합니다. 공은 셰이프 노드로 만드므로 SKShapeNode 자료형의 배열을 만듭
니다.

```
// 메시지를 출력할 레이블 노드를 만듭니다.
let msgLabel = SKLabelNode(fontNamed: "AppleGothic")
var msg:String = "다른 글자를 터치해주세요."
// 공의 갯수를 6개로 설정합니다.
let ballMax = 6
// 공을 넣을 배열을 준비합니다.
var ballList:[SKShapeNode] = []
```

화면을 출력할 때(didMove) 문제를 내는 메서드(newQuestion)를 호출하고, 문제를 내는 메서드를
만듭니다. 문제를 내는 메서드에서는 공의 배열을 초기화하고, ballMax개의 공을 셰이프 노드로 만듭
니다. 그리고 공을 씬과 배열에 모두 추가해줍니다.

```
override func didMove(to view: SKView) {
    // 배경을 흰색으로 설정합니다.
    self.backgroundColor = UIColor.white
    // 메시지 레이블을 출력합니다.
    msgLabel.text = msg
    msgLabel.fontSize = 36
    msgLabel.fontColor = UIColor.red
    msgLabel.position = CGPoint(x: 320, y: 1080)
    self.addChild(msgLabel)

    newQuestion()
}
```

```
// 문제를 만드는 메서드
func newQuestion() {
    // 공 배열을 비웁니다.
    ballList = []
    // ballMax 개의 공을 만듭니다.
    for loopID in 0 ..< ballMax {
        // 셰이프 노드로 공을 만듭니다.
        let ball = SKShapeNode(circleOfRadius: 45)
        ball.fillColor = UIColor(red: 1.0, green: 0.9, blue: 0.6, alpha: 1.0)
        ball.position = CGPoint(x: loopID * 100 + 70, y: 1000)
        // 씬에 출력합니다.
        self.addChild(ball)
        // 공 배열에 추가합니다.
        ballList.append(ball)
    }
}
```

11 공에 글자 쓰기

문제를 만드는 메서드에서 공을 만든 다음 글자를 출력하는 레이블 노드를 만들고 공에 추가합니다.

```
// 문제를 만드는 메서드
func newQuestion() {
    // 공 배열을 비웁니다.
    ballList = []
    // ballMax 개의 공을 만듭니다.
    for loopID in 0 ..< ballMax {
        // 셰이프 노드로 공을 만듭니다.
        let ball = SKShapeNode(circleOfRadius: 45)
        ball.fillColor = UIColor(red: 1.0, green: 0.9, blue: 0.6, alpha: 1.0)
        ball.position = CGPoint(x: loopID * 100 + 70, y: 1000)
        // 씬에 출력합니다.
        self.addChild(ball)
        // 공 배열에 추가합니다.
        ballList.append(ball)

        // 문자를 출력할 레이블 노드를 만듭니다.
        let text = SKLabelNode(fontNamed: "AppleGothic")
        text.text = "가"
        text.fontSize = 60
        text.fontColor = UIColor.black
```

```
        text.position = CGPoint(x: 0, y: -23)
        // 공에 문자를 추가합니다.
        ball.addChild(text)
    }
}
```

12 실행해서 결과 확인

확인

메시지가 출력되고, 글자가 적힌 공이 정렬된 상태로 출력됩니다. 확
인했다면 [정지] 버튼을 눌러서 정지해주세요.

13 공에 움직임 추가

랜덤으로 움직이게 할 것이므로, 일단 GameplayKit을 임포트합니다. 이어서 GKARC4Random
Source() 클래스로 랜덤 객체를 만듭니다.

```
import SpriteKit
// 랜덤을 사용하기 위한 준비
import GameplayKit

class GameScene: SKScene {
    // 랜덤을 사용하기 위한 준비
    let randomSource = GKARC4RandomSource()
```

```
// 다른 번호를 나타내는 변수를 준비합니다.
var mistakeNo = 0

// 메시지를 출력할 레이블 노드를 만듭니다.
let msgLabel = SKLabelNode(fontNamed: "AppleGothic")
var msg:String = "다른 글자를 터치해주세요."
// 공의 갯수를 6개로 설정합니다.
let ballMax = 6
// 공을 넣을 배열을 준비합니다.
var ballList:[SKShapeNode] = []
```

공을 만든 다음 0초에 화면 위로 이동하는 움직임과 랜덤한 시간(0.0~2.0초) 동안 대기하는 움직임과 랜덤한 시간(3.0~6.0초) 동안 화면 아래로 이동하는 움직임을 만들고 반복해서 공에 적용합니다. 이렇게 하면 각 공이 랜덤한 속도로 위에서 아래로 움직이게 됩니다.

```
// 문제를 만드는 메서드
func newQuestion() {
    // 공 배열을 비웁니다.
    ballList = []
    // ballMax 개의 공을 만듭니다.
    for loopID in 0 ..< ballMax {
        // 셰이프 노드로 공을 만듭니다.
        let ball = SKShapeNode(circleOfRadius: 45)
        ball.fillColor = UIColor(red: 1.0, green: 0.9, blue: 0.6, alpha: 1.0)
        ball.position = CGPoint(x: loopID * 100 + 70, y: 1000)
        // 씬에 출력합니다.
        self.addChild(ball)
        // 공 배열에 추가합니다.
        ballList.append(ball)

        // 문자를 출력할 레이블 노드를 만듭니다.
        let text = SKLabelNode(fontNamed: "AppleGothic")
        text.text = "가"
        text.fontSize = 60
        text.fontColor = UIColor.black
        text.position = CGPoint(x: 0, y: -23)
        // 공에 문자를 추가합니다.
        ball.addChild(text)
```

```
        // 0초 동안 화면의 위로 이동하는 움직임
        let action1 = SKAction.moveTo(y: 1300, duration: 0)
        // 랜덤한 시간만큼 대기하는 움직임
        let wait = SKAction.wait(forDuration: 1.0, withRange: 2.0)
        // 랜덤한 시간동안 화면 아래로 이동하는 움직임
        let randomSec = Double(randomSource.nextInt((upperBound: 30))) / 10.0 + 3.0
        let action2 = SKAction.moveTo(y: -100, duration: randomSec)
        // 이러한 움직임을 순서대로 재생하는 움직임
        let actionSequence = SKAction.sequence([action1, wait, action2])
        // 이를 계속 반복하게 만드는 움직임
        let actionRepeat = SKAction.repeatForever(actionSequence)
        // 공에 움직임을 설정합니다.
        ball.run(actionRepeat)
    }
}
```

14 실행해서 결과 확인

확인

화면 위에서 랜덤하게 공이 아래로 떨어지는 모습을 확인할 수 있습니다. 간단하게 공의 움직임을 만들어봤습니다. 확인했다면 [정지] 버튼을 눌러 정지해주세요.

15 ┃ 문제 만들기

일단 문제를 내는 메서드에서 특정한 번호를 랜덤(0~ballMax)하게 결정합니다.

```
// 문제를 만드는 메서드
func newQuestion() {
    // 다른 문자를 적을 공의 번호를 정합니다.
    mistakeNo = randomSource.nextInt(upperBound: ballMax)

    // 공 배열을 비웁니다.
    ballList = []
    /* 생략 */
}
```

공을 만드는 반복문 내부에서 특정 번호만 다른 글자를 출력하도록 조건문을 추가합니다.

```
// 공 배열을 비웁니다.
ballList = []
// ballMax 개의 공을 만듭니다.
for loopID in 0 ..< ballMax {
    // 세이프 노드로 공을 만듭니다.
    let ball = SKShapeNode(circleOfRadius: 45)
    ball.fillColor = UIColor(red: 1.0, green: 0.9, blue: 0.6, alpha: 1.0)
    ball.position = CGPoint(x: loopID * 100 + 70, y: 1000)
    // 씬에 출력합니다.
    self.addChild(ball)
    // 공 배열에 추가합니다.
    ballList.append(ball)

    // 문자를 출력할 레이블 노드를 만듭니다.
    let text = SKLabelNode(fontNamed: "AppleGothic")
    // 문제를 설정합니다.
    if loopID != mistakeNo {
        // 일반 문자를 출력합니다.
        text.text = "가"
    } else{
        // 틀린 문자를 출력합니다.
        text.text = "갸"
    }
    text.fontSize = 60
    text.fontColor = UIColor.black
    text.position = CGPoint(x: 0, y: -23)
    // 공에 문자를 추가합니다.
    ball.addChild(text)
```

16 공을 터치했을 때 해당 공의 번호 확인

사용자가 터치하면 해당 위치에 있는 노드를 모두 확인합니다. 그리고 공의 배열과 비교해서 터치한 노드가 공이라면 공의 번호를 디버그 영역에 출력합니다.

```swift
override func touchesBegan(_ touches: Set<UITouch>, with event: UIEvent?) {
    // 터치 정보를 추출합니다.
    for touch in touches {
        // 터치한 위치에 있는 모든 노드를 추출합니다.
        let location = touch.location(in: self)
        let touchNodes = self.nodes(at: location)
        // 노드를 모두 확인합니다.
        for touchNode in touchNodes {
            // 공 배열과 비교해서
            for loopID in 0 ..< ballMax {
                // 터치한 노드가 공이라면
                if touchNode == ballList[loopID] {
                    print("\(loopID)번째 공을 터치했습니다!")
                    break
                }
            }
        }
    }
}
```

17 실행해서 결과 확인

확인

화면 위에서 떨어지는 공을 터치해보세요. 디버그 영역을 보면 클릭한 공의 번호가 출력될 것입니다. 이것으로 어떤 공이 터치됐는지 확인할 수 있게 됐습니다. [정지] 버튼을 눌러 정지해주세요.

```
2번째 공을 터치했습니다!
3번째 공을 터치했습니다!
4번째 공을 터치했습니다!
1번째 공을 터치했습니다!
0번째 공을 터치했습니다!
4번째 공을 터치했습니다!



All Output ◇              ◉ Filter                    🗑  |▢▢|
```

디버그 영역

18 정답을 확인하는 메서드 만들기

정답인지 확인하는 메서드(answerCheck)를 만듭니다. 매개변수로 숫자를 전달받고, 전달받은 숫자가 mistakeNo와 같은지 확인합니다. 만약 같다면 정답이겠죠?

결과를 확인하면 화면 위에 있는 모든 공을 제거하고, newQuestion 메서드를 호출해서 다음 문제를 냅니다.

```swift
// 정답을 확인하는 메서드
func answerCheck(no: Int) {
    // 정답인지 판정하고 결과를 출력합니다.
    if no == mistakeNo {
        msg = "맞았어요!"
    } else {
        msg = "틀렸어요!"
    }
    msgLabel.text = msg
    // 화면에 있는 모든 공 제거
    for loopID in 0 ..< ballMax {
        ballList[loopID].removeFromParent()
    }
    // 다음 문제 생성
    newQuestion()
}
```

사용자가 터치했을 때 터치한 노드가 공이라면 정답 확인 메서드(answerCheck)를 호출하도록 합니다.

```swift
override func touchesBegan(_ touches: Set<UITouch>, with event: UIEvent?) {
    // 터치 정보를 추출합니다.
    for touch in touches {
        // 터치한 위치에 있는 모든 노드를 추출합니다.
        let location = touch.location(in: self)
        let touchNodes = self.nodes(at: location)
        // 노드를 모두 확인합니다.
        for touchNode in touchNodes {
            // 공 배열과 비교해서
            for loopID in 0 ..< ballMax {
                // 터치한 노드가 공이라면
```

```
            if touchNode == ballList[loopID] {
                answerCheck(no: loopID)
                break
            }
        }
    }
}
```

19 실행해서 결과 확인

확인

화면 위에서 떨어지는 공을 터치해보세요. 정답이라면 맞았어요!, 아니라면 틀렸어요!를 출력할 것입니다. 확인했다면 [정지] 버튼을 눌러 정지합니다.

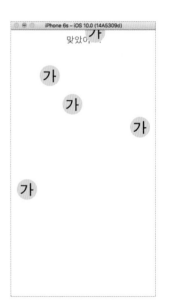

20 문제 수 늘리기

지금까지는 문제가 1개였는데, 여러 문제를 배열로 준비해두고 랜덤하게 출제하도록 수정해봅시다. 일단 비슷한 글자를 사용해 문제 배열을 만듭니다. 또한, 문제의 번호를 변수로 만들어줍니다.

```
class GameScene: SKScene {
    // 랜덤을 사용하기 위한 준비
    let randomSource = GKARC4RandomSource()
    // 다른 번호를 나타내는 변수를 준비합니다.
    var mistakeNo = 0
```

```
// 메시지를 출력할 레이블 노드를 만듭니다.
let msgLabel = SKLabelNode(fontNamed: "AppleGothic")
var msg:String = "다른 글자를 터치해주세요."
// 공의 갯수를 6개로 설정합니다.
let ballMax = 6
// 공을 넣을 배열을 준비합니다.
var ballList:[SKShapeNode] = []

// 문제를 배열로 준비합니다.
let correct = [
    "가", "교", "붥", "궯", "굼",
    "동", "굵", "곪", "갎", "핡",
    "훑", "곪", "넓", "숢", "돎",
    "짚", "궯", "콩", "맗", "캁"]
let mistake = [
    "갸", "고", "붼", "궯", "궁",
    "돔", "굶", "곪", "갋", "핥",
    "훍", "굵", "넒", "숢", "돔",
    "짒", "쵈", "콩", "밟", "캁"]
// 문제 번호 변수를 준비합니다.
var questionNo = 0
```

21 문제 배열에서 문제 내기

문제를 만드는 메서드에서 숫자를 랜덤하게 뽑아 배열의 해당 숫자에 있는 글자를 공에 출력하게 합니다.

```
// 문제를 만드는 메서드
func newQuestion() {
    // 문제 번호를 결정합니다.
    questionNo = randomSource.nextInt(upperBound: correct.count)
    // 다른 문자를 적을 공의 번호를 정합니다.
    mistakeNo = randomSource.nextInt(upperBound: ballMax)

    // 공 배열을 비웁니다.
    ballList = []
    // ballMax 개의 공을 만듭니다.
    for loopID in 0 ..< ballMax {
        // 셰이프 노드로 공을 만듭니다.
        let ball = SKShapeNode(circleOfRadius: 45)
```

```
        ball.fillColor = UIColor(red: 1.0, green: 0.9, blue: 0.6, alpha: 1.0)
        ball.position = CGPoint(x: loopID * 100 + 70, y: 1000)
        // 씬에 출력합니다.
        self.addChild(ball)
        // 공 배열에 추가합니다.
        ballList.append(ball)

        // 문자를 출력할 레이블 노드를 만듭니다.
        let text = SKLabelNode(fontNamed: "AppleGothic")
        // 문제를 설정합니다.
        if loopID != mistakeNo {
            // 일반 문자를 출력합니다.
            text.text = correct[questionNo]
        } else{
            // 틀린 문자를 출력합니다.
            text.text = mistake[questionNo]
        }
        text.fontSize = 60
        text.fontColor = UIColor.black
        text.position = CGPoint(x: 0, y: -23)
        // 공에 문자를 추가합니다.
        ball.addChild(text)

        // 0초 동안 화면의 위로 이동하는 움직임
        let action1 = SKAction.moveTo(y: 1300, duration: 0)
        // 랜덤한 시간만큼 대기하는 움직임
        let wait = SKAction.wait(forDuration: 1.0, withRange: 2.0)
        // 랜덤한 시간동안 화면 아래로 이동하는 움직임
        let randomSec = Double(randomSource.nextInt(upperBound: 30)) / 10.0 + 3.0
        let action2 = SKAction.moveTo(y: -100, duration: randomSec)
        // 이러한 움직임을 순서대로 재생하는 움직임
        let actionSequence = SKAction.sequence([action1, wait, action2])
        // 이를 계속 반복하게 만드느 움직임
        let actionRepeat = SKAction.repeatForever(actionSequence)
        // 공에 움직임을 설정합니다.
        ball.run(actionRepeat)
    }
}
```

22 정답과 오답을 자세하게 출력

'맞았어요!', '틀렸어요!'라고만 출력하면 플레이어가 정답이 무엇이었는지 궁금할 수 있습니다. 그러므로 조금 더 자세하게 '맞았어요/틀렸어요! 이런 글자였답니다'라고 출력해줍니다.

```
// 정답을 확인하는 메서드
func answerCheck(no: Int) {
    // 정답인지 판정하고 결과를 출력합니다.
    if no == mistakeNo {
        msg = "맞았어요! \(correct[questionNo])와 \(mistake[questionNo])였답니다."
    } else {
        msg = "틀렸어요! \(correct[questionNo])와 \(mistake[questionNo])였답니다."
    }
    msgLabel.text = msg
    // 화면에 있는 모든 공 제거
    for loopID in 0 ..< ballMax {
        ballList[loopID].removeFromParent()
    }
    // 다음 문제 생성
    newQuestion()
}
```

23 실행해서 결과 확인

[실행] 버튼을 클릭합니다.

확인

공을 터치하면 결과 출력과 동시에 다음 문제가 나옵니다. 이상으로 틀린 글자 찾기 게임을 완성했습니다.

8-9 2D 물리 시뮬레이션

이번 장의 포인트 ■ SKPhysicsBody를 사용하면 문자 또는 스프라이트를 2D 물리 엔진으로 움직일 수 있습니다.

2D 물리 시뮬레이션이란?

SKPhysicsBody를 사용하면 레이블 또는 스프라이트 등의 노드를 중력이 있는 세계에서처럼 움직이게 만들 수 있습니다. 물체는 높은 곳에서 낙하하고, 다른 물체와 충돌하면 튕기고 반발합니다. 현실적인 움직임을 시뮬레이션할 수 있으므로 재미있는 애플리케이션을 만들 수 있습니다.

2D 물리 시뮬레이션에는 깊이가 없습니다. 위에서 아래로 떨어지는 움직임이나 옆으로 날아다니는 움직임은 가능하지만, 3D 시뮬레이션처럼 화면 안쪽 또는 바깥쪽으로 이동하는 움직임은 불가능합니다. 2차원 평면 위에서 물리 시뮬레이션이 이뤄지므로 현실적인 움직임과는 달리 제약이 있지만, 쉽게 사용할 수 있답니다.

이러한 물리 시뮬레이션을 수행하는 것이 SKPhysicsBody인데, 물리 시뮬레이션을 수행하는 방법이 조금 복잡하게 느껴질 수도 있습니다.

레이블 또는 스프라이트를 직접 움직이는 것이 아니라 일단 뒤에서 가상 공간으로 물리적인 움직임을 계산합니다. 충돌하면 어떻게 반발할 것인지, 어떻게 낙하할 것인지 움직임 계산을 수행하고, 이러한 물리적인 움직임을 레이블이나 스프라이트와 결합해서 움직이게 합니다.

따라서 물리 시뮬레이션을 사용하려면 일단 가상 공간을 만들어야 합니다. 화면과 같은 크기로 물리 시뮬레이션 공간을 만듭니다. 이어서 해당 물리 공간에 물체를 추가합니다. 레이블 또는 스프라이트와 같은 크기의 물리 시뮬레이션 물체(SKPhysicsBody)[1]를 만들고 배치합니다.

이렇게만 하면 물리 시뮬레이션이 수행됩니다. 물리 시뮬레이션 공간에서 물리 시뮬레이션 물체가 낙하하거나 반발합니다.

다만 이러한 일은 모두 보이지 않는 가상 공간에서 일어나는 일이므로 이러한 것을 시각적으로 보려면 레이블 또는 스프라이트와 연결해야 합니다. 연결 방법은 굉장히 간단한데, 레이블 또는 스프라이

---

1 역주: 일반적으로 강체 또는 바디(Body)라고 부르는데, 원서가 초보자를 대상으로 하는 책이라 물체로 적었더군요. 초보자를 위해 이 책에서도 물체라고 번역하겠습니다.

트와 같은 노드의 physicsBody 속성에 물리 시뮬레이션 물체(SKPhysicsBody)를 설정하기만 하면 됩니다.

물리 시뮬레이션 공간을 만들고, 내부에 물리 시뮬레이션 물체를 놓고, 출력할 노드와 연결하기만 하면 자동으로 물리 시뮬레이션이 수행됩니다.

[사용 방법] 물리 시뮬레이션 사용 방법

물리 시뮬레이션은 다음과 같은 과정을 거쳐 사용합니다.

1 씬에 물리 시뮬레이션 공간 만들기

일단 씬(self)의 physicsBody 속성에 SKPhysicsBody() 메서드로 만든 공간을 설정합니다. 공간의 크기는 화면 크기를 지정해서 같은 크기로 만들어줍니다.

2 물리 시뮬레이션 물체를 만들고, 노드에 연결하기

이어서 SKPhysicsBody() 메서드로 움직일 노드와 거의 비슷한 크기의 물리 시뮬레이션 물체를 만듭니다. 그리고 만들어진 물리 시뮬레이션 물체를 노드의 physicsBody 속성에 설정해서 연결합니다.

움직임 계산은 꽤 복잡하므로 계산 처리를 조금이라도 가볍게 하기 위해 거의 같은 크기의 사각형이나 거의 같은 크기의 원처럼 간단한 도형을 사용하는 것이 일반적입니다.

※처리가 무거워지기는 하지만, 복잡한 형태로도 시뮬레이션할 수 있습니다. 예를 들어 이미지의 윤곽(알파 값을 사용한 윤곽 확인)을 사용해 시뮬레이션하는 방법입니다.

사각형 만들기

사각형으로 시뮬레이션할 때 사용합니다. rectangleOf로 사각형의 크기를 지정합니다. 일반적으로 구르지 않는 물체를 만들 때 사용합니다.

서식

```
〈노드 이름〉.physicsBody = SKPhysicsBody(rectangleOf: 〈크기〉)
```

원 만들기

원으로 시뮬레이션할 때 사용합니다. circleOfRadius로 원의 반지름을 지정합니다. 일반적으로 구르는 물체를 만들 때 사용합니다.

서식

```
<노드 이름>.physicsBody = SKPhysicsBody(circleOfRadius: <반지름>)
```

이미지 윤곽으로 만들기

이미지의 윤곽을 사용해서 사실적으로 시뮬레이션 하고 싶을 때 사용합니다. 하지만 복잡한 계산을 사용하므로 많아지면 애플리케이션이 점점 느려집니다.

서식

```
<노드 이름>.physicsBody = SKPhysicsBody(texture: <텍스처 이름>, alphaThreshold: 0, size: <이미지 크기>)
```

예 공을 만들어서 떨어뜨리기

```
// 물리 시뮬레이션 공간을 화면 크기에 맞게 생성합니다.
self.physicsBody = SKPhysicsBody(edgeLoopFrom: self.frame)
// 셰이프 노드로 공을 만듭니다.
let ball = SKShapeNode(circleOfRadius: 50)
// 공의 색상을 지정합니다.
ball.fillColor = UIColor.cyan
// 공의 위치를 잡습니다.
ball.position = CGPoint(x: 320, y: 800)
// 공을 출력합니다.
self.addChild(ball)
// 셰이프 노드에 물리 시뮬레이션을 적용합니다.
ball.physicsBody = SKPhysicsBody(circleOfRadius: 50)
```

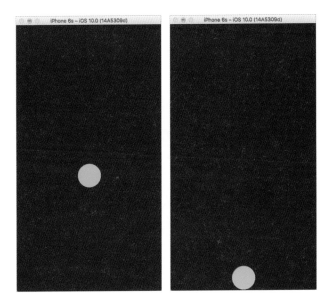

[사용 방법] 물체의 다양한 설명

물리 시뮬레이션 물체(SKPhysicsBody)에는 다양한 속성이 있습니다. 이러한 속성을 사용해 물체의 탄성이나 마찰력과 같은 물리적인 특성을 설정할 수 있습니다.

움직이는 물체인지 설정: var isDynamic: Bool

해당 물체가 움직이는 물체인지 설정합니다. false로 설정하면 움직이지 않는 물체가 됩니다. 주로 벽이나 지면 등을 움지기지 않는 물체로 설정하며, 기본값은 true입니다.

서식

```
<노드 이름>.physicsBody?.isDynamic = < true / false >
```

충돌할 때의 회전: var allowsRotation: Bool

해당 물체가 충돌할 때 충돌 각도를 기반으로 회전시킬지 설정합니다. false로 설정하면 충돌해도 회전하지 않는 물체가 됩니다. 기본값은 true입니다.

```
<노드 이름>.physicsBody?.allowsRotation = < true / false >
```

반발력: var restitution:CGFloat (0.0~1.0)

반발력을 변경하고 싶을 때 사용합니다. 1.0에 가까울수록 잘 튕깁니다. 기본값은 0.2입니다.

```
<노드 이름>.physicsBody?.restitution = <반발력>
```

마찰력: var friction: CGFloat(0.0~1.0)

마찰력을 변경하고 싶을 때 사용합니다. 0.0에 가까울수록 매끄럽습니다. 기본값은 0.2입니다.

```
<노드 이름>.physicsBody?.friction = <마찰력>
```

물체를 미는 힘: var velocity: CGVector

물체에 힘을 가해서 밀 때 사용합니다.

```
<노드 이름>.physicsBody?.velocity = <CGVector>
```

회전시키는 힘: var angularVelocity: CGFloat

물체에 회전하는 힘을 가해서 회전시킬 때 사용합니다.

```
<노드 이름>.physicsBody?.angularVelocity = <회전 힘>
```

물리 시뮬레이션 게임 만들기

이번 장의 포인트 ▪ 물리 시뮬레이션을 사용해 게임을 만듭니다.
▪ CHAPTER 8-8에서 만든 2D 게임을 수정해서 만듭니다.

물리 시뮬레이션을 사용해 게임 만들기

이번에는 CHAPTER 8-8에서 만든 2D 게임을 수정해서 물리 시뮬레이션을 사용해 게임 애플리케이션을 만들어 보겠습니다.

[튜토리얼] 틀린 글자 찾기 게임2

[난이도] ★★★★☆

게임이 시작되면 물리 시뮬레이션에 의해 여러 개의 글자가 위에서 아래로 떨어집니다. 모두 같은 글자처럼 보이지만, 1개는 다른 글자입니다. 다른 글자를 찾아 탭하면 되는 게임이랍니다.

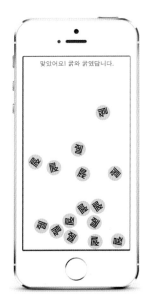

애플리케이션의 구조

CHAPTER 8-8에서 만든 2D 게임을 수정해서 만듭니다.

❶ 공의 개수 늘리기

이전에는 공이 위에서 아래로 내려가므로 공을 6개로 설정했는데, 이번에는 여러 개의 공이 서로 튕기며 화면 밖으로 나가지 않을 것이므로 공의 수를 늘리겠습니다.

❷ 물리 시뮬레이션 처리를 하도록 수정

물리 시뮬레이션 공간을 만듭니다. 공이 조금 더 잘 튕기게 화면 테두리의 반발력을 약간 올려줍니다.

❸ SKAction으로 만들었던 움직임 제거

공을 물리 시뮬레이션으로 움직이게 바꿀 것이므로 SKAction으로 움직이게 했던 기존 부분을 제거합니다.

❹ 공을 랜덤한 위치에 배치하고 시뮬레이션 물체를 만들어 연결

여러 개의 공을 화면 위에 랜덤하게 배치하고, 수직으로 떨어지게 합니다.

❺ 랜덤하게 회전시키기

공이 그대로 떨어지면 글자를 읽기 쉽습니다. 게임의 재미를 위해 처음에 공을 회전시켜 어렵게 만듭시다.

---

1 | 다른 글자 찾기 게임 프로젝트 열기

CHAPTER 8-8에서 만든 다른 글자 찾기 게임 프로젝트를 엽니다.

※프로젝트는 폴더 단위로 만들어집니다. 따라서 폴더를 복사해두면 이전의 게임을 유지해둘 수 있답니다. 따라서 폴더를 복사해서 테스트하면 마음 놓고 테스트 할 수 있습니다. 다만 실제로 애플리케이션을 등록할 때는 프로젝트 이름 등이 같으므로 같은 응용프로그램으로 취급됩니다. 어디까지나 테스트 용도로만 활용해주세요.

---

2 | 공의 개수 늘리기

이전에는 공의 개수를 6개로 설정했는데, 이번에는 15개로 늘리겠습니다.

```
// 메시지를 출력할 레이블 노드를 만듭니다.
let msgLabel = SKLabelNode(fontNamed: "AppleGothic")
var msg:String = "다른 글자를 터치해주세요."
// 공의 갯수를 15개로 설정합니다.
let ballMax = 15
// 공을 넣을 배열을 준비합니다.
var ballList:[SKShapeNode] = []
```

3 물리 시뮬레이션 처리를 하도록 수정

didMoveToView() 메서드 내부에서 물리 시뮬레이션 공간을 만듭니다. 공이 튕기기 쉽게 공간 테두리와의 반발력을 1.2로 설정해줍니다.

```
override func didMove(to view: SKView) {
    // 물리 시뮬레이션 공간을 화면 크기에 맞게 생성합니다.
    self.physicsBody = SKPhysicsBody(edgeLoopFrom: self.frame)
    // 테두리와의 반발력을 설정합니다.
    self.physicsBody?.restitution = 1.2
    // 배경을 흰색으로 설정합니다.
    self.backgroundColor = UIColor.white
    // 메시지 레이블을 출력합니다.
    msgLabel.text = msg
    msgLabel.fontSize = 36
    msgLabel.fontColor = UIColor.red
    msgLabel.position = CGPoint(x: 320, y: 1080)
    self.addChild(msgLabel)

    newQuestion()
}
```

4 SKAction으로 만들었던 움직임 제거

공을 물리 시뮬레이션으로 움직이게 바꿀 것이므로 SKAction으로 움직이게 했던 기존 부분을 제거합니다.

```
// 문제를 만드는 메서드
func newQuestion() {
    // 문제 번호를 결정합니다.
    questionNo = randomSource.nextInt(upperBound: correct.count)
    // 다른 문자를 적을 공의 번호를 정합니다.
    mistakeNo = randomSource.nextInt(upperBound: ballMax)

    // 공 배열을 비웁니다.
    ballList = []
    // ballMax 개의 공을 만듭니다.
    for loopID in 0 ..< ballMax {

        /* 생략 */
```

```
        text.fontSize = 60
        text.fontColor = UIColor.black
        text.position = CGPoint(x: 0, y: -23)
        // 공에 문자를 추가합니다.
        ball.addChild(text)


        /* 기존 코드 제거
        // 0초 동안 화면의 위로 이동하는 움직임
        let action1 = SKAction.moveTo(y: 1300, duration: 0)
        // 랜덤한 시간만큼 대기하는 움직임
        let wait = SKAction.wait(forDuration: 1.0, withRange: 2.0)
        // 랜덤한 시간동안 화면 아래로 이동하는 움직임
        let randomSec = Double(randomSource.nextInt(upperBound: 30)) / 10.0 + 3.0
        let action2 = SKAction.moveTo(y: -100, duration: randomSec)
        // 이러한 움직임을 순서대로 재생하는 움직임
        let actionSequence = SKAction.sequence([action1, wait, action2])
        // 이를 계속 반복하게 만든느 움직임
        let actionRepeat = SKAction.repeatForever(actionSequence)
        // 공에 움직임을 설정합니다.
        ball.run(actionRepeat)
        */

    }
}
```

5 공을 랜덤한 위치에 배치하고 시뮬레이션 물체를 만들어 연결

SKAction을 사용한 움직임을 제거했으므로 물리적으로 움직이는 코드를 작성합니다. 공을 랜덤한 위치에 배치하고, SKPhysicsBody() 메서드로 반지름이 45인 원형 시뮬레이션 물체를 만들어 연결합니다.

공이 잘 튕길 수 있게 반발력을 1.0으로 설정합니다.

```
// 문제를 만드는 메서드
func newQuestion() {
    // 문제 번호를 결정합니다.
    questionNo = randomSource.nextInt(upperBound: correct.count)
    // 다른 문자를 적을 공의 번호를 정합니다.
    mistakeNo = randomSource.nextInt(upperBound: ballMax)
```

```
    // 공 배열을 비웁니다.
    ballList = []
    // ballMax 개의 공을 만듭니다.
    for loopID in 0 ..< ballMax {

        /* 생략 */

        text.fontSize = 60
        text.fontColor = UIColor.black
        text.position = CGPoint(x: 0, y: -23)
        // 공에 문자를 추가합니다.
        ball.addChild(text)

        // 공을 화면에 랜덤하게 배치합니다.
        let wx = randomSource.nextInt(upperBound: 440) + 100
        let wy = randomSource.nextInt(upperBound: 200) + 800
        ball.position = CGPoint(x: wx, y: wy)

        // 원 형태의 물리 시뮬레이션 물체를 만들고 설정합니다.
        ball.physicsBody = SKPhysicsBody(circleOfRadius: 45)
        // 공의 반발력을 설정합니다.
        ball.physicsBody?.restitution = 1.0
    }
}
```

6 랜덤하게 회전시키기

공이 그대로 떨어지면 글자를 읽기 쉬우므로 공을 회전시켜 게임을 어렵게 만듭니다.

```
// 공을 화면에 랜덤하게 배치합니다.
let wx = randomSource.nextInt(upperBound: 440) + 100
let wy = randomSource.nextInt(upperBound: 200) + 800
ball.position = CGPoint(x: wx, y: wy)

// 원 형태의 물리 시뮬레이션 물체를 만들고 설정합니다.
ball.physicsBody = SKPhysicsBody(circleOfRadius: 45)
// 공의 반발력을 설정합니다.
ball.physicsBody?.restitution = 1.0

// 랜덤하게 회전시킵니다.
let angle = CGFloat(randomSource.nextUniform() * 6.28)
ball.zRotation = angle
```

7 실행해서 결과 확인

[실행] 버튼을 클릭합니다.

확인

어떤가요? 위에서 공이 떨어지고 통통 튕기며 회전합니다. 공을 터치하면 맞았는지 틀렸는지 알려주면서 다음 문제를 냅니다. 이것으로 틀린 글자 찾기 게임2를 완성했습니다.

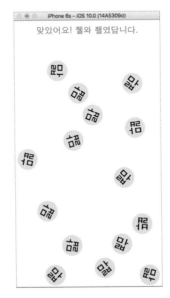

CHAPTER

09

애플리케이션
마무리

이번 장의 개요

애플리케이션을 완성하려면 아이콘과 실행 화면 등을 만들어야 합니다.

실제 장치와 연결해서 테스트할 수 있습니다.

아이콘

아이콘이란?

애플리케이션을 완성하려면 아이콘이 필요합니다. 만든 애플리케이션이 자주 쓰일 수 있게 반드시 쉽게 이해할 수 있는 아이콘을 만들어야 합니다.

지금까지 아이폰 시뮬레이터 위에서는 다음 그림과 같은 아이콘이 표시됐는데, 아이콘을 만들어 넣는 방법을 알아보겠습니다.

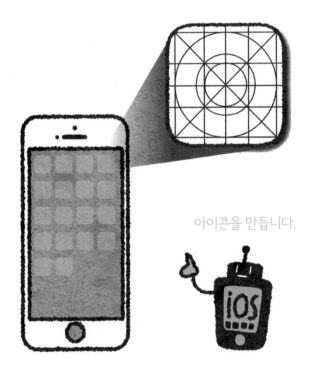

아이콘을 만듭니다.

필요한 아이콘의 종류

애플리케이션의 아이콘은 홈 화면에서만 보는 것이 아닙니다. 설정 화면에도 나오고, 스포트라이트에서 검색할 때도 나옵니다. 따라서 여러 크기의 아이콘을 준비해야 합니다. 기본적으로는 '일반 아이콘', '스포트라이트 전용 아이콘', '설정 화면 전용 아이콘'의 3가지 종류가 필요합니다.

추가로 아이폰의 해상도에 따라서 2배 크기와 3배 크기의 아이콘이 필요합니다.

일반 아이콘
60pt 3x(위), 2x(아래)

스포트라이트 전용 아이콘
40pt 3x(위), 2x(아래)

설정 화면 전용 아이콘
29pt 3x(위), 2x(아래)

아이콘 설정 방법

사실 어떤 아이콘이 필요한지는 Xcode가 잘 알려주므로 지시에 따라 설정하면 됩니다.

1 │ 아이콘 크기 확인

내비게이터 영역에서 Images.xcassets을 선택하고, AppIcon을 선택합니다.

이렇게 하면 필요한 아이콘의 종류를 확인할 수 있습니다.

다음과 같이 6가지 종류의 아이콘이 필요합니다. '2x'라고 쓰여 있는 것은 2배 크기, '3x'라고 쓰여 있는 것은 3배 크기가 필요하다는 것입니다.

iPhone App iOS 7–9 60pt 2x	120x120픽셀의 png 이미지
iPhone App iOS 7–9 60pt 3x	180x180픽셀의 png 이미지
iPhone Spotlight iOS7–9 40pt 2x	80x80픽셀의 png 이미지
iPhone Spotlight iOS7–9 40pt 3x	120x120픽셀의 png 이미지
iPhone Settings iOS 5–9 29pt 2x	58x58픽셀의 png 이미지
iPhone Settings iOS 5–9 29pt 3x	87x87픽셀의 png 이미지

어트리뷰트 인스펙터를 보면 아이폰에만 체크돼 있습니다. 아이패드 전용 애플리케이션을 만들 때는 아이패드에도 체크해주세요. 그럼 필요한 아이콘이 늘어난답니다.

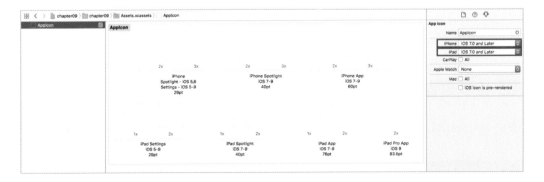

2 png 이미지로 6가지 크기의 아이콘 만들기

크기가 120×120, 180×180, 80×80, 120×120, 58×58, 87×87픽셀인 6가지 크기의 이미지를 만들었습니다(사실 120×120가 2개이므로, 같은 파일을 사용한다면 5가지라고 할 수 있겠군요).

아이폰 애플리케이션의 아이콘은 모서리가 둥근 사각형인데, 사각형의 아이콘을 넣으면 자동으로 모서리를 둥글게 변환해줍니다. 따라서 아이콘은 정사각형으로 만들어야 합니다.

※애플리케이션을 앱 스토어에 신청할 때 1024×1024 크기의 아이콘 이미지(iTunesArtwork@2x)가 필요합니다. 따라서 먼저 1024×1024 크기의 아이콘을 만들어두고, 이를 축소해서 사용하는 방법이 편합니다.

3 png 이미지로 6가지 크기의 아이콘 준비

Images.xcassets의 AppIceon에 각 아이콘을 드래그합니다. 이렇게 하면 아이콘이 설정됩니다.

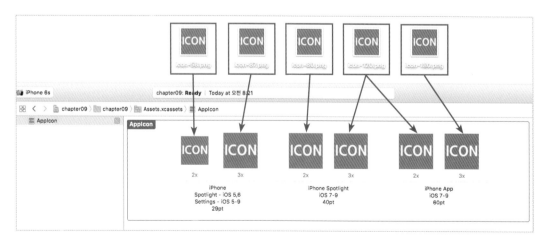

4 실행해서 결과 확인

[실행] 버튼을 클릭하면 시뮬레이터가 실행됩니다. 실행하고 [정지] 버튼을 눌러 정지한 이후에 아이콘을 확인해보세요.

실행 화면

실행 화면이란?

애플리케이션은 처음 실행할 때 약간의 시간이 걸립니다.

이때 미리 준비한 화면을 출력하는데, 이를 Launch Screen이라고 부릅니다.

LaunchScreen.storyboard 파일 만들기

실행 화면은 LaunchScreen.storyboard로 만듭니다.

LaunchScreen.storyboard 파일을 선택하면 인터페이스 빌더가 나오고, Main.storyboard 파일로 애플리케이션 화면을 디자인하는 것처럼 화면을 디자인하면 됩니다.

❶ 라이브러리에서 레이블을 드래그해서 배치

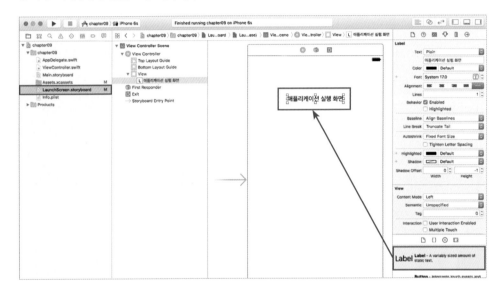

❷ 오토 레이아웃을 설정해서 디바이스가 다르더라도 제대로 출력하게 만듭니다. 이렇게만 하면 애플리케이션을 실행할 때 실행 화면으로 나옵니다.

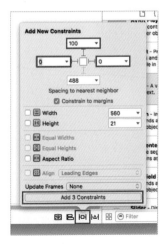
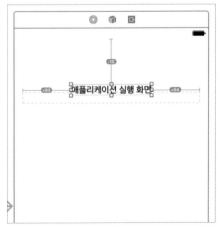

다양한 언어 대응

이번 장의 포인트 ▪ 애플리케이션이 다양한 언어에 대응하게 하는 것을 지역화라고 부릅니다.

이번 장의 포인트

▪ 애플리케이션이 다양한 언어에 대응하게 하는 것을 지역화라고 부릅니다.

다양한 언어 대응

한국어로 만든 애플리케이션을 한국 이외의 국가에 공개하고 싶다면 한국어 부분을 외국어로 교체해야 합니다.

한국어 버전, 영어 버전과 같이 여러 개의 애플리케이션을 하나하나 만들어야 한다고 생각할 수 있는데, 애플리케이션 내부에서 아이폰의 언어 설정에 따라 출력이 자동으로 변경되게 할 수 있습니다. 이러한 것을 지역화라고 부릅니다.

애플리케이션은 기본적으로 영어로 만드므로 이를 한국어에 대응하게 하는 방법을 살펴보겠습니다. 애플리케이션 내부에서 나오는 문자열은 크게 다음과 같은 3가지 종류로 구분할 수 있습니다.

- ▪ 스토리보드에서 사용하는 문자열
- ▪ 프로그램에서 사용하는 문자열
- ▪ 애플리케이션 이름

각각 지역화 방법이 다르므로 순서대로 살펴보겠습니다.

지역화는 애플리케이션을 모두 만든 다음에 수행하므로 일단 애플리케이션이 있어야 알아볼 수 있습니다. CHAPTER 02에서 만들었던 버튼 애플리케이션을 사용해서 알아봅시다.

[사용 방법] 스토리보드에서 사용하는 문자열을 지역화하는 방법

스토리보드의 지역화는 Main.storyboard 파일에서 합니다.

1 프로젝트에 지역화 설정

일단은 프로젝트 이름 〉 PROJECT 〉 Info 탭을 선택합니다.

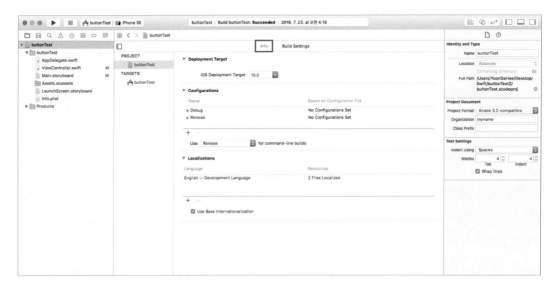

Localizations의 [+] 버튼을 누르고, 메뉴에서 Korean(ko)을 선택합니다.

[Finish] 버튼을 누르면 Korean이 추가됩니다.

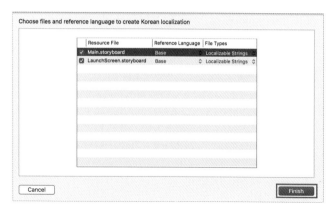

2 Main.storyboard 파일 설정

Main.storyboard를 보면 Main.string(Korean)이라는 파일이 생겼습니다. 한국어 버전의 문자를 여기에 설정합니다.

CHAPTER 02에서 레이블과 버튼을 'Label'과 'Button'이라는 문자로 설정했었습니다.

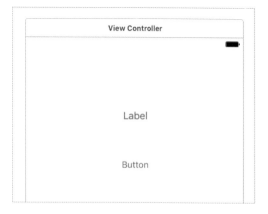

Main.strings(Korean) 파일을 보면 'Label', 'Button'으로 설정된 문자열이 있습니다. 이 문자열을 '레이블', '버튼'이라는 한국어로 변경합니다.

3 변경 확인

Scheme(스키마) 메뉴의 왼쪽을 클릭하고, Edit Scheme...을 선택합니다.

다이얼로그가 나오면 Application Language를 Korean으로 변경하고, [Close] 버튼을 클릭합니다.

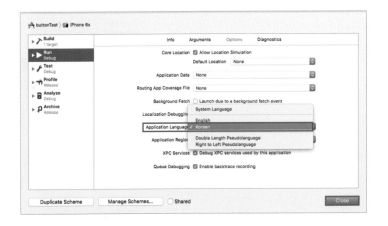

이 상태로 [실행] 버튼을 클릭하면 한국어 환경으로 실행됩니다.

Application Language를 English로 변경하고, [실행] 버튼을 클릭하면 영어 환경으로 실행됩니다.

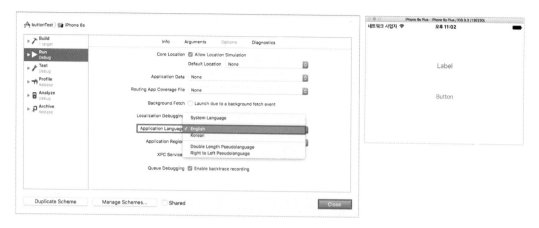

[사용 방법] 프로그램에서 사용하는 문자열

프로그램에서 사용하는 문자열의 지역화는 Localizable.strings 파일에서 합니다.

1 Localizable.strings 파일 만들기

프로젝트 내비게이터를 마우스 오른쪽 버튼으로 클릭(또는 control + 클릭)하고, New File...을 선택합니다.

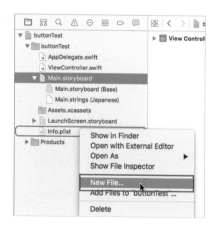

iOS 〉 Resource 〉 Strings File을 선
택하고, Next 버튼을 클릭합니다. 이
어서 이름을 Localizable.strings로 지
정하고 저장합니다.

Localizable.strings 파일을 선택하고 파일 인스펙터의 Localization에서 [Localize...] 버튼을 클릭합
니다. 이어서 Korean을 선택하고 [Localize] 버튼을 클릭합니다. 이렇게 하면 이 파일은 한국어 전용
파일이 됩니다.

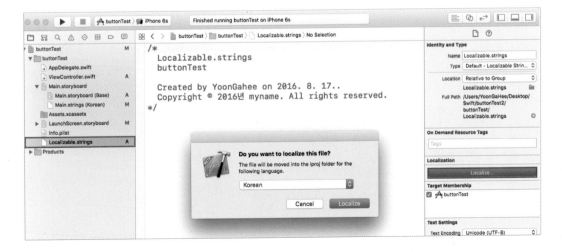

2 | 프로그램 수정

문자열을 지역화할 때는 NSLocalizedString() 메서드를 사용합니다.

영어 버전에서 출력할 문자를 키 이름으로 설정하고, 이때 설정한 키 이름을 사용해 한국어를 설정하게 됩니다.

서식

```
NSLocalizedString("<키 이름>", comment: "" )
```

ViewController.swift 파일을 선택하고 문자열 부분을 NSLocalizedString()으로 변경합니다. 버튼 애플리케이션에서는 myLabel.text에 문자열을 설정하는 부분을 변경합니다.

```swift
import UIKit
class ViewController: UIViewController {
    @IBOutlet weak var myLabel: UILabel!
    @IBAction func tapBtn() {
        myLabel.text = NSLocalizedString("Hello", comment: "")
    }

    override func viewDidLoad() {
        super.viewDidLoad()
        // Do any additional setup after loading the view, typically from a
nib.
    }
    override func didReceiveMemoryWarning() {
        super.didReceiveMemoryWarning()
        // Dispose of any resources that can be recreated.
    }
}
```

3 | Localizable.strings 파일 설정

Localizable.strings 파일을 선택하고, 키 이름에 대응하는 한국어를 설정합니다. 'Hello' 부분을 '안녕하세요!'로 변경할 것이므로, ["Hello" = "안녕하세요!";]라고 입력합니다. 마지막에 [;(세미콜론)]을 반드시 붙여야 하므로 주의해주세요.

서식

```
"〈키 이름〉" = "〈한국어 문자열〉";
```

```
/*
  Localizable.strings
  buttonTest
  Created by YoonGahee on 2016. 8. 17..
  Copyright © 2016년 myname. All rights reserved.
*/
"Hello" = "안녕하세요!";
```

4 실행해서 결과 확인

Scheme(스키마) 메뉴의 왼쪽을 클릭하고, Edit Scheme...을 선택합니다. 이어서 Application Language를 Korean으로 변경하고, [실행] 버튼을 클릭합니다.

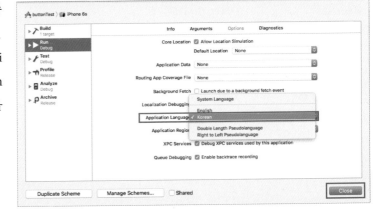

한국어 환경으로 실행되는 모습을 확인할 수 있습니다.

버튼을 탭하면 '안녕하세요!'라고 출력합니다.

Application Language를 English로 변경하고, [실행] 버튼을 클릭하면 영어 환경으로 실행됩니다.

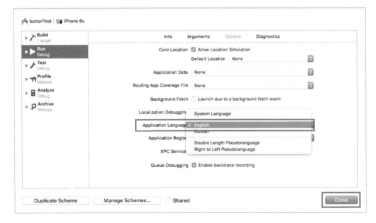

[사용 방법] 애플리케이션 이름을 지역화하는 방법

애플리케이션 이름의 지역화는 InfoPlist.strings 파일에서 합니다.

1 InfoPlist.strings 파일 만들기

프로젝트 내비게이터를 마우스 오른쪽 버튼으로 클릭(또는 control + 클릭)하고, New File...을 선택합니다.

iOS 〉 Resource 〉 Strings File을 선
택하고, [Next] 버튼을 클릭합니다. 이
어서 이름을 InfoPlist.strings로 지정
하고 저장합니다.

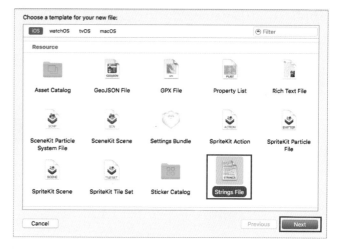

InfoPlist.strings 파일을 선택하고,
파일 인스펙터의 Localization에서
[Localize...] 버튼을 클릭합니다. 이어
서 Korean을 선택하고 [Localize] 버
튼을 클릭합니다. 이렇게 하면 이 파일
은 한국어 전용 파일이 됩니다.

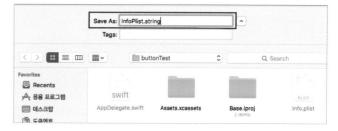

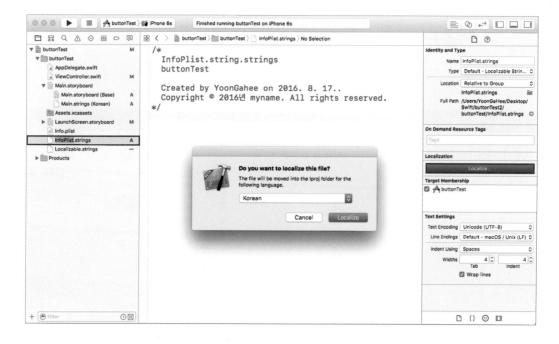

2 InfoPlist.strings 설정

InfoPlist.strings 파일을 선택하고, 애플리케이션 이름을 설정합니다. 마지막에 ;(세미콜론)을 반드시 붙여야 하므로 주의해주세요.

`서식`

```
CFBundleDisplayName = <애플리케이션 이름>;
```

```
/*
  InfoPlist.string.strings
  buttonTest
  Created by YoonGahee on 2016. 8. 17..
  Copyright © 2016년 myname. All rights reserved.
*/
CFBundleDisplayName = "버튼 테스트";
```

애플리케이션 이름은 애플리케이션을 실행하지 않을 때 출력하는 것이므로 일단 [실행] 버튼을 클릭하고 [정지] 버튼을 눌러서 정지합니다.

이렇게 하면 애플리케이션 이름을 확인할 수 있습니다.

애플리케이션 이름은 아이폰의 언어 설정에서 변경합니다.

시뮬레이터의 설정(Settings) 애플리케이션을 열고, 일반 (General) 〉 지역과 언어(Language&Region) 〉 iPhone 사용 언어(iPhone Language)를 선택해서 언어를 변경합니다.

영어를 선택하면 영어 버전에 설정한 애플리케이션 이름이 나오는 모습을 확인할 수 있습니다.

실제 장치에서 테스트

이번 장의 포인트 ■ USB 케이블로 맥과 아이폰을 연결하면 실제 장치에서 테스트할 수 있습니다.

실제 장치에서 테스트하는 방법

만든 애플리케이션을 실제 장치에 설치해서 테스트해봅시다.

Xcode7부터는 Apple ID만 있으면 됩니다.

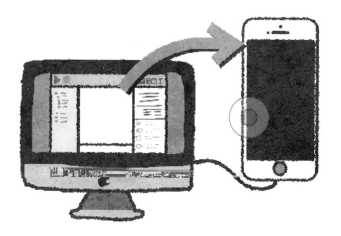

아이폰에 설치해서
테스트합니다.

1 아이폰과 맥 연결

테스트할 때 사용할 실제 장치(아이폰)와 맥을 Lightning-
USB 케이블로 연결합니다.

2 스키마 메뉴에서 장치 선택

스키마 메뉴를 클릭하면 서브 메뉴가 나옵니다. 가장 위에 있는 iOS Device에서 연결된 iPhone의 이름을 선택하고, [실행] 버튼을 클릭합니다.

3 빌드가 끝나면 자동으로 실행

빌드가 끝나면 자동으로 아이폰에 애플리케이션이 설치되며 곧바로 실행됩니다.

마지막으로

이 책의 모든 내용이 끝났습니다. 아이폰 애플리케이션은 이러한 방법으로 만든답니다.

이 책은 아이폰 개발과 관련된 쉬운 입문서입니다. 따라서 본격적인 아이폰 애플리케이션 개발은 앞으로 공부해야 할 것이 많습니다. 전문적인 애플리케이션을 만들려면 전문적인 지식이 필요합니다.

애플리케이션의 기본을 배웠으니 이를 바탕으로 차근차근 발전시켜 나가면 됩니다. 사실 이 과정이 어려울 수 있습니다. 중간중간 좌절할 때도 있을 것이고, 화가 날 때도 있을 것입니다. 그래도 애플리케이션 만드는 것을 좋아한다면 견뎌낼 수 있을 것입니다. 또한, 애플리케이션을 만드는 시간은 소중한 삶의 시간입니다. 그 시간 하나하나를 즐기면서 애플리케이션을 만들어보도록 합시다.

이 책을 보는 독자 모두 멋진 애플리케이션을 만들 수 있게 되면 좋겠습니다.

아이폰의 다양한 화면 크기

디바이스 이름	픽셀 해상도	화면 크기	배율	인치
iPhone 6/6s Plus	1080 × 1920	414 × 736	3×※	5.5–inch
iPhone 6/6s	750 × 1334	375 × 667	2×	4.7–inch
iPhone 5/5s/5c	640 × 1136	320 × 568	2×	4–inch
iPhone 4/4s	640 × 960	320 × 480	2×	3.5–inch
iPad(Air/mini)Retina	2048 × 1536	1024 × 768	2×	
iPad mini	1024 × 768	1024 × 768	1×	

※ 아이폰 6/6S 플러스는 물리적인 화면 크기가 414 x 736입니다. 배율이 3x 이므로 실제 렌더링되는 픽셀은 1242 x 22080이고, 물리적인 화소 수는 1080 x 1920이므로 1.15로 나누어서 1080 x 1920에 맞게 됩니다.

스토리보드 레퍼런스로 간단하게 화면 관리하는 방법

Xcode 7이 되면서 스토리보드 레퍼런스(Storyboard Reference) 라는 부품이 추가됐습니다. 스토리보드를 사용하면 여러 개의 화면을 디자인하고 연결을 관리 할 수 있습니다. 하지만 화면의 수가 많아지면 관리가 어려워지는 단점이 있습니다.

스토리보드 레퍼런스

이때 스토리보드 레퍼런스라는 부품을 사용합니다. 스토리보드 레퍼런스는 다른 스토리보드로 연결해주는 부품입니다.

지금까지 1개의 스토리보드 파일로만 화면을 관리했는데, 이를 사용하면 여러 개 화면을 여러 개의 스토리보드 파일로 나눠서 관리할 수 있게 됩니다.

2개의 스토리보드를 연결할 때는 스토리보드 레퍼런스를 사용합니다.

예1: 새로운 스토리보드를 만들고 스토리보드 레퍼런스로 연결하는 방법

새로운 화면을 만들고 싶지만, 스토리보드가 꽉 차서 복잡해졌을 때는 다른 스토리보드를 만들어 연결하는 것이 좋습니다. 이러한 방법을 살펴봅시다.

❶ 메뉴에서 파일 〉 New 〉 File...을 선택하면 대화 상자가 나옵니다. 여기에서 iOS 〉 User Interface 〉 Storyboard를 선택해서 새로운 스토리보드를 만듭니다. 이름은 MyStoryboard로 지어 줍니다.

❷ MyStoryboard.storyboard를 선택하고 라이브러리에서 뷰 컨트롤러를 드래그해서 배치합니다. 유틸리티 영역의 어트리뷰트 인스펙터 〉 View Controller에 있는 Is Initial View Controller에 체크합니다. 이렇게 하면 스토리보드에서 처음 실행되는 화면이 현재 화면이 됩니다.

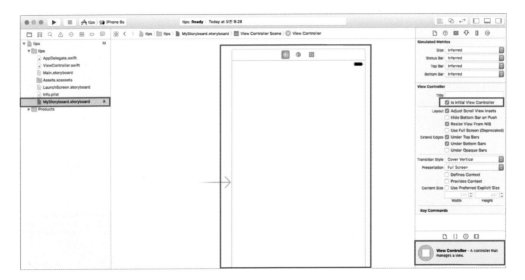

❸ Main.storyboard를 선택하고 Storyboard Refernce를 드래그 앤드 드롭합니다.
유틸리티 영역의 어트리뷰트 인스펙터 〉 Storyboard Reference에서 Storyboard를 클릭하고 MyStoryboard를 선택합니다.
이렇게 하면 해당 화면이 MyStoryboard를 나타내게 됩니다.

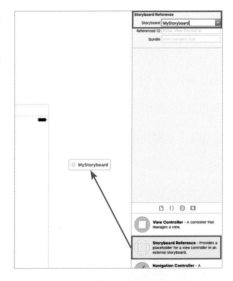

❹ 버튼을 배치하고 마우스 오른쪽 버튼으로 클릭(또는
control + 클릭)한 다음 드래그해서 MyStoryboard
에 연결합니다. 이때 서브 메뉴에서 Present Modally
를 선택합니다. 이렇게 하면 버튼을 클릭했을 때
MyStoryboard.storyboard 화면으로 이동합니다.

　※ Storyboard Reference를 더블 클릭하면
　　MyStoryboard.storyboard 화면으로 이동됩니다.

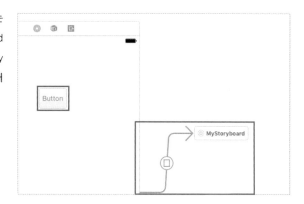

예: 이미 배치된 화면을 별도의 스토리보드로 나누는 방법

화면이 많아져서 복잡해지면 별도의 스토리보드로 나누고 싶을 때가 있습니다. 이럴 때 사용하는 방법
을 알아봅시다.

❶ 스토리보드에서 별도의 스토리보드로
나누고 싶은 화면을 선택합니다.

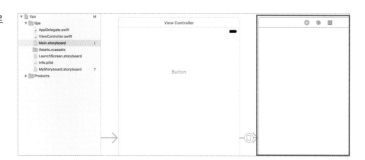

❷ 메뉴에서 Editor 〉 Refactor to Storyboard...를 선택합니다. 저장 대
화 상자가 나오면 파일 이름을 지정해서 저장해주세요. 예제에서는
MyStoryboard라는 이름으로 만들겠습니다.

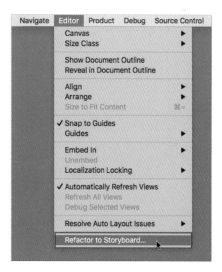

❸ Main.storyboard를 선택하고 화면을
확인하면 분할한 부분이 Storyboard
Reference에 연결된 모습을 확인할
수 있습니다.

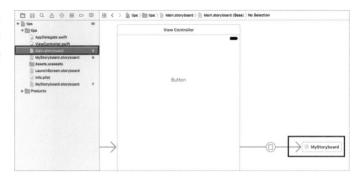

❹ MyStoryboard.storyboard 파일을
보면 선택한 화면이 별도의 스토리보
드로 분할된 모습을 확인할 수 있습니
다.

[어시스턴트 에디터] 연결 상태 확인

연결 상태를 확인하는 방법은 세 가지가 있습니다.

객체로 확인하는 방법

인터페이스 빌더의 화면에 있는 객체를
선택하고, 마우스 오른쪽 버튼으로 클릭
(또는 control + 클릭)하면 연결 상태 패
널이 나옵니다.

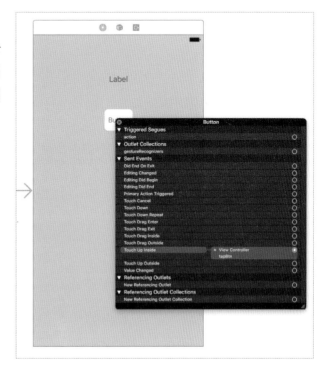

도큐먼트 아웃라인으로 확인하는 방법

도큐먼트 아웃라인에 출력된 객체를 선택하고,
마우스 오른쪽 버튼으로 클릭(또는 control + 클
릭)하면 연결 상태 패널이 나옵니다.

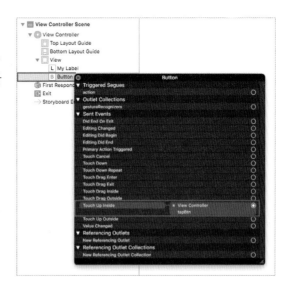

인스펙터로 확인하는 방법

인터페이스 빌더 화면에서 객체를 선택한 상
태로 유틸리티 영역의 커넥션 인스펙터를 클
릭하면 연결 상태를 확인할 수 있습니다.

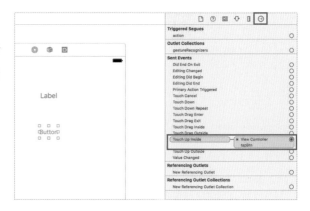

[어시스턴트 에디터] 오른쪽 화면에 ViewController.swift가 나오지 않을 때

스토리보드 파일(Main.storyboard)을 선택
해도 오른쪽 화면에 ViewController.swift
가 나오지 않는 경우가 있습니다.

대부분 어시스턴트 에디터 위의 점프 바가
수동(Manual)로 되어 있기 때문입니다.

점프 바를 선택하고 Automatic을 선택하면
왼쪽 화면에 대응하는 파일을 오른쪽 화면에
출력해줍니다.

[어시스턴트 에디터] 연결 수정

어시스턴트 에디터에서 부품과 프로그램을 실수로 연결하는 경우가 있습니다. 이럴 때는 연결을 제거하
고, 새로 다시 연결해야 합니다. 제거하지 않고 연결해버리면 여러 개의 연결이 됐다고 오류가 발생하기
때문입니다.

IBOutlet 제거

❶ IBOutlet을 선언한 코드 한 줄을 제거합니다.

❷ 객체를 마우스 오른쪽 버튼으로 클릭(control + 클릭)
해서 연결된 부분의 x 버튼을 클릭해서 제거합니다.

IBAction 제거

❶ IBAction 메서드를 제거합니다.

```swift
@IBAction func tapBtn() {
    myLabel.text = "안녕하세요!"
}
```

❷ 객체를 마우스 오른쪽 버튼으로 클릭(control + 클릭)해서 연결된
부분의 x 버튼을 클릭해서 제거합니다.

[소스 에디터] 코드 자동 완성 기능 사용 방법

Xcode의 소스 에디터에는 편리한 코드 자동 완성 기능이 있습니다. 프로그램을 입력할 때 지금까지 입력한 부분을 기반으로 단어를 예측해서 남은 부분을 자동으로 표시해주는 기능입니다.

프로그램을 입력할 때에 Xcode가 이러한 명령어를 입력하고 싶은 것 아닌가요?라고 예측한 목록을 제공해줍니다. ↑와 ↓ 키를 눌러서 원하는 것을 선택하고 엔터 키를 누르면 자동 완성됩니다.

```
        myLabel.text = UIColor(
    }                 Ⓜ UIColor (ciColor: CIColor)
                      Ⓜ UIColor? (coder: NSCoder)
                      Ⓜ UIColor (colorLiteralRed: Float, green: Float, blue: Float, alpha: Float)
                      Ⓜ UIColor (displayP3Red: CGFloat, green: CGFloat, blue: CGFloat, alpha: CGFloat)
                      Ⓜ UIColor (hue: CGFloat, saturation: CGFloat, brightness: CGFloat, alpha: CGFloat)
                      Ⓜ UIColor (patternImage: UIImage)
                      Ⓜ UIColor (red: CGFloat, green: CGFloat, blue: CGFloat, alpha: CGFloat)
                      Ⓜ UIColor (white: CGFloat, alpha: CGFloat)
                      Initializes and returns a color object using the specified opacity and RGB component values.
```

매개변수가 필요한 프로그램은 추가로 플레이스홀더(placeholder)가 나타납니다. 플레이스홀더는 '여
기에 이러한 값을 입력해주세요'라고 되어 있는 빈 공간입니다. 여기에 변수 또는 값을 입력하면 된답니
다. 여러 개의 플레이스홀더가 있을 때는 탭 키를 눌러서 다음 플레이스홀더로 이동할 수 있습니다.

```
        myLabel.text = UIColor(red: CGFloat, green: CGFloat, blue: CGFloat, alpha: CGFloat)
    }
```

[소스 에디터] 메서드 자동 완성

메서드에도 자동 완성 기능을 사용할 수 있습니다.

```
        override func viewWillAppear(_ animated: Bool) {
        }
```

override 메서드를 입력할 때는 앞의 override func를 입력하지 않고, viewWill만 입력하면 자동 완
성되어 override func가 붙습니다.

```
        view
    Ⓜ viewWillAppear(_ animated: Bool)
    Ⓥ view: UIView!
    Ⓥ viewIfLoaded: UIView?
    Ⓜ viewDidLayoutSubviews()
    Ⓜ viewWillLayoutSubviews()
    Ⓜ viewDidAppear(_ animated: Bool)
    Ⓜ viewDidDisappear(_ animated: Bool)
    Ⓜ viewWillDisappear(_ animated: Bool)
    Notifies the view controller that its view is about to be added to a view hierarchy.
```

입력 중

```
override func viewWillAppear(_ animated: Bool) {
    code
}
```

입력 완료

[소스 에디터] 프로그램 입력 중의 오류(Fix-it 기능)

Xcode의 소스 에디터에는 Fix-it이라는 구문 확인 기능이 들어있습니다.

프로그램을 입력하는 중간중간 자동으로 문법을 확인해줍니다.

붉은색 동그라미가 표시될 때

앞쪽에 표시되는 붉은색의 동그라미는 오류입니다. 오류가 발생하면 [실행] 버튼을 눌러도 빌드되지 않습니다. 따라서 실행할 수도 없지요. 제대로 된 문법으로 수정해줘야 합니다.

❶는 오류입니다. 이유를 직접 생각해서 수정해줘야 합니다.

◉는 어떻게 수정해야 하는지 알려줍니다. ◉를 클릭하면 자동으로 수정해줍니다. 의도하지 않은 형태로 수정할 수도 있으므로 자동 수정되는 부분이 자신의 의도와 맞는지 어느 정도 확인해야 합니다.

▪ 철자가 틀렸을 때

프로그램의 철자가 틀리면 오류가 발생합니다.

문제 String의 g를 두 번 입력해서 발생한 오류

```
❶    var myStr:Stringg = "Hello"|
```

⬇

해결 1개로 변경하면 오류가 사라집니다.

```
    var myStr:String = "Hello"|
```

▪ 대문자 소문자가 틀렸을 때

대문자 소문자가 틀리면 오류가 발생합니다.

문제 String의 S를 소문자로 입력해서 발생한 오류

```
var myStr:string = "Hello"
```

해결 대문자로 변경하면 오류가 사라집니다.

```
var myStr:String = "Hello"
```

닫힌 괄호) 또는]를 여러 번 작성했을 때

닫힌 괄호를 잊어버리거나 열린 괄호보다 많이 작성하면 오류가 발생합니다.

문제 닫힌 괄호를 많이 써서 발생한 오류

```
var myArray = [1,2,3]]
```

해결 닫힌 괄호를 하나로 변경하면 오류가 사라집니다.

```
var myArray = [1,2,3]
```

일반 변수에 nil을 넣었을 때

일반 변수에 nil을 넣으면 오류가 발생합니다. Optional 자료형의 변수로 변경하면 오류가 사라집니다.

문제 일반 변수에 nil을 넣어서 발생한 오류

```
var myData:String = nil
```

해결 Optional 변수로 변경하면 오류가 사라집니다.

```
var myData:String? = nil
```

노란색 삼각형이 표시될 때

앞쪽에 표시되는 노란색 삼각형은 경고입니다. [실행] 버튼을 누르면 빌드도 되고, 실행도 됩니다. 하지만 문제가 발생할 수 있다고 경고해주는 부분이므로 제대로 수정해줘야 합니다.

⚠️는 경고입니다. 이유를 직접 생각해서 수정해줘야 합니다.

⚠️는 어떻게 수정해야 하는지 알려줍니다. ⚠️를 클릭하면 자동으로 수정해줍니다. 의도하지 않은 형태로 수정할 수도 있으므로 자동 수정되는 부분이 자신의 의도와 맞는지 어느 정도 확인해야 합니다.

변수 또는 상수를 사용하지 않은 경우

변수 또는 상수를 만들었는데 사용하지 않으면 발생하는 경고로 코드를 작성할 때 자주 볼 수 있는 경고입니다. 해당 변수 또는 상수를 사용하면 경고가 사라집니다.

문제 상수를 만들었으므로 사용하라고 경고

```
let intValue = 1
```

해결 상수를 사용하면 경고가 사라집니다.

```
let intValue = 1
print(intValue)
```

변수인데 변경하지 않은 경우

변수를 만들었는데, 변경하지 않으면 경고가 발생합니다. 두 가지 방법으로 수정할 수 있습니다.

1) 변수를 상수로 변경하면 경고가 사라집니다.

2) 변수를 변경하는 구문을 추가하면 경고가 사라집니다.

문제 변수로 만들었으니 변수를 변경하라는 경고

```
var intValue = 1
print(intValue)
```

해결 변수를 변경하는 구문을 추가하면 경고가 사라집니다.

```
var intValue = 1
intValue = 2
print(intValue)
```

[소스 에디터] 점프 바 사용 방법

소스 에디터 위에 있는 점프 바는 파일 내부의 메서드 또는 표시 주석을 붙인 곳으로 이동할 때 사용합니다. 프로그램의 양이 많아졌을 때도 점프바를 사용하면 원하는 메서드를 곧바로 찾을 수 있습니다.

[소스 에디터] 점프 바 전용 표시 주석

주석을 조금 특수한 형태로 작성하면 점프 바에 표시돼서 쉽게 찾을 수 있습니다.

주석 앞에 //라고 입력하고 FIXME:, TODO:, MARK: 뒤에 주석을 작성하면 점프바에 표시됩니다.

프로그램을 만들 때 신경 쓰이는 부분이나 미완성된 부분 등에 넣으면 이후에 쉽게 찾을 수 있답니다.

```
// MARK: 주의해주세요!
// MARK: -
// MIXME: 아직 구현되지 않은 부분
// TODO: 이후에 구현
```

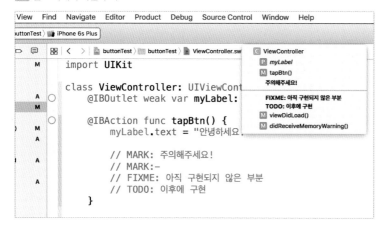

예 점프 바에 추가된 주석

[소스 에디터] 에디터를 보기 쉽게 하는 방법

소스 에디터에 줄 번호를 붙이면 몇 번째 줄을 편집하고 있는지 쉽게 확인할 수 있습니다.

❶ 메뉴의 Xcode 〉 Preference...를 선택하고 Text
Editing 탭의 Line numbers에 체크합니다.

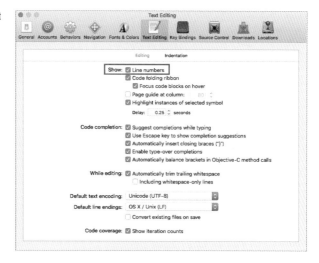

❷ 이렇게 하면 줄 번호가 나옵니다.

```swift
//
//  GameScene.swift
//  touchMistake
//
//  Created by YoonGahee on 2016. 8. 16..
//  Copyright © 2016년 myname. All rights reserved.
//

import SpriteKit
// 랜덤을 사용하기 위한 준비
import GameplayKit

class GameScene: SKScene {
    // 랜덤을 사용하기 위한 준비
    let randomSource = GKARC4RandomSource()
    // 다른 번호를 나타내는 변수를 준비합니다.
    var mistakeNo = 0

    // 메시지를 출력할 레이블 노드를 만듭니다.
    let msgLabel = SKLabelNode(fontNamed: "AppleGothic")
    var msg:String = "다른 글자를 터치해주세요."
    // 공의 갯수를 15개로 설정합니다.
    let ballMax = 15
    // 공을 넣을 배열을 준비합니다.
    var ballList:[SKShapeNode] = []

    // 문제를 배열로 준비합니다.
    let correct = [
        "가", "교", "쀄", "궭", "굼",
        "동", "긂", "굠", "갋", "홟",
        "훎", "굒", "놂", "숢", "돐",
        "쵑", "궬", "콩", "맓", "캀"]
```

소스 에디터의 문자가 조금 작을 때는 크게 만들어주세요.

❶ 메뉴의 Xcode 〉 Preference...를 선택하고 Fonts&Colors 탭
   의 Default를 이용해서 문자 크기를 변경해봅시다.
   [+] 버튼을 누르고 Duplicate 'Default'를 선택하면 Default 2
   가 만들어집니다.

❷ 일단 아무것이나 선택하고 메뉴의 Edit 〉 Delect All을 누르면 모두 선택됩니다. 이어서 [T] 버튼을 누르면 폰트 패널이 나옵니다.

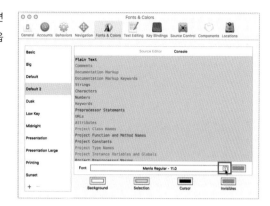

❸ 폰트 크기를 변경하면 에디터의 글자 크기가 바뀝니다.

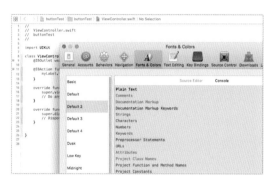
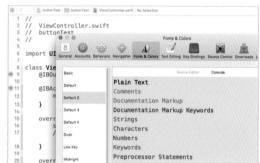

[소스 에디터] 에디터의 출력이 이상할 때

생략 표시로 나오는 경우

줄 번호 부분의 오른쪽에 있는 마크를 클릭하면 프로그램의 해당 블록이 생략 표시(...)로 나옵니다. 이를 Code folding ribbon이라고 부르는데, 프로그램의 특정 블록을 접고 펼칠 수 있게 해주는 기능입니다. 긴 프로그램을 빠르게 살펴볼 때 사용합니다.

생략 표시로 나올 때는 ...를 더블 클릭하거나 생략된 줄 번호 부분 오른쪽에 있는 마크를 클릭하면 원래 상태로 펼쳐집니다.

브레이크 포인트가 걸렸을 때

줄 번호를 클릭하면 파란색으로 바뀝니다.

파란 부분을 마우스 오른쪽 버튼으로 클릭(또는 control + 클릭)하고 Delete BreakPoint를 선택하면 제거됩니다.

또는 브레이크 포인트를 바깥쪽으로 드래그해서 제거할 수도 있답니다.

[스위프트 언어] 변수 또는 상수 이름으로 자주 사용하는 단어

변수 또는 상수 이름을 만들 때 자주 사용하는 단어가 있습니다. 참고해보세요.

변수 이름으로 자주 사용되는 단어 목록

name	이름		limit	한계
count	갯수		color	색상
times	횟수		position	위치
no	번호		row	행
id	식별 번호		col	열
height	높이		new	새로운
width	너비		temp	일시적인
size	크기		is	~인지
bounds	경계		exists	존재하는지
max	최대		has	가지고 있는지
min	최소		can	할 수 있는지

[스위프트 언어] Int 자료형의 종류

정수는 일반적으로 Int 자료형으로 사용합니다. 그런데 Int 자료형에도 다양한 종류가 있습니다. 따라서 사용하는 정수에 따라 종류를 구분해서 사용해야 합니다.[1]

Int8	−128 ~ 127
Int16	−32,768 ~ 32,767
Int32	−2,147,483,648 ~ 2,147,483,647
Int64	−9,223,372,036,854,775,808 ~ 9,223,372,036,854,775,807
UInt8	0 ~ 255
Uint16	0 ~ 65,535
Uint32	0 ~ 4,294,967,295
Uint64	0 ~ 18,446,744,073,709,551,615

---

1 역주: Int라고 표기하면 Int64가 선택됩니다. Int.max와 Int.min을 출력해보면 확인할 수 있답니다.

[스위프트 언어] 함수 이름(메서드 이름)에 자주 사용되는 단어

함수 이름(메서드 이름)은 한 번에 보고 쉽게 무엇을 하는 함수(메서드)인지 떠올릴 수 있게 하는 이름을 붙여야 합니다.

일반적으로 자주 사용하는 동사들이 있는데, 간단하게 정리해보았습니다. 참고해주세요.

함수 이름(메서드 이름)으로 자주 사용되는 동사 목록

하나의 데이터를 다룰 때

get	추출	↔	set	대입
create	생성	↔	destory	소멸
enable	활성화	↔	disable	비활성화
show	표시	↔	hide	숨김
edit	수정			
change	변경			
select	선택			
init	초기화			
update	갱신			
apply	적용			
convert	변환			
to	변환			
on	～할 때			

여러 개의 데이터를 다룰 때

add	추가	↔	remove	제거[2]
insert	삽입	↔	delete	삭제[2]
append	마지막에 추가			
clear	전부 제거			

2　역주: remove와 delete의 차이가 헷갈릴 수 있는데, delete는 완전히 존재 자체를 사라지게 하는 것입니다. remove는 존재는 두지만 빼는 것입니다. 예를 들어서 조금 과격하지만 회사 동료를 delete한다면 죽이는 것이고, remove는 회사에서 자르는 것입니다.

일반적인 처리를 할 때

do	실행			
run	실행			
find	데이터 검색			
check	데이터 확인			
parse	데이터 분석/해석			
start	시작	↔	stop	정지
begin	시작[3]	↔	end	끝
draw	렌더링	↔	erase	제거
import	내부로 들임	↔	export	밖으로 내보냄

데이터를 읽고 쓰는 처리를 할 때

input	데이터를 입력	↔	output	데이터를 출력
load	상태를 읽어들임	↔	save	상태를 저장함
read	파일을 읽어들임	↔	write	파일에 저장함

통신할 때

register	등록	↔	unregister	등록 해제
request	네트워크에서 데이터를 가져올 때			
complete	완료			

[스위프트 언어] UIColor로 색상 만들기

UIColor는 색상을 다룰 때 사용하는 클래스입니다. 문자 또는 배경의 색상 등을 설정할 때 사용합니다.

색상 이름

색상의 이름으로 UIColor를 만들 수 있는 메서드가 몇 개 있습니다.

서식

```
UIColor.<색상>
```

---

3 역주: 일반적으로 begin/end라는 이름은 위치를 나타낼 때 사용합니다. 어떠한 목록을 vector라고 부를 때 vector.begin()은 가장 앞의 요소, vector.end()는 가장 마지막 요소를 나타냅니다. start/stop과 헷갈리기 때문에 최근에는 first/last라는 단어를 많이 사용합니다.

black	검정	cyan	하늘색
darkGray	어두운 회색	yellow	노란색
lightGray	밝은 회색	magenta	핑크
white	흰색	orange	주황색
gray	회색	purple	보라색
red	붉은색	brown	갈색
green	초록색	clear	투명색
blue	파란색		

예 레이블의 문자를 주황색으로 설정

```
myLabel.textColor = UIColor.orange

   Hello
```

· 색상 만들기(RGBA 지정)

0.0~1.0 범위의 R(붉은색), G(초록색), B(파란색), A(불투명도)를 직접 지정해서 UIColor를 만들 수 있습니다.

서식

```
UIColor(red: 〈붉은색〉, green: 〈초록색〉, blue: 〈파란색〉, alpha: 〈불투명도〉)
```

예 레이블의 배경 색을 연한 갈색으로 지정

R=170, G=122, B=64로 색상을 만들고 지정했습니다(red는 170/256=0.66, green은 122/256=0.47, blue는 64/256=0.25입니다).

```
myLabel.backgroundColor = UIColor(red: 0.66, green: 0.47, blue: 0.25, alpha: 1.0)
   Hello
```

색상 만들기(HSV 색상 공간 지정]

0.0~1.0 범위의 색상, 채도, 명도, 불투명도를 직접 지정해서 UIColor를 만들 수 있습니다.

`서식`

```
UIColor(hue: <색상>, saturation: <채도>, brightness: <명도>, alpha: <불투명도>)
```

`예` 레이블의 배경색을 연한 분홍색으로 지정

hue=352, saturatio=13, brightness=98로 색상을 만들고 지정했습니다(hue는 352/360=0.23, saturation은 13/100=0.13, brightness는 98/100=0.98입니다).

```
myLabel.backgroundColor = UIColor(hue: 0.97, saturation: 0.13, brightness: 0.98, alpha: 1.0)
Hello
```

[스위프트 언어] 사용할 수 있는 폰트 확인 방법

해당 OS에서 사용할 수 있는 폰트를 프로그램으로 확인할 수 있습니다. 다음과 같이 작성하면 폰트 이름이 출력됩니다.

```
// 폰트 패밀리 이름을 모두 탐색합니다.
for fontFamilyName in UIFont.familyNames() {
    // 해당 폰트 패밀리를 기반으로 폰트를 탐색합니다.
    for fontName in UIFont.fontNames(forFamilyName: fontFamilyName as String) {
        // 폰트 이름을 출력합니다.
        print(fontName)
                    Copperplate-Light

                     Copperplate

                    Copperplate-Bold

                KohinoorTelugu-Regular

                KohinoorTelugu-Medium

                 KohinoorTelugu-Light


    }
}
```

오픈 API 활용

페이스북, 트위터, 네이버 블로그 등의 애플리케이션은 사람들에게 글을 쓸 수 있는 플랫폼을 제공하고, 생산된 글을 공유하는 것이라고 할 수 있습니다. 하지만 개인 또는 소규모 팀이 애플리케이션을 만들 때 이러한 플랫폼을 갖추기는 어렵습니다.

개인 또는 소규모의 팀으로 만들 수 있는 대표적인 애플리케이션 종류는 바로 웹에 이미 존재하는 데이터를 가져와서 활용하는 애플리케이션입니다. 지하철과 버스가 언제 오는지 확인하는 애플리케이션, 택배 배송을 조회하는 애플리케이션, 특정 커뮤니티에 올라오는 글을 모아서 보여주는 애플리케이션, 쿠폰들을 모아서 보여주는 애플리케이션 모두 웹에 이미 존재하는 데이터를 가져와서 활용하는 것입니다.

부록에서는 5장에서 배웠던 내용을 활용해 웹에서 합법적으로 제공되는 오픈 API를 활용하는 방법을 살펴보겠습니다.

오픈 API

웹에 이미 존재하는 데이터는 특정 기업 또는 단체가 소유하고 있는 것일 가능성이 큽니다. 따라서 그러한 것들을 무단으로 사용해서 수익을 발생시킨다면 법적인 제재가 가해질 수 있습니다. '무료로 인터넷에서 볼 수 있는 것인데, 그런 것을 가져와서 사용하는 것도 문제가 되나요?'라고 생각하는 분도 있을 것 같은데, 문제가 됩니다.

대표적인 예로 과거에 버스 정보를 제공해주는 애플리케이션도 무단으로 데이터를 가져와서 활용하다가 제재를 받았습니다(이후에 버스 정보를 공식적으로 제공한 이후에 다시 운용된 것입니다). 사용자 입장에서는 무료라고 생각할 수 있지만, 해당 사이트를 사용하는 사람이 많아지면 서버 비용이 들어가서 해당 회사의 손해로 이어질 수 있기 때문입니다.

'그럼 어떤 데이터를 활용해야 하나요?'

공식적으로 활용하라고 제공되는 데이터를 활용해야 합니다. 예를 들어 버스 정보는 서울 교통정보과 (Seoul Topis)에서 제공하고 있습니다. 네이버 블로그 등의 글은 네이버 개발자 센터에서 제공하고 있답니다. 이렇게 제공되는 것을 일반적으로 오픈 API라고 부릅니다.

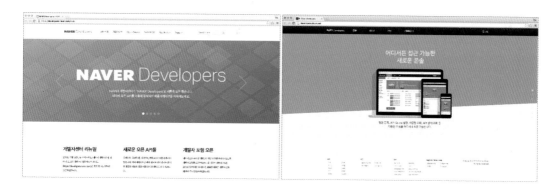

정부에서 공식적으로 제공하는 공공 데이터 포털 등을 활용하면 미세 먼지 농도, 한강 수온 등의 정보를 얻을 수 있습니다. 이런 정보를 사용자가 쉽게 볼 수 있게 정리해주는 것만으로도 충분히 멋진 애플리케이션을 만들 수 있답니다.

그럼 간단하게 다음에서 책을 검색해서 가져오는 방법을 알아보겠습니다. 본문에서 부품(컴포넌트)을 사용하는 내용은 충분히 다뤘으므로 부록에서는 웹에 요청하는 방법만 살펴보겠습니다.

'다음 아이디 없는데 가입해야 하나요?'

내용을 살펴보면 다른 오픈 API를 활용하는 방법을 이해할 수 있을 것이므로 트위터, 네이버, 플리커 등으로 연습해봐도 괜찮습니다.

다음 개발자 등록

일단 다음에 개발자 등록을 합니다. 다음 개발자 센터(https://developers.daum.net/)로 들어가서 로그인합니다. 다음 계정이 없다면 만들어야 합니다.

가입을 완료했다면 오른쪽 위의 계정 이름 왼쪽에 있는 [서비스] 버튼을 클릭합니다. 처음 이용한다면 약관이 뜨는데요. 간단하게 읽고 [등록] 버튼을 눌러줍니다.

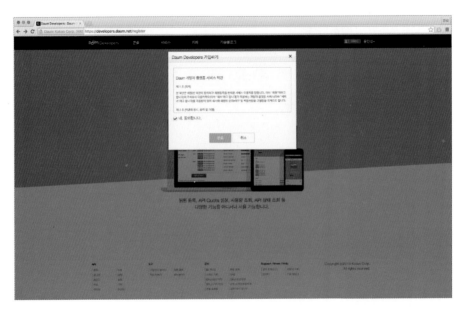

서비스 화면으로 들어오면 왼쪽 위에 있는 [앱 만들기] 버튼을 누릅니다.

앱의 이름을 지정하는 화면이 나오면 마음대로 입력해주세요. 테스트 전용 애플리케이션이므로 '테스트'라고 입력하겠습니다.

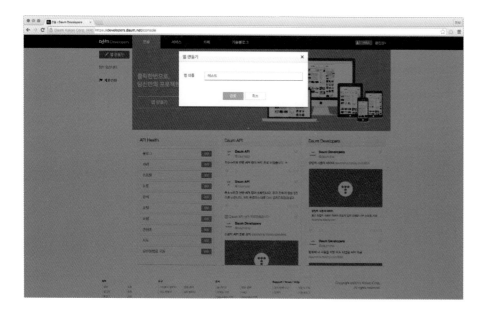

앱 화면으로 들어오면 API Key 오른쪽에 있는 버튼을 눌러주세요.

이어서 REST/JS API를 등록합니다. 대부분 오픈 API는 REST 형식으로 제공됩니다. REST와 관련된 내용은 개발자 센터에서 제공하는 문서를 읽어보면 알 수 있을 것입니다. REST/JS API 오른쪽에 있는 버튼을 누르면 발급 화면이 나옵니다.

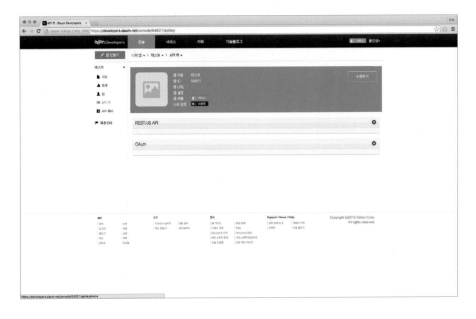

발급 화면에서 모든 플랫폼을 선택하고 [완료] 버튼을 누릅니다.

API 키가 발급되면 API 키를 복사해두세요. 현재 그림에는 검은색으로 표시되어 있는데, 비밀 키이므로 가린 것입니다. 직접하면 해당 위치에 키가 나타납니다.

네이버, 트위터, 페이스북 등에서 제공하는 오픈 API 모두 키를 발급받는답니다. 키를 발급받는 과정이 오픈 API를 사용하는 첫 번째 과정입니다.

문서 읽는 방법

이어서 오픈 API를 사용하려면 해당 기업 또는 단체가 제공하는 문서를 잘 읽어야 합니다. 다음 책 검색은 https://developers.daum.net/services/apis/search/book에서 살펴볼 수 있습니다.

일단 들어가면 요청 주소라는 것이 나옵니다.

책 검색

#api   #reference

모든 책 서비스에 대한 검색 결과를 외부 개발자 및 사용자에게 XML 형식으로 전달하는 API 서비스입니다.
다음 책 서비스에서 제공되는 모든 책에 대한 서지 정보 및 리뷰 본문검색 서비스를 제공할수 있게 해 줍니다.

요청 주소 (Request URL)

`APIKey` `GET` https://apis.daum.net/search/book

그리고 요청 변수라는 것이 나옵니다.

요청 변수 (Request Parameters)

파라미터	타입	설명	값의 범위	예제
q*	`string`	검색을 원하는 질의어		daum
result	`integer`	한 페이지에 출력될 결과수	`기본값` 10 `최소값` 1 `최대값` 20	5, 15
advance	`string`	상세 검색 기능 사용 여부 • + : 다음 단어를 모두 포함 • "" : 다음 단어/문구를 정확하게 포함 • | : 다음 단어 중 하나이상 포함 • - : 다음 단어를 제외	`기본값` n `선택가능값` • y : 상세 검색 사용 • n : 상세 검색 사용안함	y, n
pageno	`integer`	검색 결과 페이지 번호	`기본값` 1 `최소값` 1 `최대값` 3	2

기본적인 조합 방법은 다음과 같습니다.

〈요청 주소〉?〈파라미터〉=〈값〉&〈파라미터〉=〈값〉&〈파라미터〉=〈값〉

위의 그림을 보면 다음 책 검색은 다음과 같은 형태로 한다는 뜻입니다.

https://apis.daum.net/search/book?q=〈값〉&result=〈값〉

조금 복잡한데, 모든 오픈 API는 예제를 제공해줍니다. 스크롤을 내려 페이지의 아랫부분을 보면 다음과 같은 예제가 나옵니다.

책을 검색하는 기본적인 형태는 다음과 같습니다. 이러한 것들을 참고해서 주소를 만들면 됩니다.

https://apis.daum.net/search/book?apikey=〈api 키〉&q=〈검색어〉&output=json

이 주소를 크롬 또는 사파리에 입력하면 어떤 데이터를 제공하는지 JSON 형식으로 확인할 수 있습니다.

그림처럼 예쁘게 보이지 않을 텐데요. 크롬 웹 스토어(https://chrome.google.com/webstore/category/apps)에서 JSON Formatter 확장 프로그램을 설치하면 그림과 같이 예쁘게 보입니다.

JSON 데이터 구성도 오픈 API 문서에서 살펴볼 수 있답니다.

스위프트 코드

그럼 코드를 살펴봅시다. 고정적인 형태로 활용하는 내용이고, 본문에서 모두 다뤘던 내용이므로 바로 전체 코드를 공개하겠습니다.

```swift
import UIKit

class ViewController: UIViewController {
    override func viewDidLoad() {
        super.viewDidLoad()
        // 입력
        let input = "위키북스"          // 테스트 전용 변수
        let apiKey = "<자신의 키를 입력해주세요>"
        let query = input.addingPercentEncoding(withAllowedCharacters: CharacterSet.urlQueryAllowed)!
        let urlString = "https://apis.daum.net/search/book?apikey=\(apiKey)&q=\(query)&output=json"
        // 데이터를 요청합니다.
        if let url = URL(string: urlString) {
            let urlSession = URLSession.shared
            let task = urlSession.dataTask(with: url, completionHandler: self.onGetBookData)
            task.resume()
        }
    }

    // 데이터를 응답받았을 때
    func onGetBookData(data: Data?, response: URLResponse?, error: Error?) {
        // 테스트
```

```
            if let str = String(data: data!, encoding: String.Encoding.utf8) {
                print(str)
            }
            // 데이터 파싱
            do {
                // 원하는 요소 추출
                let root = try JSONSerialization.jsonObject(with: data!, options: JSONSerialization.
ReadingOptions.mutableContainers) as! NSDictionary
                let channel = root["channel"] as! NSDictionary
                let items = channel["item"] as! [NSDictionary]
                // 출력
                for item in items {
                    print(item["title"])
                    print(item["author_t"])
                    print(item["sale_price"])
                    print(item["description"])
                    print("-----")
                }
            } catch {
                print("오류")
            }
        }
    }

    override func didReceiveMemoryWarning() {
        super.didReceiveMemoryWarning()
        // Dispose of any resources that can be recreated.
    }
}
```

메서드 이름이 너무 길고, 웹에서 데이터를 가져오는 코드는 고정된 형태로 활용합니다. 따라서 외우려고 하지 말고 필요할 때마다 코드를 따라친다는 느낌으로 활용하면 됩니다.

모두 본문에서 다뤘지만 input.stringByAddingPercentEncodingWithAllowedCharacters(NSCharacterSet.URLQueryAllowedCharacterSet())! 부분은 다루지 않았습니다. 이는 웹 요청을 할 때 한글 등의 문자를 사용할 수 없으므로 이스케이프 문자로 변환하는 코드입니다.

코드를 실행하면 콘솔에 테스트 문자열이 나옵니다.

```
Optional(<OS_dispatch_data: data[0x7feecac9e760] = { leaf, size = 9582, buf = 0x7feecb821200 }>)
{"channel":{"result":"10","title":"Search Daum Open API","totalCount":"252","description":"Daum Open API search
result","item":[{"author_t":"정재화","sale_price":"36000","cover_s_url":"http://t1.daumcdn.net/thumb/R72x100/?fname=http%3A
%2F%2Ft1.daumcdn.net%2Fbook
%2FKOR9788998139759%3Fmoddttm=20160416074131","sale_yn":"Y","pub_date":"20150105","link":"http://book.daum.net/category/
series.do?seriesID=BG52030757","barcode":"BG52030757","etc_author":"","status_des":"정상판매","author":"정재
화","title":"&lt;b&gt;위키북스&lt;/b&gt; 오픈소스 & 웹 시리즈","category":"컴퓨터/IT","translator":"","pub_nm":"&lt;b&gt;위키북스
&lt;/b&gt;","description":"","isbn":"8998139758","ebook_barcode":"","isbn13":"9788998139759","cover_l_url":"https://
t1.search.daumcdn.net/thumb/R110x160/?fname=http%3A%2F%2Ft1.daumcdn.net%2Fbook
%2FKOR9788998139759%3Fmoddttm=20160416074131","list_price":"40000"},{"author_t":"조셉 카트먼 외 1
명","sale_price":"16200","cover_s_url":"http://t1.daumcdn.net/thumb/R72x100/?fname=http%3A%2F%2Ft1.daumcdn.net%2Fbook
%2FKOR9788992939669%3Fmoddttm=20160329065725","sale_yn":"Y","pub_date":"20110216","link":"http://book.daum.net/category/
series.do?seriesID=BG52012933","barcode":"BG52012933","etc_author":"조셉 카트먼  조셉카트먼 리처드 팅  리처드팅","status_des":"정상판
매","author":"","title":"&lt;b&gt;위키북스&lt;/b&gt; UX 시리즈","category":"컴퓨터/IT","translator":"","pub_nm":"&lt;b&gt;위키북스
&lt;/b&gt;","description":"","isbn":"8992939663","ebook_barcode":"","isbn13":"9788992939669","cover_l_url":"https://
t1.search.daumcdn.net/thumb/R110x160/?fname=http%3A%2F%2Ft1.daumcdn.net%2Fbook
%2FKOR9788992939669%3Fmoddttm=20160329065725","list_price":"18000"},{"author_t":"이재
환","sale_price":"36000","cover_s_url":"http://t1.daumcdn.net/thumb/R72x100/?fname=http%3A%2F%2Ft1.daumcdn.net%2Fbook
%2FBOK00028889559IN%3Fmoddttm=20160420135605","sale_yn":"Y","pub_date":"20160304","link":"http://book.daum.net/detail/
book.do?bookid=BOK00028889559IN","barcode":"BOK00028889559IN","etc_author":"","status_des":"정상판매","author":"이재
환","title":"핵심강좌! 유니티5","category":"컴퓨터/IT","translator":"","pub_nm":"&lt;b&gt;위키북스&lt;/b&gt;","description":"유니티
게임 개발에 필요한 필수 기술요소별 핵심 예제! 이 책은 유니티에 대한 모든 것을 담고 있는 사전 같은 책은 아닙니다. 하지만 유니티를 이용하여 게임 개발을 한다면 반
드시...","isbn":"1158390297","ebook_barcode":"","isbn13":"9791158390297","cover_l_url":"https://t1.search.daumcdn.net/thumb/
R110x160/?fname=http%3A%2F%2Ft1.daumcdn.net%2Fbook%2FBOK00028889559IN%3Fmoddttm=20160420135605","list_price":"40000"},
{"author_t":"김춘경","sale_price":"24300","cover_s_url":"http://t1.daumcdn.net/thumb/R72x100/?fname=http%3A%2F
%2Ft1.daumcdn.net%2Fbook%2FKOR9791158390129%3Fmoddttm=20160420074701","sale_yn":"Y","pub_date":"20151016","link":"http://
book.daum.net/detail/book.do?bookid=KOR9791158390129","barcode":"KOR9791158390129","etc_author":"","status_des":"정상판
```

이어서 파싱된 결과물이 나옵니다.

```
Optional(핵심강좌! 유니티5)
Optional(이재환)
Optional(36000)
Optional(유니티 게임 개발에 필요한 필수 기술요소별 핵심 예제! 이 책은 유니티에 대한 모든 것을 담고 있는 사전 같은 책은 아닙니다. 하지만 유니티를 이용하여 게
임 개발을 한다면 반드시...)
-----
Optional(자바스크립트+jQuery 완전정복 스터디. 1: 기초편)
Optional(김춘경)
Optional(24300)
Optional(이제 막 시작하는 초급자를 위한 초급 단계와 일반 실무자의 실력 향상을 위한 중급/고급/실무 단계로 구성돼 있으며 개인의 실력과 목적에 맞게 선택해서 스터
디를 진행할 수 있도록...)
-----
Optional(시작하세요! C# 6.0 프로그래밍)
Optional(정성태)
Optional(24300)
Optional(시작하세요! C# 6.0 프로그래밍은 프로그램을 만들고자 할 때 사용하게 될 프로그래밍 언어인 C#의 기초를 단단하게 다질 수 있도록 구성했다. C# 언어를
최신의 6.0 문법까지...)
-----
Optional(절대강좌! 유니티 5)
Optional(이재현)
Optional(43200)
Optional(유니티 최신 버전과 더불어 한층 더 충실하게 보강한 내용으로 돌아온 &#39;절대강좌 유니티 5&#39;! 이 책은 유니티 5 최신 버전을 바탕으로 독자와 함께
3인칭 슈팅게임(TPS)을 제작하는...)
-----
Optional(절대 엑셀)
Optional(오시다 캔)
Optional(11700)
```

본문에서 배운 텍스트 필드, 버튼, 테이블 뷰를 활용하면 도서를 검색해서 보여주는 애플리케이션을 쉽
게 만들 수 있겠죠?